배정수 · 황순욱

초보자를 위한 데이터 사이언스 입문

데이터 R지?

YD 연두에디션
Édition

저자 약력

배정수 교수

동서대학교 소프트웨어융합대학 교수로 재직 중이며, 현재 컴퓨터공학 개론과 SW 기초와 관련한 강의를 진행하고 있다. 최근에는 SW중심대학사업단에서 비전공자들을 위한 AI·SW 교육 및 연구를 진행하고 있다.

황순욱 대표

인공지능을 활용하는 데이터 분석 회사인 데이터클래식의 대표로, R, 파이썬 등을 통해 데이터를 분석하는 프로젝트를 진행하고 있다. 동서대학교 소프트웨어 중심대학에서 초빙교수로 근무하며 빅데이터 기초, 앱 인벤터 등의 교과목을 강의 중이다.

본 교재는 과학기술정보통신부 및 정보통신기획평가원에서 주관하여 진행하는 'SW중심대학사업'의 결과물입니다. (2019-0-01817)

초보자를 위한 데이터 사이언스 입문

데이터 R지?

발행일 2020년 12월 27일 초판 1쇄
지은이 배정수·황순욱
펴낸이 심규남
기 획 염의섭·이정선
표 지 신현수 **| 본 문** 이경은
펴낸곳 연두에디션
주 소 경기도 고양시 일산동구 동국로 32 동국대학교 산학협력관 608호
등 록 2015년 12월 15일 (제2015-000242호)
전 화 031-932-9896
팩 스 070-8220-5528
ISBN 979-11-88831-70-8 (93000)
정 가 22,000원

PREFACE

"매일 전 세계에서 기하급수적으로 불어나는 데이터, 이제는 '금광', 즉 돈이 되고 있다"

오늘날 우리는 데이터 홍수 시대에 살고 있습니다.

ICT계의 노벨상이라고 할 수 있는 튜링상을 수상한 짐 그레이 박사는 오늘날을 데이터 중심 과학의 패러다임에 속해 있다고 하였습니다. 이는 정보통신기술의 비약적 발전으로 폭증하는 데이터 덕분에 과학이 데이터 중심으로 새로운 사실을 발견하고 이론을 수립하며 예측 할 수도 있다는 것을 의미합니다. 지난 산업혁명에서 석유, 전기가 가장 주요한 자원인 것처럼 4차 산업혁명의 시대에서는 데이터가 새로운 전기이며 가장 원동력이라고 해도 과언이 아닙니다.

그러나 ICT(Information &Communications Technology) 환경에서 우리는 매일 많은 데이터를 생산하고 정보 과부하 상태에 있음에도, 안타깝게도 그것을 실제 생활에 적용하고 반응하는 지식으로 전환되지 않고 있으며, 더더욱 IT비전공자에게는 먼 이야기 일 수 있습니다.

이에 이 도서는 데이터 분석을 위한 프로그래밍 학습에 앞서, 데이터와 빅데이터의 개념을 정리하고, 그 활용과 필요성에 대해 설명을 하고 있습니다. 그리고, IT 비전공자들도 익숙한 MS오피스 프로그램인 엑셀을 통해 데이터를 분석 가공해서 문제를 해결할 수 있도록 기본적인 내용으로 구성하였습니다. 비록 엑셀은 처리용량과 고급 분석기능에게 다소 부족함은 있으나, 프로그래밍 언어에 익숙하지 않은 이가 엑셀에서 기본으로 제공해 주는 다양한 분석 툴과 시각화 툴을 이용해 빠르게 데이터를 분석, 시각화 해 볼 수 있는데 이만한 소프트웨어도 없다고 봅니다.

다음으로 엑셀만으로 부족한 부분을 채울 수 있도록 프로그래밍 기반의 R을 중심으로 구성하였습니다. R, RStudio를 중심으로, 데이터 과학의 전반적인 과정을 다루는 동시에 R의 주요 도구들의 사용법도 상세히 설명하고 있어, 처음 R을 접하는 독자들도 이 도구들을 사용해, 데이터 과학을 빠르게 수행할 수 있도록 이끌어주도록 구성하였습니다.

데이터 과학에 입문하는 이에게 이 한권의 도서로 데이터 과학의 다양한 소프트웨어와 프로그래밍 언어를 다 소개 할 수는 없으나, 엑셀과 R을 통해 원시 데이터를 가공해 찾고자 하는 목표를 설정하고, 그 유형과 크기에 맞게 위 두 가지 툴를 활용하는 것만으로도 빅데이터 시류에 편승할 수 있을 것입니다.

마지막으로 이 책을 집필하면서 도움을 받은 모든 분들께 감사의 말씀을 전합니다. 그리고 이 책이 완성되기까지 함께 고생하고 많은 협조와 지원을 아끼지 않은 도서출판 연두에디션 관계자 여러분들께 진심으로 감사를 드립니다.

저자

CONTENTS

CHAPTER 1

데이터 사이언스

1.1 데이터란 무엇인가?

데이터를 다루기 전에 먼저 데이터와 정보를 명확히 구별 해 봅시다.

> **위키백과**
> 자료(資料, data, 데이터, 문화어: 데타)는 수, 영상, 단어 등의 형태로 된 의미 단위이다. 보통 연구나 조사 등의 바탕이 되는 재료를 말하며, 자료를 의미있게 정리하면 정보가 된다.
>
> **나무위키**
> Data는 라틴어 단어 Datum의 복수형인 Data에서 유래했으며 라틴어에서 Datum의 뜻은 '주어진 것'이며, 영어권에서는 "present/gift, that which is given, debit"으로 풀이한다.

데이터(Data)는 일반적으로 다음과 같이 정의 됩니다.

- 이론을 세우는 데 기초가 되는 사실. 또는 바탕이 되는 자료
- 관찰이나 실험, 조사로 얻은 사실이나 자료
- 컴퓨터가 처리할 수 있는 문자, 숫자, 소리, 그림 따위의 형태로 된 자료

1.1.1 데이터(Data)와 정보(Information)

일반적으로 사람들은 데이터와 정보를 혼동하면서 사용합니다. 하지만 데이터 자체가 정보로써 정의되지는 않습니다. 그렇다면 데이터와 정보의 차이는 무엇일까요?

> - 데이터 : 현실 세계에서 측정해 수집한 사실이나 값, 자료
> - 정보 : 의사결정 시 데이터를 유용하게 활용하도록 체계적으로 조직 해 처리한 결과물, 유의미한 자료

데이터는 위와 같이 실생활에서 얻어지는 관찰, 실험 조사로 얻은 사실을 신호, 기호, 숫자, 문자 등으로 기록된 것을 의미하며, 단순하고 랜덤 할 수 있으며 적절히 구성되기 전까지는 무용지물일 수 있습니다. 즉 순수 데이터는 정보로서의 가치가 부족하며, 가공되지 않고 의미를 갖지 않은 상태의 개체라 할 수 있습니다.

이에 반해 정보(Information)는 수집한 데이터로부터 도출된 가시적인 통찰력이며 사실입니다. 즉 데이터가 가치 있는 정보가 되기 위해서는 가공을 통해 목적에 부합하는 일관성과 통계학적 의미를 내포하고 있어야 합니다. 데이터를 통계학적 접근을 통해 의미 있거나 유용하도록 처리, 해석, 구성, 구조화 또는 가시적으로 제시될 때 데이터를 정보라고 할 수 있습니다.

예를 들어, 모든 학생의 시험 점수는 데이터의 일부입니다. 반면, 전체 클래스의 평균 점수는 데이터에서 추론할 수 있는 정보라 할 수 있습니다.

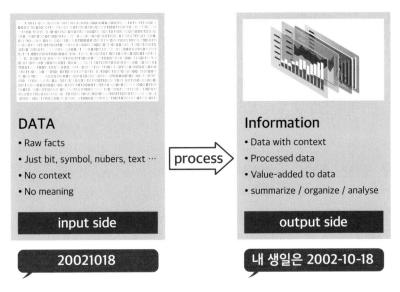

그림 1.1 자료와 정보

※ 자료(data)를 가공해 얻는 것이 정보(information)다.

■ 예시

• 겨울 출근시간, 날씨와 도로 상태는 차량의 운전여부를 판단하는 정보가 됨
• 요일과 시간은 사람이 많이 몰리는 시내에 약속 장소를 어디로 잡을지 판단하는 정보가 됨

데이터가 정보가 되기 위해서는 목적에 따라 데이터를 가공하는 것 중요합니다. 이러한 데이터 처리과정에는 서로 다른 데이터 세트를 집계하고 수집된 데이터가 적절하고 정확한지 확인하는 등의 검증 과정이 포함됩니다. 또한, 서로 다른 것처럼 보이는 다양한 데이터 지점과 연결되지 않은 데이터 지점 간의 관계를 노출하는 방식으로 데이터를 구성할 수 있습니다. 예를 들어 식당에서 매일 마감되는 데이터를 기반으로 특정 기간 동안의 메뉴별 판매 그래프를 만들어 계절과 메뉴관계를 분석할 수 있으며 운영에 반영 할 수 있습니다.

이처럼 데이터 가공은 데이터를 의미와 목적에 맞게 판단하는 작업이며, 이는 정보가 도출되는 과정입니다. 따라서 정보는 사용하는 사람이나 상황에 따라서 의미와 가치가 달라질 수 있으므로 어떠한 맥락에서 정보가 사용되었는지 이해하는 것이 중요합니다.

덧붙여 정보 주변에서 어떤 일이 일어나고 있는지 파악할 수 있는 능력을 우리는 지식이라 말할 수 있으며, 습득한 데이터와 정보로부터 결과를 추론하여 현명한 결정을 하는 것을 일반적으로 지혜라고 일컫고 있습니다.

1.1.2 자료, 정보, 지식, 지혜의 사이클

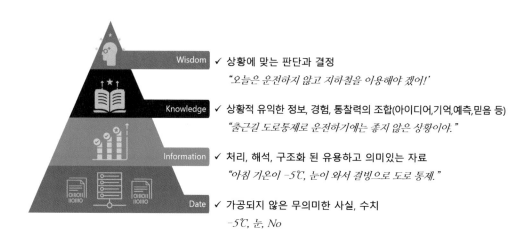

그림 1.2   Data, Information, Knowledge, Wisdom (DIKW) Pyramid

오늘날 우리는 데이터 홍수 시대에 살고 있습니다.

ICT(Information & Communications Technology) 환경에서 우리는 매일 많은 데이터를 생산하고 정보 과부하 상태에 있음에도, 그것을 실제 생활에 적용하고 반응하는 지식으로 전환되지 않고 있습니다. 정보란, 여러분이 이해할 수 있는 형태로 제공되는 일부 데이터일 뿐이며, 여러분이 정보를 이해하고, 가능한 어떤 방법으로든 그 정보를 사용할 수 있을 때 지식이라 할 수 있습니다.

따라서 데이터를 이해하고 활용할 수 있는 학습을 한다는 것은 원시 자료(Data)를 가공해서 유용한 정보(Information)를 도출하고 이를 통해 주변 상황을 이해하고 통찰하는 능력(knowledge)을 키우는 것입니다. 또한, 정보로부터 얻은 지식과 통찰력을 사용하여 즉 더 나은 결정을 내리며 사전 예방적 의사결정을 내리는 방법, 곧 지혜(Wisdom)를 얻는 과정이라 할 수 있습니다.

1.1.3 데이터 유형

앞서 설명하였듯이 데이터에서 정보를 얻기 위해서는 데이터의 가공과정이 중요하며, 데이터 수집, 분석, 시각화 등 가공과정은 데이터 유형에 따라 달라지므로 데이트의 유형과 분류에 대해서 아는 것은 무엇보다 중요합니다.

데이터 유형은 기준에 따라서 아래와 같이 분류할 수 있습니다.

- 출처를 기준으로 내부형과 외부형
- 자료의 척도에 따라 범주형과 수치형
- 구조화에 따라 정형과 비정형

우선, 출처를 기준으로 구분할 때는 내부 데이터와 외부 데이터로 나눌 수 있습니다.

전통적인 데이터는 자료의 척도에 따라 크게 범주형과 수치형 두 가지로 나눌 수 있습니다. 이는 크게 수치 데이터를 가지고 있다면, 양적 데이터를 가지고 있을 것이고, 숫자가 없으면 질적 데이터(숫자가 아닌 데이터 또는 범주형 데이터)를 가지고 있다는 것을 의미합니다.

표 1.1   자료의 척도에 따른 데이터 유형

범주형 **Categorical** **질적 데이터**	명목형 데이터 Nominal data	• 하나의 이름에 데이터를 분류 • 값이 달라짐에 차이가 없는 경우 • 평균은 무의미하며 퍼센트로 표현이 가능	성별, 혈액형, 고향
	순서형 데이터 Ordinal data	• 순서가 있는 경우 • 값이 의미가 있다 • 수를 세고, 퍼센트로 표현 가능	만족도조사, 등급,순위
수치형 **Numerical** **양적 데이터**	논리형 데이터 Binary data	• 이진으로 표현	성공/실패, yes/no
	이산형 데이터 Discrete data	• 개수를 셀 수 있는 정수형	불량품수, 차량대수, 가족수
	연속형 데이터 continuous data	• 수치적인 의미를 가지고 소수점으로 표현(실수형), 측정가능 데이터	몸무게, 시간, 길이, 속력

또한 데이터는 체계적인 구조화 여부에 따라 정형 데이터(structured data)와 비정형 데이터(unstructured data)로 나눌 수 있습니다. 전통적인 데이터는 텍스트 기반 정형 데이터를 의미하였으나, ICT기술의 발전으로 이미지, 영상, 빅데이터와 같은 비정형 데이터의 수집과 처리가 용이해짐에 따라, 오늘날 데이터 사이언스에서는 비정형 데이터 분석 기술이 핵심 분야가 되고 있습니다.

표 1.2   정형 데이터와 비정형 데이터

정형 데이터 (structured data)	비정형 데이터 (unstructured data)	반정형 데이터 (semi structured data)
• 틀이잡혀있는 구조화된 데이터 • 값의 의미 파악이 쉬운 데이터 • 통계분석 (성별 필드에 남,녀, 나이)	• 구조화되어 있지 않고 사전 정의 가 없는 데이터 • 다양하고 방대한 양의 데이터 (텍스트,이미지,영상데이터,대화)	• 완전한 정형이 아니라 약한 정형 데이터 • 데이터베이스는 아니지만 스키 마를 가지고 있는 형태. (HTML,XML,JSON,웹로그)

1.1.4 데이터 크기

우리가 다루는 데이터는 컴퓨터가 처리할 수 있는 문자, 숫자, 소리, 그림 등의 형태로 된 자료로써 컴퓨터에서 다루어지는 디지털화된 것을 의미합니다. 즉 컴퓨터에서의 데이터의 표현은 0과 1로 구성된 2진수로 표현이 되고 0과 1을 각각 비트(bit)라고 지칭을 합니다. 그러나 비트 하나로는 2가지 표현밖에 할 수 없기 때문에 이를 일정한 단위로 묶어서 바이트(byte)라 하고 정보를 표현하는 기본단위로 삼고 있습니다.

일반적으로 8개의 비트를 하나로 묶어 1 Byte라고 하며, 1 Byte가 표현할 수 있는 정보의 개수는 2의 8승 = 256 개가 됩니다. 바이트는 256 종류의 정보를 나타낼 수 있어 숫자, 영문자, 특수문자 등을 모두 표현할 수 있습니다.

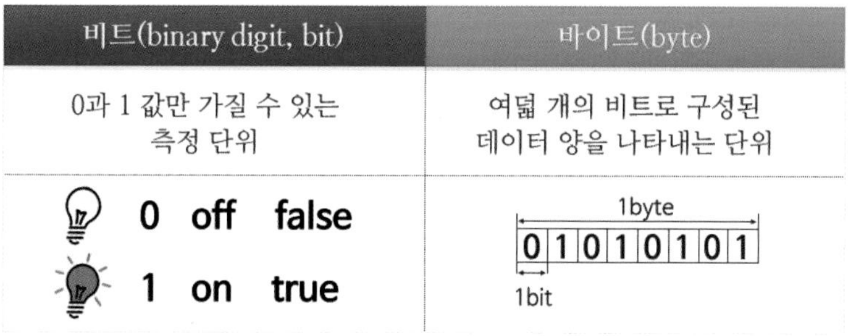

비트(binary digit, bit)	바이트(byte)
0과 1 값만 가질 수 있는 측정 단위	여덟 개의 비트로 구성된 데이터 양을 나타내는 단위
💡 0 off false 💡 1 on true	1byte 0 1 0 1 0 1 0 1 1bit

그림 1.3

- 비트(bit) : 데이터 표현의 최소 단위로 0 이나 1
- 바이트 (byte) : 1byte = 8bit

아래는 컴퓨터에서 다루는 데이터의 용량 단위입니다.

표 1.3 컴퓨터 데이터의 용량 단위표

단위	용량	예시
Byte(바이트)	1Byte = 8bit	한 개의 영문자
KB(킬로바이트)	1Kb = 1024byte	몇 개의 문단
MB(메가바이트)	1Mb = 1024Kb	1분길이의 MP3 곡

단위	용량	예시
GB(기가바이트)	1Gb = 1024Mb	30분 길이의 HD 영화
TB(테라바이트)	1Tb = 1024Gb	약200편의 FHD 영화
PB(페타바이트)	1Pb = 1024Tb	1.5Pb는 100억 장의 Facebook 사진
EB(엑사바이트)	1Eb = 1024Pb	5Eb는 유사 이래 인류가 말한 모든 단어
ZE(제타바이트)	1Zb = 1024Eb	세계의 모든 해변의 모래알 만큼 많은 정보

 Think?

- 일상에서 수집 할 수 있는 데이터를 종류별로 작성 해 보자.

1.2 데이터 사이언스란?

데이터 사이언스의 정의와 연구 영역을 살펴보고, 미래 산업에서 데이터 중요성에 대하여 알아봅시다.

1.2.1 데이터 사이언스 정의

- 데이터 사이언스 (Data Science) : 과학적인 방법, 프로세스, 알고리즘 및 시스템을 사용하여 많은 정형 및 비정형 데이터에서 지식과 통찰력을 이끌어내는 다학적 학문.
- 사용하는 기술은 수학, 통계학, 정보공학, 패턴인식, 기계학습, 데이터마이닝, 데이터베이스 등과 관련

ICT계의 노벨상이라고 할 수 있는 튜링상을 수상한 짐 그레이 박사는 오늘날을 데이터 중심 과학의 패러다임에 속해 있다고 하였습니다. 이는 정보통신기술의 비약적 발전으로 폭증하는 데이터 덕분에 과학이 데이터 중심으로 새로운 사실을 발견하고 이론을 수립하며

예측 할 수도 있다는 것을 의미합니다. 과거 산업혁명에서 석유, 전기가 가장 주요한 자원인 것처럼 4차산업혁명의 시대에서는 데이터가 새로운 전기이며 최고 원동력이라고 해도 과언이 아닙니다.

물론 과거에도 데이터를 수집하고 분석하여 산업발전에 적용하였고 통계를 통해 정책을 세우는 등 우리 생활의 많은 부분을 데이터 기반으로 이루어왔음을 알고 있습니다. 하지만 새로운 기술과 더 스마트한 제품이 넘쳐나는 현재는 데이터의 양이 과거와 비교 할 수 없을 정도로 많아졌으며 기술적으로는 인공지능, 초고속 통신기술, 대용량 데이터 처리와 저장기술로 수십 또는 수백 기가바이트의 데이터도 분석 할 수 있는 시대가 되었습니다. 이는 이전보다 데이터로부터 더욱 의미 있는 정보를 분석하고 도출할 수 있는 기회가 마련되었음을 의미합니다.

데이터 사이언스는 통계학을 기반으로 컴퓨팅 프로세스, 클라우드 스토리지 및 분석 툴 등의 컴퓨터 과학 분야와 융합된 학문으로 다양한 통계 방법과 컴퓨터 알고리즘을 사용하여 데이터 처리, 분석 및 데이터에서 통찰력[1] 추출을 다루는 학문으로 정의할 수 있습니다.

드류 콘웨이는 데이터 사이언스의 범위를 컴퓨터/IT 과학, 수학과 통계학, 분야별 전공 지식 세 분야로 나누어 이를 융합한 분야로 정의하고 있습니다.

그림 1.4   데이터 사이언스 범위

---

1   통찰 (insight)의 사전적 의미 : 예리한 관찰력으로 사물을 꿰뚫어 보는 것

따라서, 데이터 사이언스는 인공지능, 기계학습, 딥러닝은 물론 데이터베이스, 지식 관리, 네트워크 모델링 및 분석, 병렬 분산 컴퓨팅 플랫폼, 논리 추론, 언어 분석, 공학, 과학, 인문학 등 데이터와 관련한 주제 모두를 다루고 있습니다.

1.2.2 데이터 사이언티스트(Data Scientist)

데이터를 자유자재로 부리는 마법사
데이터 사이언티스트(Data Scientist) : 데이터 사이언스를 연구하는 사람. 즉 데이터 공학과 수학, 통계학, 고급 컴퓨팅 등 다방면에 걸쳐 복합적이고 고도화된 지식으로 데이터들을 수집, 분석하여 적합한 형태로 가공하고, 이를 통해 데이터의 의미와 트렌드를 찾아 전달하거나 조직의 전략을 제시하는 기획자이자 전략가.

4차 산업혁명 사회에서는 어떻게 빅데이터를 유효적절하게 만들고 이를 사용하느냐에 따라 각 개인, 단체, 기업, 나아가 국가의 성패가 달려있다고 해도 과언이 아닙니다. 따라서 산업계에서는 데이터 사이언티스트가 무엇보다도 중요한 역할을 하며 수요가 급증하고 있습니다.

> "모든 과학자는 데이터 사이언티스트다. 내 견해로는 데이터 사이언티스트는 반은 해커이고 반은 분석가다. 마치 반짝이는 눈을 가진 탐험가 콜럼버스와 의심 많은 형사 콜롬보를 합쳐놓은 존재다"(Guardian, 2012)."

그렇다면 데이터 사이언티스트는 어떠한 역량이 필요할까요?

데이터 사이언티스트는 기본적으로 데이터 처리(Data Management) 및 분석 능력(Analytics Modeling), 해당 업종에 대한 이해(Business Analysis)라는 세 가지 핵심 기술을 가져야 합니다.(Laney and Kart, 2012). 이 외에도 의사소통 능력, 협업, 리더십, 창의력, 규율, 열정이라는 요소도 겸비해야 합니다.

위처럼 데이터 사이언티스트는 단지 프로그래밍과 통계를 좀 잘한다고 해서 되는 것은 아닙니다. 그렇다고, 데이터 사이언스가 컴퓨터/IT 과학, 수학과 통계학, 비즈니스와 업무관련 지식 등 다학적 학문인 것처럼 요구되는 역량이 꼭 분야별 전문가 스킬을 요구하는 것도 아닙니다. 사실 위 세 분야에 정통한 전문가는 실제로 존재하기도 어렵습니다. 그래서

대다수의 데이터 과학 분야는 IT전문가와 통계학자, 통계학자와 산업분야전문가 등 각 분야의 전문가와의 협업을 통해 수행하고 있습니다.

그래도 데이터 사이언티스트가 지녀야 할 덕목을 기술한다면, 기술 전문성(Technical expertise), 호기심(Curiosity), 데이터로부터 이야기를 만들어내고 이를 효과적으로 전달하는 능력(Storytelling), 문제 해결을 위해 창의적인 관점에서 접근하는 능력(Cleverness)으로 표현하기도 합니다.(Patil, 2011).

데이터 사이언티스트

1.2.3 데이터 분석 VS 데이터 사이언스

"Data creates magic"
데이터 과학의 목표는 과거에 어떤 일이 일어났는지 밝혀내고, 왜 어떤 일이 일어났는지 진단하고, 미래에 어떤 일이 일어날지를 모형화하고, 최적의 경로를 추천하는 것입니다.

데이터 분석이 특정 시점의 스냅샷을 검토하는 프로세스라면 데이터 과학의 주된 목적은 데이터 내에서 패턴을 찾고, 다양한 분석 가공을 통해 통찰력을 얻는 것입니다.

데이터 분석은 경제 공황이 왜 오는지? 학생들의 이탈자가 왜 많은지? 등 어떤 현상이 일어나는 이유와 이론을 발견하는 과거의 분석이라면, 데이터 사이언스는 실시간 데이터뿐만 아니라 과거의 데이터를 고려하여 '왜'라는 이유보다는 인과 관계에 더 초점을 맞춰 현상에 대한 패턴을 찾고 이를 토대로 미래의 이벤트를 예측하고 추천합니다. 크게 그 이유를 설명하지 못하더라도 중요치 않습니다. 예를 들어 추운날씨에는 피자 빵이 많이 판매되는 이유를 몰라도 우리는 기온의 변화에 따라 판매수를 예측 할 수 있으며 이를 비즈니스에 이용 할 수 있습니다. 따라서 데이터 사이언스의 목적은 과거와 현재의 데이터를 통해 결론을 도출하여 현명한 비즈니스 결정을 내리는데 도움을 줄 수 있습니다.

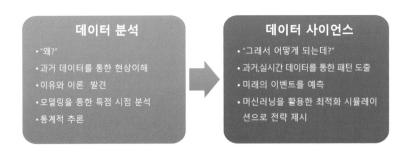

 Think?

- 데이터 사이언스의 예를 조사 해 보자.
  예 지역, 연령, 성별 등의 개인 특성에 따라 영화나 음악 추천 플랫폼

1.3 데이터 사이언스 절차

전형적 데이터 사이언스의 절차는 문제의 이해, 데이터 수집, 정제에서 시작해 기계학습 및 분석 모델의 선정과 최적화, 예측과 지능화 결과에 대한 평가와 시각화, 이해 과정이 반복적으로 수행됩니다.

그림 1.5   데이터 사이언스 프로세스

1 도메인과 문제의 이해를 통한 목표 설정

데이터 사이언스의 가장 기초이면서 중요한 부분은 목표 설정입니다. 아무리 훌륭한 통계 모델을 짜고 구현을 잘 하더라도 원시데이터를 통해서 어떤 문제를 풀어야 할지 모른다면 효용이 없는 것입니다. 시작부터 어떤 문제를 해결할 것이며 요구사항을 정리하는 작업은 불필요한 작업과 반복된 작업을 줄 일 수 있습니다.

예 AI심화과정 수료 가능성이 높은 잠재 학생을 어떻게 식별 할까?

2 데이터 이해 및 수집

데이터 사이언스의 실질적 첫 단계는 데이터 이해를 통해 수집하는 것입니다. 주어진 데이터와 수집할 데이터가 무엇을 대변하는지?, 데이터셋 크기는 얼마인지?, 누락된 데이터가 없는지? 또는 임의로 가공된 데이터가 없는지? 등 데이터를 이해하는 것입니다. 내가 분석하고자 하는 데이터가 바로 이 데이터가 맞는지를 정확히 확인하고 수집하는 것이 중요합니다. 또한 데이터를 수집하기 전에 필요한 데이터를 사용 할 수 있는지 확인해야 하며, 만일 사용 가능한 데이터가 충분하지 않다면 새 데이터를 수집할 수 있도록 방안을 마련하여야 합니다.

예 전교생 SW관련 과목 수강자의 명단, 학년, 성적, 출석률, 과목명 등

3 데이터 처리 (정제와 필터링)

데이터 전처리는 데이터를 수집했음에도 불필요한 데이터가 포함된 경우가 더 많기 때문에 원본 데이터를 분석에 사용하기 좋은 형태로 바꾸는 것입니다. 일반적인 전처리 과정은 다음과 같습니다.

1. 전처리 프로그램 구현하기
2. 전처리 프로그램으로 데이터 불러오기
3. 불필요한 데이터 걸러내기
4. 원하는 형태로 변환하여 분석에 적합한 형식으로 저장하기

데이터 처리과정에서 규모가 크면 빅데이터 기술이 필요할 수 있으며, 대량 데이터를 저장하고 처리하는 데는 시간이 오래 걸리므로 반드시 효율을 고려해야 합니다. 실제로 데이터 과학의 프로세스 중 70%이상이 이 단계에서 소비됩니다.

예 휴학생, 출석 및 성적 기준 필터링 등

④ 데이터 분석과 탐험 (모델링과 시각화)

이 단계에서는 창의력을 발휘해서 호기심을 충족 시기는 단계로서 데이터 전처리 후 다양한 시각화 도구를 사용하여 데이터를 표시하고, 필요한 알고리즘 및 분석 기법을 활용하여 데이터 변환 해 보면서 그 안에 무엇이 있는지 살펴보는 것이 중요합니다. 수집된 데이터에 대해 모델링 검증과 내부적인 상관관계도 구하고, 간단한 머신러닝 분류기도 사용해 보면 좋습니다.

예 어떤 학생이 더 AI심화과정 수료가 높은지 예측

⑤ 분석결과 공유와 평가

때로는 과소평가되지만 데이터 사이언스에서 기술적인 부분 이상으로 문제에 대한 해결방안과 전략을 효율적으로 설명하는 스토리텔링 기술은 중요한 부분을 차지합니다. 이 단계에서는 데이터를 통해 얻은 정보와 지식을 쉽게 이해할 수 있는 방법으로 대중과 다른 구성원들에게 보여주는 것을 의미하며 모델이 목적에 부합하는지를 평가합니다.

1.4 데이터 사이언스를 위한 소프트웨어

데이터 사이언스를 위해서는 데이터 크기와 유형에 따라 또는 분석 목적에 따라 다양한 도구와 프로그래밍 언어를 사용 할 수 있습니다. 일반적으로 한 가지 도구만을 사용하고 있지는 않으며, 그 단계에 따라 적절한 도구를 함께 사용하고 있습니다.

데이터 사이언스를 위한 다양하고 새로운 도구가 있으나 사실 데이터 사이언스의 입문자라면 우리에게 익숙한 MS오피스 프로그램인 엑셀을 통해서도 충분히 데이터를 분석 가공해서 문제를 해결할 수 있습니다.

비록 엑셀은 처리용량과 고급 분석기능에게 다소 부족함은 있으나, SQL과 R과 함께 현업에서 여전히 가장 많이 쓰이는 도구입니다. 프로그래밍 언어에 익숙하지 않은 이가 엑셀에서 기본으로 제공해 주는 다양한 분석 툴(히스토그램, 가설검증, 연관성분석, 시계열 예측 등)과 시각화 툴(차트, 스파크라인, 피봇테이블, 필터 등)을 이용해 빠르게 데이터를 분석, 시각화하는데 이만한 소프트웨어도 없다고 봅니다. 무엇보다도 엑셀은 MS오피스의 문서 파일이라 대다수 프로그램과 호환성이 높고, 그 결과를 쉽게 공유할 수 있다는 장점이 있습니다.

엑셀이 데이터 과학을 위한 메뉴 기반의 툴이라면 R은 엑셀만으로 부족한 부분을 채울 수 있는 프로그래밍 기반의 데이터 처리 도구입니다. 이것은 마치 사진을 취미로 하는 사람이 처음에는 디지털카메라로 시작하다가 더 만족스러운 사진을 얻기 위해서 더 좋은 렌즈를 사고, 수동 조작이 가능한 DSLR 카메라로 사진을 찍는 것에 비유할 수 있을 것 같습니다.

R과 엑셀의 가장 큰 차이점은 워크시트가 없다는 것입니다. 또한 R에서는 고정된 메뉴 대신에 함수 호출을 통해 모든 작업이 이루어집니다. 언뜻 더 복잡하고 어려워 보이지만, 한 번 언어를 익히고 코딩이 가능한 후에는 데이터를 신속하게 조작(부분집합, 재코딩, 병합, 반복 등), 자동화 할 수 있어 동일한 분석을 여러 번 다시 실행 할 계획인 경우 많은 시간을 절약할 수 있으며, 기본적으로 지원되는 기능 이외의 추가적인 작업을 할 수 있습니다. 특히 엑셀이 데이터의 분석을 통한 기본적인 시각화 기능을 제공한다면 R은 좀 더 고급적인 통계기능과 분류 및 군집화 같은 머신러닝을 활용한 기능을 제공합니다.

데이터 사이언스라는 밀물에 다양한 소프트웨어와 프로그래밍 언어가 범람하고 있지만, 입문자라면 원시 데이터를 통해 찾고자 하는 목표를 설정하고, 그 유형과 크기에 맞게 위 두가지 도구를 활용하는 것만으로도 시류에 편승할 수 있을 것입니다.

CHAPTER 2
빅데이터
기술의 이해

2.1 빅데이터란?

빅데이터(big data)의 개념에 대하여 알아보고, 빅데이터의 가치와 미래 사회 영향에 대해
생각 해 봅시다.

위키백과
빅데이터(영어: big data)란 기존 데이터베이스 관리도구의 능력을 넘어서는 대량(수십 테라바이트)의 정형 또
는 심지어 데이터베이스 형태가 아닌 비정형의 데이터 집합조차 포함한 데이터로부터 가치를 추출하고 결과를
분석하는 기술이다. 즉, 기존의 데이터 베이스로는 처리하기 어려울 정도로 방대한 양의 데이터를 의미한다.

나무위키
디지털 시대에서 폭증하는 '방대한 양의 데이터(big data)'를 관리하고 분석해서 유용한 정보로 사용하는 기술.
- McKinsey (2011) : 일반적인 데이터베이스 SW가 저장, 관리, 분석할 수 있는 범위를 초과하는 규모의 데이터
- IDC (International Data corporation, 2011) : 다양한 종류의 대규모 데이터로부터 저렴한 비용으로 가치
  를 추출하고 초고속 수집, 발굴, 분석을 지원하도록 고안된 차세대 기술 및 아키텍처

2.1.1 빅데이터란 정확히 무엇일까요?

표 2.1   전통적인 데이터와 빅데이터 특징 비교

구분	전통적인 데이터	빅데이터
데이터원천	전통적 정보 서비스	일상화된 정보서비스(RFID,센서, SNS,검색 서비스 등)
생성주체	정부, 기업 등 조직	개인 및 시스템
데이터유형	정형 데이터 조직내부 데이터	비정형 데이터 조직 내외부데이터
데이터특징	데이터 증가량 관리 가능 신뢰성 높은 핵심 데이터	기학급수로 양적 증가 쓰레기 데이터 비중 높음 문맥 정보 등 다양한 데이터
데이터보유	정부,기업 등의 조직	인터넷서비스기업, 이동통신사, 디바이스 생산회사 등
데이터플랫폼	정형 데이터를 생산, 저장, 분석 처리 할 수 있는 정통적 플랫폼	비정형 대량 데이터를 생산, 저장, 분석, 처리할 수 있는 새로운 플랫폼

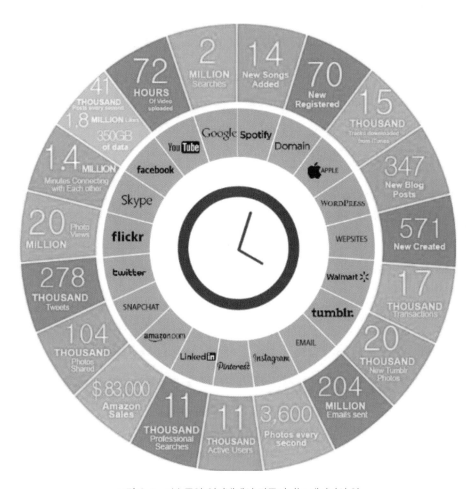

그림 2.1   1분 동안 인터넷에서 만들어지는 데이터의 양

출처 : 과학기술정보통신부

디지털 혁명과 소셜미디어의 등장으로 데이터가 급증하고, 빅데이터(Big Data)란 용어와 개념이 빠르게 사업전반 및 일상생활에서 회자되고 있습니다. 각종 미디어와 서적들이 밀물 몰려오듯 앞 다투어 정보를 전하고 있으며, 빅데이터를 활용해서 뭔가를 했다던가 하는 소식이 종종 들리고 있으며 매일 생산되는 어머어마한 데이터와 이를 활용한 분석기술로 세상이 바꿔질꺼라고 합니다. 하지만 여전히 적지 않은 현업 종사자들은 빅데이터에 대해 Big과 Data의 합성어 정도로 생각하는 경우가 많고 그 의미로 "어마어마하게 많은 데이터"정도로 생각하는 경향이 있습니다. 이에 단순히 큰 데이터(big + data)라는 개념을 넘어 전통데이터와 다른 빅데이터의 주요한 특성을 살펴보도록 하겠습니다. 빅데이터의 가장 기본적인 의미는 기존 기술을 사용하여 처리하기 어려울 정도로 방대한

양의 정형 데이터와 비정형 데이터를 설명하는데 사용됩니다. 즉 빅데이터는 말 그대로 대량의 데이터입니다. 하지만, 이 방대한 양의 데이터는 단순한 양적 증가뿐만 아니라 현재 수집되고 있는 다양한 유형의 비정형 데이터도 포함되게 됩니다. 소셜 미디어, 온라인 책, 음악, 비디오, 센서 등도 모두 분석에 이용할 수 있게 데이터화 되었음을 의미하며, 이는 점점 더 많은 정보가 온라인으로 이동하고 디지털화됨에 따라, 분석가들이 그것을 데이터로 사용할 수 있다는 것을 의미합니다.

예를 들어 단순한 음악 감상도 여러분이 듣고 있는 것, 얼마나 자주 그리고 어떤 순서로 듣는지에 대한 데이터를 생성하고 있으며, 스마트폰은 사용자의 위치, 이동 속도 및 사용 중인 앱에 대한 데이터를 실시간으로 업로드 합니다. 즉 온라인에서 수행하는 모든 작업이 데이터로 저장 및 추적됩니다.

또한 과거 데이터와 비교하여 중요한 점은 빅데이터가 단순히 생성되는 데이터의 양에 대한 것이 아니라 텍스트, 비디오, 검색 로그, 센서 로그, 고객 트랜잭션 등 다양한 유형의 데이터에 대한 것이며 전례 없이 빠른 속도로 쏟아져 나온다는 점입니다.

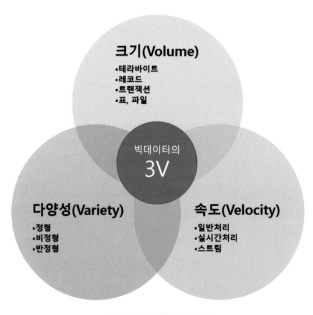

그림 2.2   빅데이터 3V

이러한 특성으로 빅데이터에 대한 가장 사용되는 정의는 2001년, Gartner에서 내린 정의로 속도(Velocity), 크기(Volume), 다양성(Variety)의 3V로 일컬어지고 있습니다.

2.1.2 빅데이터의 3V

크기 (Volume)	**빅데이터는 매우 큽니다.** 빅데이터를 다룬다는 것은 곧 저밀도의 비정형 데이터를 대량으로 처리해야 함을 의미합니다. 이를테면 트위터 데이터 피드, 웹페이지 또는 모바일 앱의 클릭 동향, 센서 기반 장비에서 수집된 데이터 등 알려지지 않은 가치의 데이터를 예로 들 수 있습니다.
속도 (Velocity)	**데이터 생성 및 처리 속도가 가속화되고 있습니다.** 빅데이터에서 속도란 융복합 환경에서 매우 빠르게 생산되는 데이터를 실시간으로 저장, 유통, 수집, 분석처리가 가능한 성능을 의미합니다. 인터넷 기반 스마트 제품의 경우 실시간에 가까운 속도로 운영되는데, 이로 인해 실시간 평가 및 실시간 평가와 동작이 요구됩니다.
다양성 (Variety)	빅데이터에서 다양성이란 **이용 가능한 데이터의 종류가 무수히 많다는 것을 의미합니다.** 기존 데이터 유형의 경우 구조화된 정형 데이터로, 관계형 데이터베이스에 정확히 들어맞았습니다. 그러나 빅데이터가 등장함에 따라 텍스트, 오디오, 비디오 등의 새로운 반정형 및 비정형 데이터가 생성되고 있습니다.

최근에는 빅데이터라는 영역이 분석적 예측, 인공지능과 같은 첨단 기법을 적용한 패턴 분석 등 분석의 고도화와 다양한 기술이 빅데이터와 결합되면서 3V에 더하여 아래와 같이 7V라는 용어로 빅데이터의 특성을 추가 설명하고 있다.

- Veracity(진실성) : 빅데이터를 구성하는 데이터들이 얼마나 신뢰할 수 있는지를 의미
- Value(가치) : 빅데이터를 분석하는 가장 중요한 것은 결국 무의미한 데이터에서 유의미 성을 찾는 것 즉 가치있는 정보가 되어여 한다는 것을 의미.
- Validity(정확성) : 아무리 많은 데이터를 수집했다 하더라고 가공 전에 수집 된 데이터가 어떤 결정을 내리는데 타당한 데이터인지 판단하는 속성.
- Volatility(휘발성) : 다양한 양질의 데이터를 많이 수집했다 하더라고 그 데이터를 오래 보관할 수 없어 삭제가 된다면 의미가 없음.

2.1.3 빅데이터의 부상

빅데이터(big data)라는 용어는 1990년대 중반에 데이터 양 증가를 가리키는 데 처음 사용 되었습니다. 2001년 당시 컨설팅 회사인 Meta Group Inc.의 분석가인 Doug Laney는 빅 데이터의 개념을 확장했으며 이는 조직에서 생성되는 데이터의 다양성과 생성 및 업데이트 속도를 증가시키는 것을 포함했습니다. 볼륨, 속도, 다양성 등 세 가지 요소는 2005년 메

타 그룹(현 Gartner)을 인수하고 레니를 고용한 후 대중화된 개념인 빅데이터의 3V로 알려지게 되었습니다.

이와는 별도로 2005년 무렵 사람들은 Facebook, YouTube 및 기타 온라인 서비스를 통해 사용자가 얼마나 많은 양의 데이터를 생성하고 있는지 깨닫기 시작했습니다. 같은 해에 Hadoop(빅데이터 세트를 저장하고 분석하기 위해 특별히 개발된 오픈 소스 프레임워크)이 개발되었습니다. Hadoop(그리고 최근에는 Spark) 같은 오픈 소스 프레임워크의 개발은 빅데이터를 보다 손쉽게 사용하고 저렴하게 저장할 수 있게 해준다는 점에서 빅데이터의 성장에 필수적 이었습니다.

처음에는 하둡 생태계가 형성되고 성숙해짐에 따라 빅데이터 애플리케이션은 주로 야후, 구글, 페이스북과 같은 대형 인터넷 및 전자상거래 기업과 분석 및 마케팅 서비스 공급업체의 영역이었습니다. 그러나 이후로 소매업체, 금융 회사, 보험사, 의료 기관, 제조업체, 에너지 기업 및 기타 기업에서 빅데이터 분석을 점점 더 많이 채택하고 있습니다.

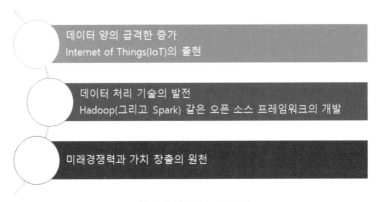

그림 2.3   빅데이터의 부상

아래 그림은 Gartner(2014)의 신기술 발전 사이클로 혁신의 계기-기대감의 최고점 - 기대감의 거품 해소 - 기술이 발전 - 생산성 극대화로 나누어 최근 관심을 끌고 있는 기술들의 발전을 예측했습니다.

Gartner(2014)는 빅데이터 및 데이터 사이언스, 언어자동 인식, 스마트 어드바이저, 사물 인터넷 등의 기술들이 빠르게 발전해 10년안에 생산성을 향상하는데 광범위하게 사용될 수 있을 것이라 예측하고 있습니다.

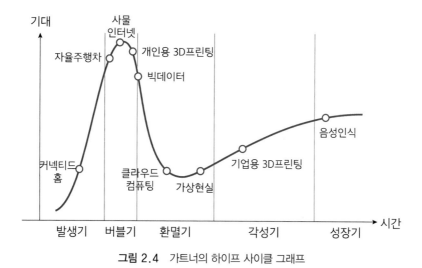

그림 2.4 가트너의 하이프 사이클 그래프

2.2 빅데이터 분석

빅데이터는 그 양적인 가치보다는 분석을 통해 새로운 기회와 비즈니스 모델을 창출할 수 있다는 것이 중요한 핵심입니다.

빅데이터 분석이란 소셜 빅데이터, 실시간 사물지능통신(M2M : Machine to Machine) 센서 데이터, 기업 고객관계 데이터 등 도처에 존재하는 다양한 성격의 빅데이터를 효과적으로 분석하는 것을 말합니다.

빅데이터의 분석을 위해서는 우선 하둡, NoSQL 등의 빅데이터 분석 인프라 기술이 필요하고, 그 위에 자주 언급되는 분석 기법에는 데이터 마이닝, 머신러닝, 인공지능, 통계학 등이 있으며 각기 다른 기법의 분석이 아니라 협업을 통해 분석이 이루어지고 있습니다. 이와 같은 분석 기법을 활용하면 숨겨진 패턴, 상관관계, 시장 동향 및 고객 선호도와 같은 정보를 파악하여 비즈니스 의사결정을 내리는 데 도움을 줄 수 있습니다.

그림 2.5 빅데이터 분석에 활용되는 분석 기법

> • 데이터 마이닝 : 대용량 데이터에서 패턴인식, 인공지능 기법 등으로 연관성을 분석해 새로운 정보를 찾는데 목적(거래, 고객, 상품데이터 같은 기본 데이터 속에서 감춰진 고객 취향 같은 새로운 규칙을 발견하여 정보로 활용)

2.3 빅데이터 활용

"매일 전 세계에서 기하급수적으로 불어나는 데이터, 이제 '금광', 즉 돈이 되고 있다"

위 글에서 시사하듯이 낱개로는 전혀 가치가 없던 데이터들이 전문화된 시스템과 소프트웨어를 통한 빅데이터 분석으로 새로운 가치를 창출하고 있습니다. 세계 유수의 기업들이 빅데이터를 활용하여 생산성 향상과 보다 효과적인 마케팅, 고객 서비스 개선 등과 같은 긍정적인 비즈니스 결과를 이루고 있습니다. 오늘날 산업에서 빅데이터 활용 기회를 놓친다는 것은 혁신, 경쟁 및 생산성을 놓치는 것이라고 해도 과언이 아닙니다.

빅데이터 활용은 모든 산업에서 새로운 시대를 열고 있으며 많은 산업에서 핵심부문이 되고 있습니다. 아래 그림은 업종별 빅데이터 애플리케이션의 예를 보여줍니다.

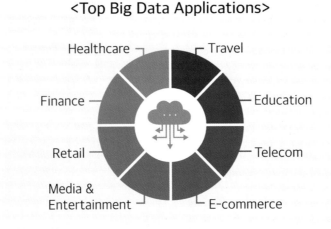

그림 2.6   빅데이터의 활용 주요 산업 분야

소매업(Retail) **치열한 경쟁에 직면한 유통업계**	소매업체는 SNS, 프로그램 등과 같은 다양한 미디어를 통해 빅데이터를 수집하고, 고객 경험을 분석하여 영업에 활용하고 있습니다. 예 블랙프라이데이, 충성고객관리, 제품의 진열 등
헬스케어(healthcare) **빅데이터와 의료의 이상적 결합**	방대한 양의 의료 데이터와 스마트 웨어러블 기기를 통한 실시간 생체정보는 의료산업을 그 어느 때 보다도 잘 보완 해 주고 있습니다. 이제는 의료 빅데이터의 분석을 통해 병을 발견, 예측하고, 치료법을 찾으므로 생명을 구하는 결과도 발생하고 있습니다. 예 개인화된 의약품 개발 및 치료법 연구
교육부문(Education) **미래를 바꾸는 교육시스템 혁신**	빅데이터는 개인과 기관의 학습환경 및 교육시스템의 혁신을 주도하고 있습니다. 빅데이터는 교사뿐 아니라 학생 모두의 성과를 평가하는 데 도움을 주고 있으며, 빅데이터를 학문적 커리큘럼을 혁신하는 도구로 활용하고 있다.
전자상거래(E-commerce) **나보다 나를 더 잘 아는 쇼핑몰**	우리 일상이 된 전자상거래는 그 자체가 빅데이터의 플랫폼입니다. 아마존 같은 전자상거래 기업은 방대한 양의 고객 경험 분석을 통해 이제까지 경험했던 것보다 더 많은 개인화된 서비스를 제공하고 있습니다. 빅데이터는 사람들의 온라인 쇼핑 경험을 완전히 재정의했습니다.
미디어 및 엔터테인먼트 **(Media and Entertainment)** **예술과 과학의 만남.**	미디어 및 엔터테인먼트는 예술의 주요 부분이며 이는 종종 과학과 대조되는 두 분야로 여겨지지만, 빅데이터를 통해 미디어 산업은 한층 더 발전 할 수 있습니다. 고객을 만족시키는 것이 예술의 평생 여정이라며, 빅데이터를 통한 추천 시스템은 고객의 니즈에 부응하는 맞춤형 컨텐츠를 제공하며, 기업은 고객이 원하는 컨텐츠와 관심을 끌 수 있는 가장 적절한 시기와 종류를 알게 되었습니다. 예 Netflix
금융(Finance) **돈 다음으로 가장 중요한 자산인 데이터**	금융업계는 빅데이터가 인기를 끌기 전부터 데이터에 크게 의존하고 있었으며, 빅데이터 및 분석을 가장 먼저 채택한 산업분야입니다. 이러한 데이터 분석은 모든 금융 회사가 직면하는 가장 핵심 과제이며 빅데이터의 활용으로 금융 회사의 주요 영역인 부정 행위 탐지, 위험 분석, 알고리즘 거래, 고객 만족 등 금융시스템 개선을 주도하고 있습니다.
여행(Travel Industry) **스트레스 없는 여행을 제공하는 가이드**	빅데이터 및 분석을 통해 여행 회사들은 이제 좀 더 맞춤화된 여행 경험을 제공할 수 있게 되었습니다. 이제 고객의 요구 사항을 훨씬 향상된 방식으로 이해할 수 있게 되었습니다. 실시간으로 제안을 할 수 있는 최상의 제안을 제공하는 것부터 빅데이터는 모든 여행객을 위한 완벽한 가이드입니다. 여행업계에서는 빅데이터가 점차 여행가이드의 자리를 차지하고 있다.

통신(Telecom) 초고속 통신으로 열리는 디지털 혁명	스마트폰의 인기가 날로 높아지면서 엄청난 양의 데이터가 통신업계에 넘쳐나고 있다. 이 데이터는 마치 금광과도 같습니다. 통신회사들은 그것을 제대로 파내는 방법을 알아야 합니다. 빅데이터 및 분석을 통해 기업은 고객에게 원활한 연결을 제공할 수 있으므로 고객이 해결해야 하는 모든 네트워크 장벽을 제거할 수 있습니다.
자동차(Automobile) 비상하는 자동차 산업	동향을 분석하는 것에서부터 공급망 관리를 이해하는 것, 고객을 돌보는 것에서부터 커넥티드카에 대한 우리의 가장 엉뚱한 꿈을 현실로 바꾸는 것까지 빅데이터는 훌륭하고 진정으로 자동차 산업을 미치게 한다.

전 세계의 모든 산업은 이제 빅데이터 분석(Big Data Analytics)을 지향하고 있으며, 향후 몇 년 이내에 빅데이터는 전 세계 모든 비즈니스에 필요한 기본적인 요소가 될 것입니다.

2.4 빅데이터 시대의 빅브라더 등장

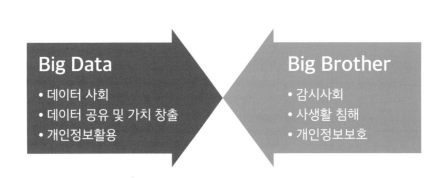

"Big Data is everywhere"

매일같이 기업들은 우리가 서비스에 가입하거나, 온라인 구매를 하거나, 단순히 기기에 로그인할 때에도 데이터를 수집하고 있습니다. 이는 "특히 인간 행동과 상호 작용에 관련된 패턴, 추세 및 연관성을 나타내기 위해 계산적으로 분석될 수 있는 매우 큰 데이터 세트" 입니다.

이러한 소비자 데이터는 보다 독창적인 방식으로 사용되어 기업의 가치를 높이기도 하지만, 개인의 프라이버시를 감소기키기도 합니다. 예를 들어 중국의 경우는 GPS와 CCTV를 이용해 모든 사람을 3초 안에 구분하고 구체적인 신상까지 분석하는 시스템을 연구 중입니다. 이러한 개인정보 관리 시스템은 잠재적인 범죄를 예방하고 범죄 용의자를 사전에 검거할 수 있다는 장점이 있지만, 국가가 개인 혹은 사회 전체를 통제하는 '빅브라더(Big Brother)'로 악용될 수 있다는 지적 또한 존재합니다. 이러한 면에서 빅데이터는 빅브라더의 등장과 같이 우리에게 굉장히 부정적인 효과를 미칠 수도 있다는 것을 생각해보아야 합니다.

빅브라더란 영국의 작가이자 언론인인 조지 오웰(George Orwell)의 소설 〈1984〉에서 비롯된 용어로 정보를 독점하여 사회를 통제하는 지배권력의 감시자를 의미하고 있습니다. 빅데이터 시대에는 빅브라더가 탄생할 수 있는 위험성이 존재합니다. 새로운 기술의 급속한 발전은 오웰식 디스토피아 개발을 위한 본거지로 간주되며 늘어난 소비자 데이터의 침해와 분석은 개인의 자유와 개성을 빼앗으려는 기업의 위협으로 묘사되기도 합니다.

최근 빅데이터 관련 기술의 급속한 발전으로 기업들은 소비자 데이터에 점점 더 많이 액세스하려고 하고 있으며, 실시간으로 수집되고 있는 빅데이터로 인해 우리의 삶은 나도 모르게 모든것이 드러나는 '네이키드 소사이어티(Naked Society)에 살고 있다고 합니다. 또한, 이러한 개인정보 등의 민감한 빅데이터를 많이 보유한 기업들은 해커들의 공격 대상이 되고 있습니다. 실제로 사회보장번호 노출, 개인정보 훼손, 온라인상의 이메일 주소와 신용카드 번호 도용 등의 위험을 받았으며 이에 많은 소비자들이 개인적이고 때로는 민감한 정보를 다룰 때 기업의 윤리적인 행동 능력과 데이터 보안에 대한 신뢰성에 대해 의구심을 가지기 시작하였습니다.

따라서 빠른 속도로 성장하는 빅데이터 속 개인정보를 어떻게 관리하느냐는 굉장히 중요한 이슈로 부각되고 있습니다. 늘어난 개인정보의 양이 다양한 긍정적 효과를 가져왔다는 것은 그 누구도 부정할 수 없는 사실이지만, 이 정보들을 철저하게 관리하지 못하는 순간, 모든 긍정적 효과는 무색해질 거라는 것도 자명합니다. 물론 새로운 기술의 발전과 사회적 제도 성립 사이의 시간차로 인한 기우일 수 있으나, 이제는 빅데이터기술 발전으로 얻을 수 있는 긍정적 변화만을 좇지 말고, 개인 데이터 보호와 기업 투명성 강화의 필요성에 대해 주목하기 시작해야 한다는 것을 의미합니다.

어떻든 간에, 현재 우리는 빅데이터 시대에 살고 있으며 빅데이터 유입을 효과적으로 사용하는 방법을 배우는 것이 더 나은 정보에 입각한 결정을 내리는 데 도움이 될 수 있다는 사실은 명백기 때문입니다.

> • 네이키드 소사이어티(The Naked Society) : 밴스 패커드가 1964년에 출간한 개인 정보 보호 관련 책이다. 이 책은 기술의 변화가 프라이버시를 침해하고 있으며, 근본적으로 다른 프라이버시 기준을 가진 미래 사회를 만들 수 있다고 주장한다.

CHAPTER 3

엑셀로
데이터 맛보기

3.1 엑셀 돌아보기

2021년 1월 기준으로 엑셀은 엑셀 2016과 오피스 365에서 제공하는 세부 빌드 버전이 13530.20368입니다. 따라서 제품에 상관없이 엑셀 2016 또는 오피스 365에서 제공하는 버전을 이용하여 본 교재의 내용을 따라 하실 수 있습니다.

3.1.1 엑셀 화면 구성

1 시작 화면

엑셀이 설치된 컴퓨터에서 시작 버튼(키보드의 윈도우 키)을 눌러 'excel'을 검색하면 쉽게 엑셀을 시작할 수 있습니다. 설치할 때 바탕화면에 바로 가기를 만들었다면 바로 가기를 더블 클릭하여 실행할 수도 있습니다. 엑셀을 시작하면 다음과 같은 시작 화면을 볼 수 있습니다.

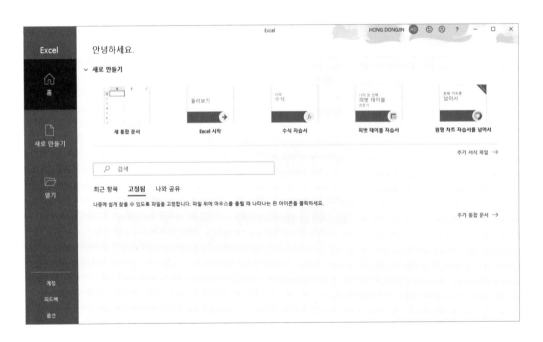

2 새 통합 문서 만들기

시작 화면에서 왼쪽에 있는 탭을 보면 홈, 새로 만들기, 열기 탭이 있습니다. 홈 탭이 선택되어 있다면 홈 탭의 오른쪽 영역에서 새 통합 문서 만들기를 선택할 수 있습니다. 단축키는 [Ctrl+N]입니다. 새 통합 문서 만들기를 선택하여 빈 엑셀 문서를 만들어봅시다.

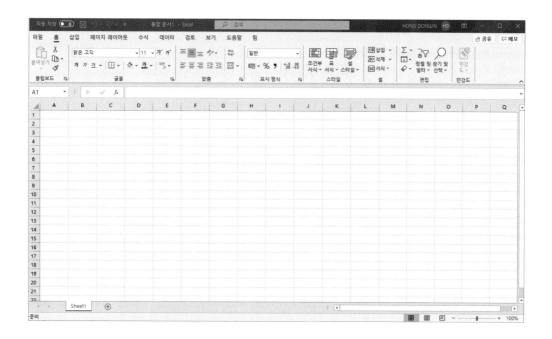

엑셀의 통합 문서는 크게 둘로 구분됩니다. 문서의 이름과 각종 꾸미기를 위한 메뉴, 도구 모음을 나타내는 리본과 데이터를 입력할 수 있는 셀로 이루어진 워크시트로 구분됩니다. 리본이라는 단어는 생소할 수 있는데, 마이크로소프트사에서 일반적으로 사용하는 메뉴 탭과 각종 도구 모음을 결합한 UI를 오피스 2007 제품군에 도입하면서 붙인 명칭입니다. 윈도우 7에서 기본 프로그램에도 하나둘씩 도입되기 시작하였으며 윈도우 10에서는 거의 모든 프로그램이 리본을 사용하고 있습니다. 엑셀의 리본을 살펴보면 다음과 같습니다.

❶ 제목 표시줄 : 현재 편집하고 있는 파일의 이름을 표시합니다. 새로운 문서를 만든 직후에는 통합 문서라는 이름이 부여되고, 파일을 저장하면 저장된 이름이 나타납니다.

❷ 메뉴 탭 : 엑셀에서 제공하는 도구 및 기능을 연관된 명령끼리 탭으로 구성하여 묶어둔 것입니다. 마우스 스크롤 휠을 움직이면 각 메뉴 탭으로 구분된 명령이 탭 아래에 버튼 형식으로 나타납니다.

❸ 실행 버튼 모음 : 선택된 탭에 포함된 명령이 버튼 또는 입력 텍스트 상자, 리스트 상자 등의 형태로 사용자가 이용할 수 있게 나타나는 영역입니다. 메뉴 탭에서와 마찬가지로 마우스 스크롤 휠을 움직여 다른 탭의 명령이 나타나도록 할 수 있습니다.

워크시트는 마이크로소프트 제품군에서 제공하는 응용 프로그램 중에 엑셀에서만 사용하는 독자적인 데이터 편집 형태입니다. 흔히 엑셀이라고 통칭하는 데이터 편집 형태는 정확히 말하면 워크시트를 말하는 것이며, 워크시트는 셀들의 집합으로 이루어져 있습니다.

셀을 제외한 나머지 요소는 워크시트를 구분하기 위한 시트 탭, 셀을 구분하기 위한 행과 열 명칭, 셀에 데이터를 입력하기 위한 수식 입력줄과 선택된 셀을 나타내는 이름상자 등입니다.

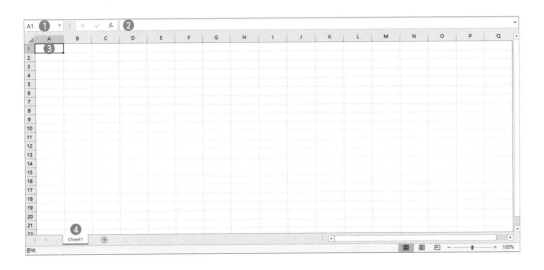

❶ 이름상자 : 현재 선택된 셀의 이름을 보여줍니다. 셀의 이름은 열 이름과 행 번호로 이루어져 있습니다. 여러 개의 셀을 선택하는 중에는 몇 개의 행과 열을 선택 중인지 보여줍니다.

❷ 수식 입력줄 : 셀에서 입력할 수 있는 간단한 내용 외에 다른 셀의 값을 참조하여 현재 셀의 값을 결정하거나 사칙연산, 함수를 이용해 값을 도출하고자 할 때 필요한 규칙을 입력할 수 있는 텍스트 상자입니다.

❸ 셀 : 엑셀에서 데이터를 저장할 수 있는 단위입니다. 한 셀에서 표현할 수 있는 총 문자수는 32,767자입니다. 구분 가능한 자료를 각 셀에 입력한 후에 보기 좋게 꾸미거나

다른 정보를 도출하기 위해 셀을 사용합니다.

❹ 시트 탭 : 셀의 집합이 하나의 워크시트가 됩니다. 각 워크시트 간에는 상호작용이나 연관성이 없습니다. 문서 프로그램들에 비유하면 페이지에 해당합니다. 하나의 엑셀 파일에 여러 워크시트를 작성할 수 있습니다.

3.1.2 데이터 입력

워크시트에 다음과 같이 데이터를 입력해봅시다.

	A	B	C	D	E	F
1			오늘의 메뉴 추천			
2	한식	분식	카페, 디저트	양식		
3	삼겹살	떡볶이	아메리카노	함박스테이크		
4	김치찌개	오징어튀김	카페모카	로제파스타		
5	비빔밥	김밥	요거트 플랫치노	스테이크필라프		
6	냉면	어묵	홀그레인 오트라떼	뇨끼감바스		
7						

01 셀 A1을 클릭하여 선택하고 '오늘의 메뉴 추천'을 입력합니다. 더블클릭하면 커서를 볼 수 있고, 한 번 클릭한 후에 키보드 입력을 수행하면 기존의 내용이 삭제되고 새롭게 입력할 수 있습니다.

02 셀 A2를 선택하고 '한식'을 입력 후 Enter 키를 누르면 선택한 셀에 대한 입력이 완료됩니다. 같은 방법으로 셀 A3에는 '삼겹살'을 입력합니다. 한 셀에 여러 줄의 내용을 입력하고자 할 때는 홈 – 맞춤의 텍스트 줄바꿈(⌊ ⌋)을 이용하거나 Alt+Enter 키 조합으로 줄 바꿈 할 수 있습니다.

03 같은 방법으로 나머지 셀의 내용을 입력합니다.

04 셀 A1에서 D1까지 드래그한 후 병합하고 가운데 맞춤 버튼을 클릭합니다.

05 열 문자 사이의 구분선을 드래그하여 내용이 잘 보이도록 열 크기를 조정합니다. 구분선을 더블클릭하면 각 열의 입력 문자 중 가장 큰 크기 기준으로 맞춰줍니다.

3.1.3 파일 저장

작성이 완료된 엑셀 파일을 저장하는 방법에 대해 알아보겠습니다. 다른 메뉴 탭과는 달리 파일 탭은 클릭하면 엑셀의 홈 화면이 나타납니다. 홈 화면의 왼쪽 메뉴 중에 저장 또는 다른 이름으로 저장을 선택하면 작성한 엑셀 파일을 저장할 수 있습니다. 다른 이름으로 저장은 저장할 경로를 선택하여 저장할 수 있습니다. 저장은 한 번 저장한 적이 있다면 기존의 저장한 파일을 덮어쓰면서 저장하고, 저장한 적이 없다면 다른 이름으로 저장과 같이 경로를 선택하는 과정이 추가됩니다.   경로를 선택할 때 마이크로소프트의 클라우드 서비스인 OneDrive에 저장할지, 로컬 디스크에 저장할지 선택할 수 있습니다. 그 외에도 파일 전송이 가능한 서버나 NAS에도 저장할 수 있도록 설정할 수 있지만 생략하도록 하겠습니다.

OneDrive에 저장하는 것은 독자가 접근 가능한 개인 또는 단체 계정이 필요하므로 로컬 디스크에 저장하는 방법만 소개하겠습니다.

01 파일 → 저장 또는 다른 이름으로 저장을 선택합니다. 저장 단축키는 Ctrl+S이고, 다른 이름으로 저장 단축키는 F12입니다.

02 이 PC → 찾아보기를 선택하고 저장할 경로를 선택합니다.

03 저장할 파일 이름을 입력하고 저장 버튼을 클릭합니다.

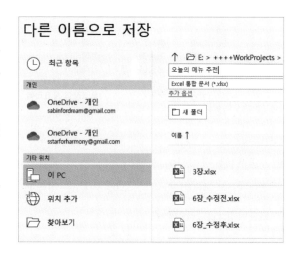

파일 형식을 선택하면 다양한 파일 형식으로 저장할 수 있습니다. 최근의 엑셀 프로그램은 *.xlsx 확장자를 사용하며, 엑셀 2007 이전 버전에서는 *.xls 확장자를 사용합니다.

3.1.4 파일 열기

엑셀로 작성한 파일은 대부분 *.xlsx 확장자를 가지고 있으며, 엑셀이 설치된 PC에서는 *.xlsx 확장자 파일을 더블클릭하면 자동으로 엑셀이 실행되며 파일을 열 수 있습니다. 반드시 수동으로 열어야 할 필요가 있거나, PC에 저장되어 있지 않고 클라우드에 저장되어 있는 문서를 열고자 할 때는 파일 탭의 열기 메뉴를 통해 열 수 있습니다.

01 파일 → 열기 메뉴를 선택합니다.

02 필요한 파일을 찾기 위해 클라우드, 이 PC, 찾아보기 중 하나를 선택하여 파일을 불러옵니다.

3.2 워크시트와 자동 서식

3.2.1 삽입과 삭제

1 워크시트 삽입

엑셀 파일을 새롭게 생성하면 하나의 워크시트를 가진 파일이 생성됩니다. 하나의 엑셀 파일에 여러 개의 워크시트를 사용하고자 할 때는 시트 탭 목록의 우측에 있는 새 시트 버튼을 클릭하거나 기존의 시트를 마우스 오른쪽 클릭하여 삽입 버튼을 누르면 시트를 추가할 수 있습니다. 만들 수 있는 시트 수는 메모리 크기에 따라 달라질 수 있습니다. 한 워크시트에 표현할 수 있는 행×열의 수는 1,048,576행×16,384열입니다.

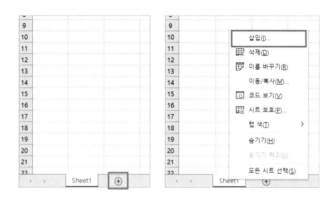

2 워크시트 삭제

필요하지 않은 워크시트를 삭제할 때는 삭제할 시트 탭을 오른쪽 클릭한 후에 삭제를 선택하면 삭제할 수 있습니다. 빈 시트를 삭제할 땐 바로 삭제가 되지만 데이터가 입력되어 있는 시트를 삭제할 때는 재확인 메시지가 뜹니다. 시트 삭제는 영구적으로 삭제되므로 다시 복구 될 수 없습니다. 따라서 삭제할 시 때는 신중히 생각하고 삭제하시기 바랍니다. 엑셀 파일에는 반드시 시트가 하나 이상 존재해야 하므로 모든 시트를 삭제할 수는 없습니다.

3.2.2 이동과 복사

1 워크시트 이동

필요에 따라 워크시트의 순서를 정렬하는 경우에는 시트 탭 목록에서 원하는 시트를 드래그하여 순서를 조정하거나 마우스 오른쪽 클릭하여 메뉴를 호출한 후 이동/복사를 선택하여 세부적인 조정이 가능합니다.

시트 탭을 드래그하여 이동하는 경우에는 작은 역삼각형을 보고 시트의 이동 위치를 결정합니다.

마우스 오른쪽 클릭으로 메뉴를 호출하여 이동/복사를 선택하여 이동하는 경우에는 대상 통합 문서를 지정하여 시트를 다른 엑셀 파일로도 이동할 수 있습니다. 시트 탭의 이동 위치는 선택한 시트의 앞에 위치합니다. (끝으로 이동)을 선택하면 가장 오른쪽으로 이동합니다.

시트를 선택하고 단축키 Ctrl+PageDown 또는 Ctrl+PageUp을 이용해 이동하는 것도 가능합니다.

2 워크시트 복사

시트를 복사하는 방법도 시트의 이동과 유사한 방법으로 수행할 수 있습니다. 마우스를 이용해 Ctrl 키를 누른 상태에서 드래그하거나, 이동/복사 메뉴에서 복사본 만들기 옵션을 체크하면 시트가 이동하는 대신에 복사됩니다.

3 워크시트 이름 바꾸기

통합문서는 Sheet1, Sheet2등으로 관리되지만 시트명을 쉽게 변경할 수 있습니다. 시트이름은 워크시트의 내용에 따라 적절히 변경하여 사용합니다. 이름을 바꾸는 방법은 시트명을 더블 클릭하거나 마우스 오른쪽 클릭하여 이름 바꾸기 버튼을 클릭하면 변경할 수 있습니다.

워크시트 이름은 31자를 초과할 수 없고, /, ₩, ?, *, [ ]와 같은 문자를 사용할 수 없습니다.

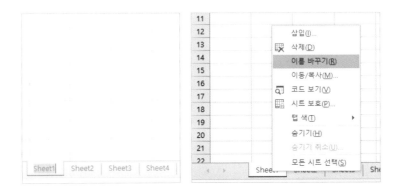

4 워크시트 숨기기/숨기기 취소

통합 문서에서 워크시트를 숨겨 보기에서 제거할 수 있습니다. 숨겨진 워크시트의 데이터는 표시되지 않지만 다른 워크시트에서 계속 참조할 수 있습니다. 따라서 필요에 따라 워크시트를 숨기거나 보이게 설정할 수 있습니다.

숨기려는 시트를 선택하고 마우스 오른쪽을 클릭하면 숨기기 버튼을 확인할 수 있습니다. 두 개 이상의 워크시트를 숨기려고 하면 Shift , Ctrl키를 이용하여 선택합니다.

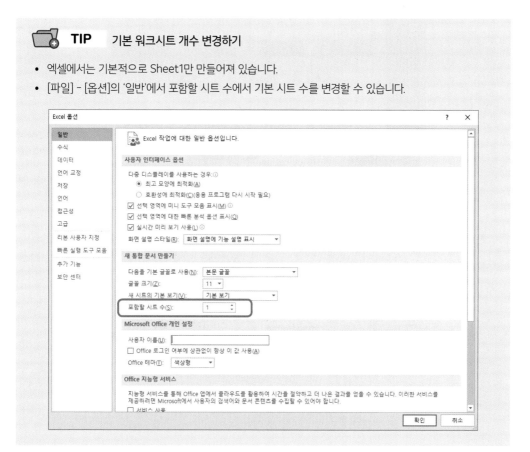

TIP   기본 워크시트 개수 변경하기

- 엑셀에서는 기본적으로 Sheet1만 만들어져 있습니다.
- [파일] - [옵션]의 '일반'에서 포함할 시트 수에서 기본 시트 수를 변경할 수 있습니다.

3.2.3 미리 만들어진 서식으로 문서 만들기

엑셀 문서를 생성할 때 새 통합 문서를 선택하여 처음부터 만드는 경우가 많습니다. 엑셀에서는 엑셀을 이용해 만들 수 있는 다양한 문서 서식을 제공하고 있습니다. 문서를 새로 만들 때 새 통합 문서 외에 다른 서식을 선택하면 미리 만들어진 서식의 문서를 만들 수 있습니다. 가계부, 출석부, 시간표 등은 엑셀을 이용하면 매우 쉽게 관리할 수 있습니다. 어떤 서식이 있는지 살펴보고 이용하시기를 바랍니다.

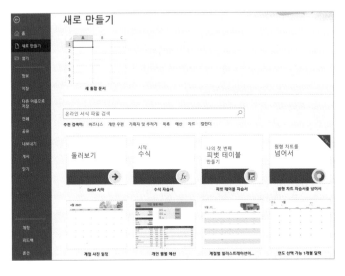

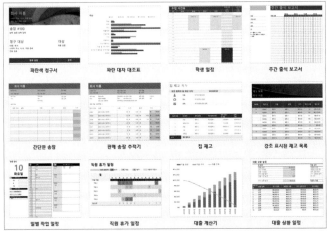

CHAPTER **4**

엑셀로
데이터 정리하기

4.1 데이터 채우기

이번 장에서는 입력된 데이터를 기반으로 추가적인 데이터를 생성하고 검사하여 필요한 정보만 남도록 정리하기 위한 기능들을 살펴보겠습니다.

4.1.1 자동 채우기

자동 채우기 기능은 셀안의 규칙을 읽어서 셀의 내용을 자동으로 채우는 기능을 말합니다. 채우기 핸들( )을 이용해 선택한 셀들에 셀안의 규칙대로 내용을 입력하고 만약 규칙이 존재하지 않다면 셀 내용을 복사하여 채워지게 됩니다. 동일한 문자나 숫자를 복사하거나, 숫자를 규칙적으로 증가 또는 감소한 값을 채워 넣거나, 수식의 적용을 간편하게 복사할 때 사용할 수 있습니다.

다음과 같이 내용을 채워놓고 자동 채우기를 실습해봅시다.

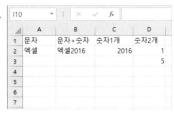

1 문자 데이터 자동 채우기

A2 셀의 내용은 문자로 규칙이 존재하지 않아서 드래그한 영역까지 문자 내용이 복사되어 채워진다.

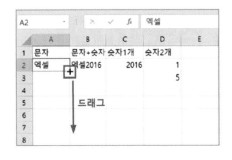
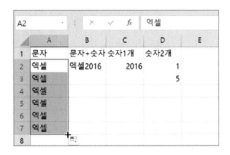

2 문자+숫자 데이터 자동 채우기

B2 셀 내용은 문자와 숫자로 구성되어 있고 문자는 규칙이 존재하지 않아서 복사되지만 숫자는 증가되어 나타나는 것을 알 수 있습니다.

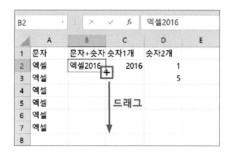
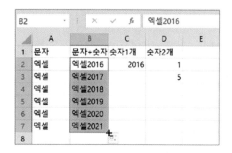

3 숫자 데이터 자동 채우기

한 개의 숫자로 구성된 C2 셀은 자동 채우기를 하면 규칙이 존재하지 않으므로 복사되어 나타납니다. 위의 문자와 숫자가 결합된 셀과 다르게 나타나는 것을 알 수 있습니다. Ctrl 키를 누른 채 자동 채우기를 하면 숫자는 연속되는 숫자로 표현됩니다.

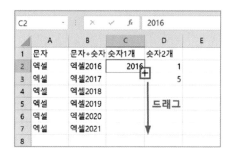

4 숫자 데이터가 있는 셀을 두 개 선택하여 자동 채우기

숫자에 규칙성이 존재하기 위해서는 반드시 두 셀 이상을 선택하여 자동 채우기를 합니다. 아래의 경우는 두수 사이에 4씩 커지는 규칙이 존재하므로 4씩 커지면서 채워지는 것을 알 수 있습니다.

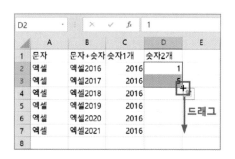

5 규칙성을 가지는 문자 데이터 채우기

[파일] – [옵션] 버튼을 클릭하면 고급 버튼의 오른쪽 영역의 '일반'에서 사용자 지정 목록 편집 메뉴를 찾을 수 있습니다. 사용자 지정 목록을 살펴보면 시간과 관련된 텍스트 목록을 확인할 수 있습니다. 여기 지정된 텍스트 목록은 자동 채우기 영향을 받습니다.

목록을 추가하는 방법으로 직접 입력하는 방법과 범위를 지정하는 두 가지 방법이 있습니다. 여기서는 직접 목록을 작성하고 추가하는 방법을 해보겠습니다. 목록 항목 창에 파워포인트, 엑셀, 한글이라고 추가해 봅시다. 이때 각 항목은 반드시 세로로 작성해야 합니다. 워크시트에서 파워포인트 문자를 자동 채우기를 하면 자동 목록이 채워지는 것을 확인할 수 있습니다.

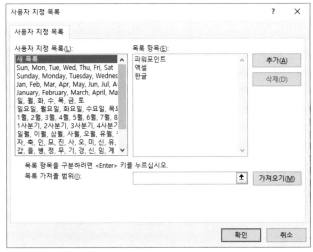

4.1.2 빠른 채우기

빠른 채우기는 입력되어 있는 데이터의 규칙이나 패턴을 분석하여 인접한 셀에 적합한 형태로 데이터를 채우는 기능입니다. 시트의 내용을 왼쪽 그림과 같이 작성한 후 [B2] 셀에 'ac'를 작성하고, [B3] 셀을 선택한 상태에서 키보드 단축키 [Ctrl]+[E]를 눌러봅시다.

자동 채우기도 수행해본 후에 결과를 비교해봅시다.

> **TIP**   자동 채우기 옵션
>
> - 셀복사 : 원본 셀의 내용과 서식이 모두 복사됩니다.
> - 연속데이터 채우기: 원본 셀의 서식과 함께 연속된 데이터가 채워집니다.
> - 서식만 채우기: 원본 셀의 서식만 채워집니다.
> - 서식 없이 채우기: 원본 셀의 서식은 제외하고 데이터 내용만 채워집니다.
> - 빠른채우기입력:입력되어 있는 데이터의 패턴을 분석하여 데이터가 채워진다.

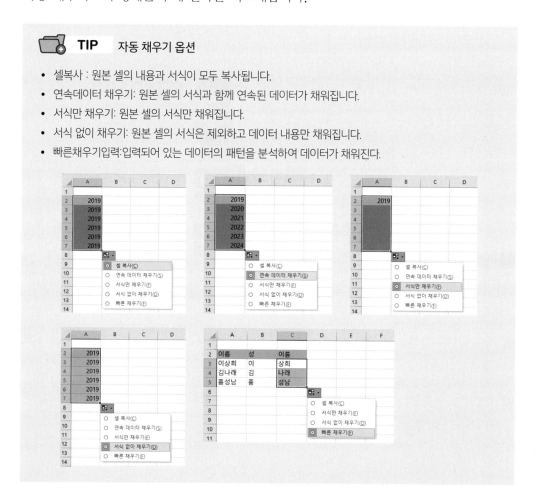

4.2 데이터 유효성 검사하기

4.2.1 데이터 유효성 검사 기능

데이터 유효성 검사 기능을 이용하면 셀에 입력되는 숫자, 날짜, 문자, 데이터의 종류나 범위를 지정하여, 범위를 벗어난 데이터의 입력을 제한할 수 있습니다. 이는 잘못된 데이터의 입력을 사전에 차단하는 것으로 지정된 규칙을 벗어난 데이터의 입력을 방지합니다. 예를 들어 우편번호의 경우 5자리 입력만 허용하도록 텍스트 길이 제한을 하거나 목록에서 정해진 값만 입력받을 수 있도록 제한을 둘 수 있습니다. 이미 입력된 데이터에 대해 데이터 유효성 검사를 적용하면 유효하지 않은 셀에는 오류가 표시됩니다. 오류 데이터를 수정하면 오류 표시는 사라집니다.

4.2.2 유효성 조건 설정

다음과 같이 유효성 조건이 설정된 결과를 만들어보겠습니다.

	A	B	C	D	E
1	숫자 유효성 설정 (50~100사이 값)	날짜유효성설정 (2019년만)	목록유효성설정 (목록참조)		
2	50	2019-01-01	엑셀		목록
3	75	2019-05-05	워드		엑셀
4	100	2019-12-31	파워포인트		워드
5	80	2019-10-03	엑셀		파워포인트

1 숫자 유효성 조건 설정하기

[A2:A5] 범위에 50에서 100사이의 숫자만 입력되도록 유효성 조건을 설정하는 과정입니다.

01 [A2:A5]를 범위로 지정하고 [데이터] − [데이터 도구] 그룹 − [데이터 유효성 검사]를 클릭합니다.

02 [데이터 유효성] 창에서 [제한 대상]을 [정수]로 선택하고 [최소값]은 '50', [최대값]은 '100'을 입력합니다.

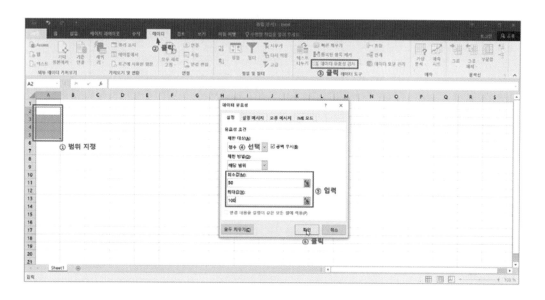

03 [A2]셀에는 '50', [A3]셀에는 '75', [A4]셀에는 '100'을 입력하고 [A5]셀에는 '5'를 입력해 봅시다. 해당 범위를 벗어난 데이터를 입력하면 에러 메시지를 나타내며 데이터가 입력되지 않습니다.

2 날짜 유효성 조건 설정하기

이번에는 [B2:B5] 범위에 2019년도 날짜만 입력되도록 설정해보겠습니다.

01 [B2:B5]를 범위로 지정하고 [데이터]–[데이터 도구] 그룹–[데이터 유효성 검사]를 클릭합니다.

02 [데이터 유효성] 창에서 [제한 대상]을 [날짜]로 선택하고 [시작 날짜]는 '2019-1-1', [끝 날짜]는 '2019-12-31'을 입력합니다.

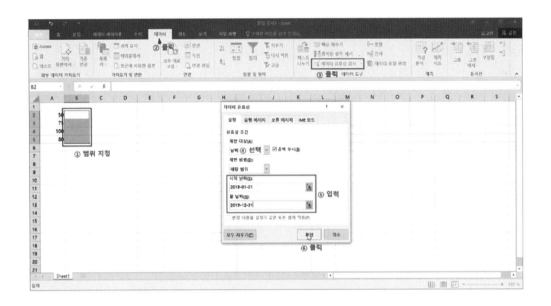

03 [B2]셀에는 '19-1-1', [B3]셀에는 '19-5-5', [B4]셀에는 '19-12-31'을 입력합니다. 그리고 [B5]셀에는 '18-10-03'을 입력해봅시다. 마지막 입력은 유효성 조건을 위반하므로 입력되지 않습니다.

③ 목록 유효성 조건 설정하기

이번에는 [C2:C5] 범위에 [E3:E5] 데이터 목록에 있는 값만 입력되도록 설정합니다.

01 [E3:E5] 범위에 데이터 목록을 만듭니다. [E3]셀에는 '엑셀', [E4]셀에는 '워드', [E5]셀에는 '파워포인트'를 입력합니다.

02 [C2:C5]를 범위로 지정하고 [데이터]-[데이터 도구] 그룹-[데이터 유효성 검사]를 클릭합니다.

03 [데이터 유효성] 창에서 [제한 대상]을 [목록]으로 선택하고 [원본]은 [E3:E5]를 지정합니다.

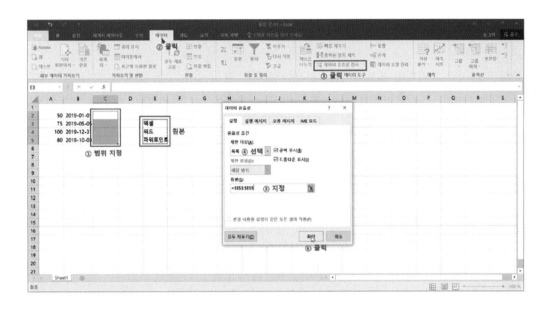

04 [C2]셀을 클릭하면 목록 단추가 표시됩니다. 목록에서 입력하고자 하는 데이터를 선택할 수 있으며, 그 외의 데이터는 입력할 수 없습니다.

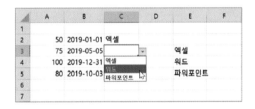

TIP　데이터 검사 유효성 검사 규칙이 적용된 셀 보기

- 홈 - 편집 - 찾기 및 선택 - 데이터 유효성 검사 버튼을 이용합니다.
- 데이터 유효성이 적용된 모든 셀을 보여줍니다.

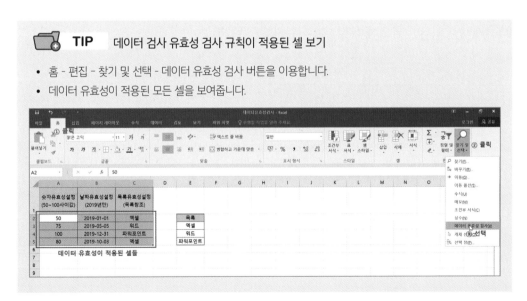

4.3 중복데이터 정리하기

중복된 데이터를 정리할 필요가 있는 경우는 상당히 흔한 일입니다. 중복된 데이터가 존재하면 데이터 분석 시에 같은 내용의 데이터가 다른 데이터에 비해 많은 영향을 끼치게 되기 때문에 제거해 주는 것이 좋습니다. 엑셀에서는 중복된 항목 제거 기능을 제공합니다.

01 데이터 목록 내의 셀을 클릭하고 [데이터]–[데이터 도구] 그룹–[중복된 항목 제거]를 클릭합니다.

02 [중복된 항목 제거] 창에서 중복 값이 있는 [열]을 선택하고 [확인]을 클릭합니다. 아래 그림과 같이 중복된 데이터 3개를 확인할 수 있습니다.

03 1개의 데이터만 남고 중복된 데이터는 제거됩니다.

4.4 셀 꾸미기

4.4.1 셀 서식

앞서 실습에서는 암묵적으로 당연하게 사용해왔지만, 엑셀에서 문서 작성과 데이터 입력 등의 작업은 셀(Cell) 단위로 이루어집니다. 모든 셀은 각 고유한 이름(주소)을 갖습니다. 기본적으로 셀 이름(주소)은 셀이 교차하는 열 문자와 행 번호의 결합으로 이루어지며, 필요한 경우 새로운 이름으로 정의할 수도 있습니다. 선택된 셀은 테두리가 굵게 표시되며 셀의 이름(주소)이 이름상자에 나타납니다.

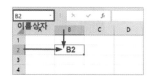

1 셀 범위 지정하기

셀은 드래그 앤 드롭 혹은 Shift 키로 연속된 셀 선택이 가능하며 Ctrl 키를 누른 상태로 클릭함으로써 이웃하지 않은 셀을 동시에 선택할 수도 있습니다. 행과 열을 선택 시에도 동일한 방법을 사용합니다.

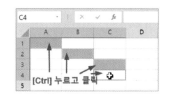

행 번호나 열 문자를 클릭하면 해당 행, 열 전체가 범위로 지정됩니다.

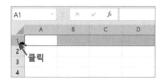
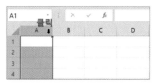

행과 열이 교차하는 버튼을 클릭하거나 Ctrl + A를 이용하면 워크시트 전체가 선택됩니다.

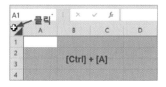

셀 서식을 이용하면 데이터를 효과적으로 표현할 수 있습니다. 셀에 입력된 데이터에 대해 글꼴이나 맞춤 형식, 통화나 날짜와 같은 표시 형식을 지정할 수 있고, 셀의 배경색이나 테두리와 같은 서식도 설정할 수 있습니다.

홈-표시형식에서 간단한 셀 서식을 수정하거나 셀 서식 버튼을 클릭하여 셀 형식을 지정할 수 있습니다.

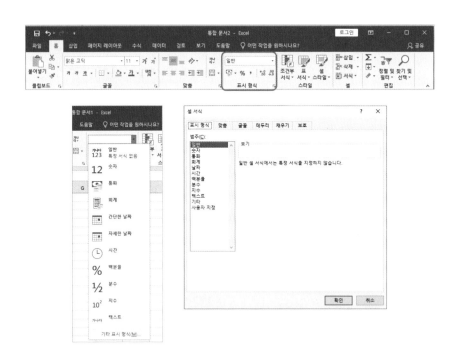

❶ 일반 : 특정 서식을 적용하지 않고 그대로 표시합니다.

❷ 숫자 : 소수 자릿수, 천 단위 콤마 표시, 음수 표현 형식을 지정할 수 있습니다.

❸ 통화 : 소수 자릿수, 천 단위 콤마 표시, 음수 표현 형잇을 지정할 수 있습니다.

❹ 화계 : 소수 자릿수 지정, 통화 단위를 삽입할 수 있습니다.

❺ 날짜: 날짜 형식을 선택할 수 있습니다.

❻ 시간: 시간 형식을 선택할 수 있습니다.

❼ 백분율: 소수 자릿수 지정, 백분율(%) 단위 삽입할 수 있습니다.

❽ 분수 : 소수를 분수 형식으로 나타낼 수 있습니다.

❾ 텍스트 : 수치 데이터를 문자열 형식으로 지정합니다.

⑩ 기타 : 우편번호, 전화번호 등 특수한 데이터의 형식을 지정합니다.

⑪ 사용자 지정 : 사용자가 원하는 표시 형식을 지정합니다.

TIP 사용자 지정 서식 형식

[셀 서식] - [사용자 지정]에 있는 형식입니다.

종류	설명	예		
		형식	입력	결과
G/표준	숫자를 일반표시 형식으로 지정			
#	숫자의 자릿 수를 표시 (필요 없는 자릿 수는 제외)	###	012	12
0	숫자의 자릿 수를 표시 (필요 없는 자릿 수에 0 표시)	000	012	012
?	숫자의 자릿 수를 표시 (필요 없는 자릿 수는 공백 표시)	???	012	12
.	소수점 구분기호	#.#	23.12	23.1
,	천원단위 구분 기호	#,###	2300	2,300
[]	색상이나 조건지정	[빨강]#	23	23
:	둘이상의 표시형식 구분	[파랑]-#:[빨강]#	-23	-23
@	특정한 문자를 붙여서 표현	@"등급"	A	A등급
" "	임의의 문자열 삽입			
*	*뒤에 입력된 문자를 반복표시 (셀크기만큼 반복)	@*b	B	Bbbbbbb
yy	날짜에서 두자리로 연도를 표시	yy	2020-01-26	20
mm	날짜에서 두자리로 월을 표시	mm	2020-01-26	01
dd	날짜에서 두자리로 일을 표시	dd	2020-01-26	26
hh	시를 두자리로 표시	hh	06:30:45am	06
mm	분을 두자리로 표시	mm	06:30:45am	30
ss	초를 두자리로 표시	ss	06:30:45am	45
am/pm	오전, 오후 표시	am/pm	06:30:45am	am

---

2 맞춤 서식 설정하기

맞춤 서식에는 [텍스트 맞춤], [방향], [텍스트 조정], [텍스트 방향] 등의 옵션이 있고, [텍스트 맞춤]에서는 가로/세로 방향의 텍스트 위치와 들여쓰기를 설정할 수 있습니다. [방향]에서는 텍스트의 회전 각도를 설정할 수 있습니다. [텍스트 조정]에서는 [텍스트 줄 바꿈], [셀에 맞춤], [셀 병합] 기능을 선택할 수 있습니다.

셀을 병합하고 모든 데이터를 가운데 정렬하는 예시입니다.

01 [A1:H1]을 범위로 지정하고 [셀 서식] 창을 불러옵니다.

02 [셀 서식] 창의 [맞춤] 탭에서 [텍스트 맞춤]을 [가로], [세로] 모두 [가운데]를 선택하고 [셀 병합]을 체크합니다.

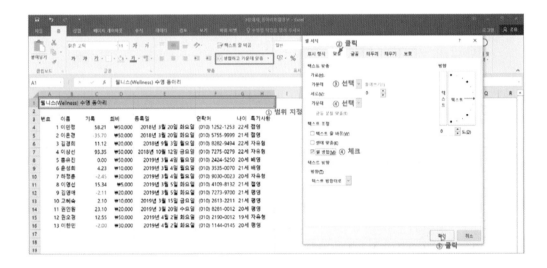

03 [A1:H1]의 범위가 [A1]셀로 셀 병합이 되며, 데이터는 가운데 정렬됩니다.

04 [A3:H16]을 범위로 지정하고 [홈]−[맞춤] 그룹−[가운데 맞춤]을 클릭하면 나머지 데이터들이모두 가운데 정렬됩니다.

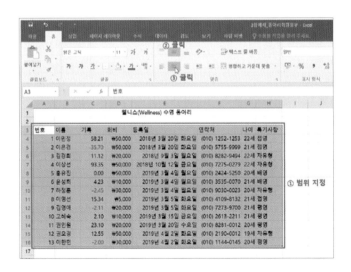

3 글꼴 / 테두리 / 채우기 설정

다음과 같이 글꼴을 변경해봅시다.

01 [A1]셀을 선택하고 [셀 서식] 창을 불러옵니다.

02 [셀 서식] 창의 [글꼴] 탭에서 [글꼴]은 [HY견고딕], [글꼴 스타일]은 [굵게], [크기]는 [12], [밑줄]은 [이중실선]으로 선택합니다.

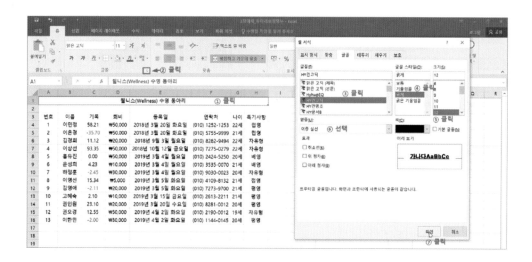

이번에는 테두리를 설정해봅시다.

01 [A3:H16] 셀 범위를 선택하고 [셀 서식] 창을 불러옵니다.

02 [셀 서식] 창의 [테두리] 탭에서 [선]은 [실선], [윤곽선], [안쪽]을 클릭합니다. 설정한 테두리 서식이 선택 범위의 모든 셀들에 적용됩니다.

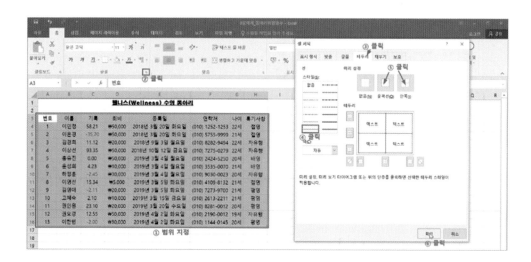

마지막으로 배경과 무늬를 설정해봅시다.

01 [A3:H3] 셀 범위를 선택하고 [셀 서식] 창을 불러옵니다.

02 [셀 서식] 창의 [채우기] 탭에서 다음과 같이 [배경색]과 [무늬 스타일]을 지정합니다.

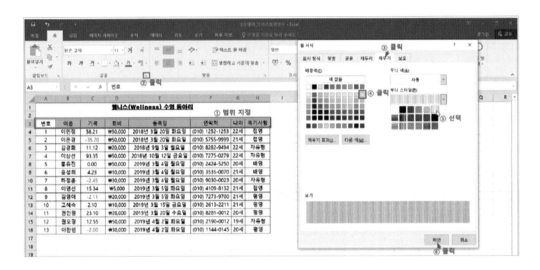

최종 수정 결과를 다음과 같습니다.

4.4.2 셀 스타일과 표 서식

셀 스타일은 미리 정의해둔 글꼴, 글자 속성, 셀 배경색, 무늬, 서식, 숫자 형식 등의 셀 서식을 한 번에 적용할 수 있는 기능으로 엑셀에서는 다양한 종류의 셀 스타일을 기본으로 제공하고 있습니다. 표 서식은 표 머리글이나 행 간의 색 구분과 같은 표 단위의 서식을 빠르게 적용할 때 사용할 수 있습니다.

1 셀 스타일로 꾸미기

01 [A1] 셀을 클릭하고 [홈]-[스타일] 그룹-[셀 스타일]-[강조색2]를 클릭합니다.

02 [A1] 셀에 [강조색2] 셀 스타일이 적용됩니다.

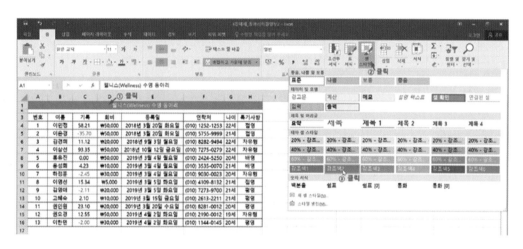

2 표 서식으로 꾸미기

01 [A3:H16]을 범위로 지정하고 [홈]-[스타일] 그룹-[표 서식]-[표 스타일 보통 3]을 선택합니다.

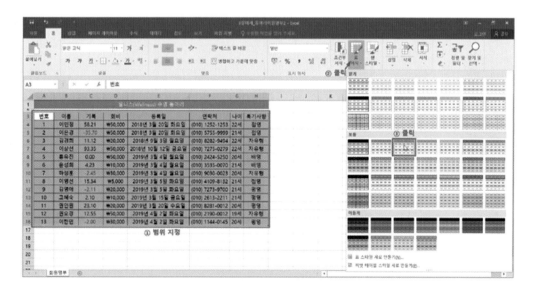

02 [표 서식] 창에서 [머리글 포함]을 체크하고 [확인]을 클릭합니다.

03 표 추가메뉴인 [표 도구]–[디자인]–[표 스타일 옵션]에서 표에서 강조하고자 하는 영역을 체크하여 디자인을 변경할 수도 있습니다. [표 도구]–[디자인]–[도구] 그룹–[범위로 변환]을 클릭하고 메시지 창에서는 [예]를 클릭합니다.

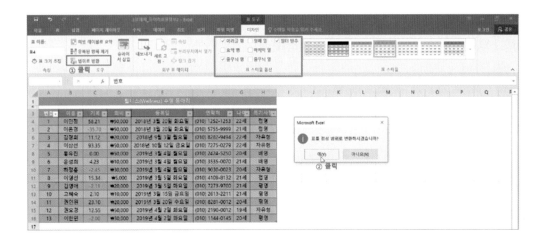

04 표 서식이 삭제되고 셀 서식만 유지됩니다.

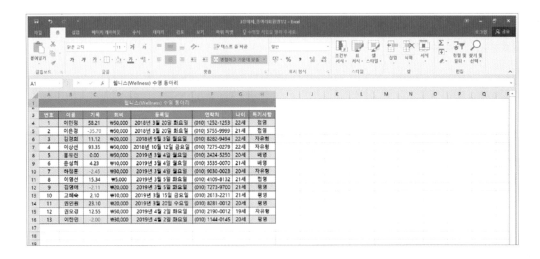

4.4.3 메모

메모를 이용하면 셀에 대한 부가적인 설명을 추가할 수 있습니다. 셀에 직접 설명을 입력하면 표 내용이 복잡해져서 가독성이 떨어집니다. 이런 경우에 메모를 이용해서 부연 설명을 추가해두면 필요한 경우에만 표시하도록 하여 데이터 관리를 원활하게 할 수 있습니다. 메모의 삽입, 삭제 표시 방법 등을 알아보겠습니다.

1 [C3] 셀에 메모를 삽입

01 [C3]셀을 클릭하고 [검토]-[메모] 그룹-[새 메모]를 클릭합니다.

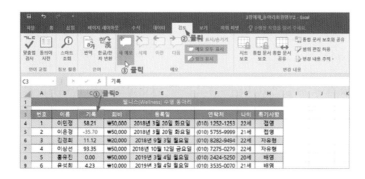

02 메모가 나타나면 내용을 입력하고 임의의 셀을 클릭하여 빠져나옵니다.

03 메모가 삽입된 셀은 오른쪽 상단에 빨간 삼각 표시가 생깁니다. 마우스 포인터를 가져가면 메모가 나타납니다.

2 메모 표시/숨기기

메모가 항상 나타나도록 설정해보겠습니다.

01 [C3]셀을 클릭하고 [검토]-[메모] 그룹-[메모 표시/숨기기]를 클릭합니다.

02 메모가 항상 표시됩니다.

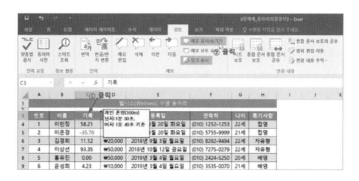

4.4.4 행과 열 크기 설정

셀에 입력한 데이터의 양이 많은 경우 데이터가 가려져서 보이지 않게 되므로 행과 열의 크기를 조절할 필요가 있습니다. 행 높이와 열 너비를 지정하는 방법을 알아 봅시다.

달력을 만드는 과정을 통해 행과 열 크기를 설정하는 방법을 설명하고자 합니다. 자동채우기 기능을 이용하여 1월 달력 데이터를 입력합니다.

1 행 높이 조정하기

01 [3:7]행을 범위로 지정하고 마우스 오른쪽 클릭하여 [행 높이]를 선택합니다. 혹은 [홈]–[셀] 그룹–[서식]에 행 높이를 선택할 수 있습니다.

02 [행 높이] 창에서 '55'를 입력합니다.

03 [3]행에서 [7]행의 행 높이가 '55'로 변경됩니다.

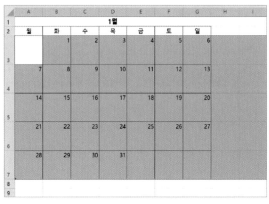

2 열 너비 조정하기

01 [A:G] 열을 범위로 지정하고 마우스 우클릭하여 [열 너비]를 선택합니다. 혹은 [홈]–[셀] 그룹–[열 너비] 버튼을 선택하셔도 됩니다.

02 [열 너비] 창에서 '15'를 입력합니다.

03 [A]열부터 [G]열까지 [열 너비]가 '15'로 변경됩니다.

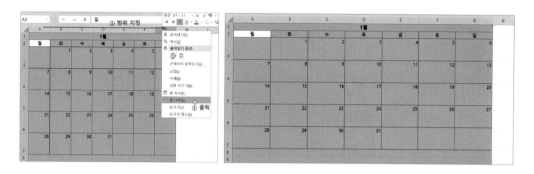

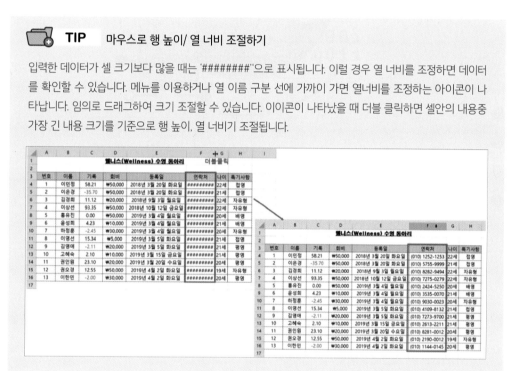

TIP   마우스로 행 높이/ 열 너비 조절하기

입력한 데이터가 셀 크기보다 많을 때는 '########'으로 표시됩니다. 이럴 경우 열 너비를 조정하면 데이터를 확인할 수 있습니다. 메뉴를 이용하거나 열 이름 구분 선에 가까이 가면 열너비를 조정하는 아이콘이 나타납니다. 임의로 드래그하여 크기 조절할 수 있습니다. 이이콘이 나타났을 때 더블 클릭하면 셀안의 내용중 가장 긴 내용 크기를 기준으로 행 높이, 열 너비기 조절됩니다.

4.5 기본함수 익히기

4.5.1 함수란?

함수란 복잡한 계산을 처리하기 위해 엑셀 내부에 미리 만들어 놓은 일련의 수식 집합입니다. 복잡하고 어려운 수식 직접 쓰지 않아도 함수를 사용하면 편리하게 계산할 수 있습니다. 엑셀에서는 [수식]−[함수 라이브러리] 그룹에서 함수를 사용을 할 수 있습니다.

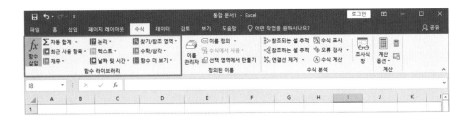

함수의 형식은 다음과 같습니다. 함수는 반드시 등호로 시작해야 하며, 함수 이름을 쓰고 괄호 안에 함수를 사용하는 데 필요한 인수를 입력합니다.

= 함수 이름(인수1, 인수2, 인수3, …)

❶ 등호 : 수식이 시작됨을 나타냅니다.

❷ 함수 이름: 함수 라이브러리에 정의된 함수이름을 사용합니다.

❸ ( ) : 함수의 시작과 끝을 알립니다.

❹ 인수: 함수 계산에 필요한 입력값을 의미하며, 함수 라이브러리에 따라 인수의 수는 달라질 수 있습니다. 인수가 여러 개인 경우는 ,(쉼표)로 구분합니다.

4.5.2 셀 참조 하기

엑셀에서 수식이나 함수를 사용할 때 데이터가 들어있는 셀 주소를 이용합니다. 셀 주소로 표현된 함수를 자동 채우기나 복사 등의 기능을 이용함으로써 많은 데이터를 쉽게 관리할 수 있게 됩니다. 따라서 수식이나 함수에서 셀 참조 방식을 잘 이해해야 함수의 활용도를 높일 수 있습니다. 참조 대상을 표현하는 방식은 아래와 같고, 연속된 셀을 참조하는 경우는 콜론(:)으로 표시하며, 비연속 셀을 참조하는 경우는 쉼표(,)로 표시합니다.

■ 참조 대상 표현 방식

A열 10행에 있는 셀	A10
A열 10행부터 15행까지의 셀 범위	A10:A15
15행의 B열부터 E열까지의 셀 범위	B15:E15
10 행에 있는 모든 셀	10:10

1행부터 10행까지의 모든 셀	1:10
H열의 모든 셀	H:H
H열 부터 J열까지의 모든 셀	H:J
A열부터 E열까지, 10부터 20행까지의 셀 범위	A10:E20

셀 참조 방식은 상대 참조, 절대 참조, 혼합 참조 방식이 있습니다. 상대 참조는 계산 결과 셀의 위치가 달라지면 참조하는 셀의 상대적 위치도 변경되는 방식이고, 절대 참조는 계산 결과 셀의 위치가 변경되더라도 참조하는 셀의 위치는 고정되는 방식이고 혼합 참조는 이 두 방식을 혼합하여 사용하는 방식입니다. 수식에서 F4 키를 클릭할 때마다 절대 참조, 혼합 참조, 상대 참조로 바뀌는 것을 알 수 있습니다.

1 상대 참조

수식이나 함수에서 셀 주소를 상대 참조하면 이름 상자에 보이는 셀 주소가 그대로 사용됩니다. 수식이나 함수를 사용하는 셀 위치에서 참조하는 상대적인 셀의 위치를 계산하여 참조하는 방식입니다. 수식을 행이나 열에 복사하면 참조되는 셀이 자동으로 변경됩니다.

다음은 가격을 계산하는 셀에서 단가×개수를 상대 참조를 이용해 구하는 과정을 보여줍니다. 수식 삽입 후 자동 채우기로 수식을 복사하여 채웁니다. D4 셀에 계산은 D4 셀의 왼쪽 첫 번째(C4), 왼쪽 두 번째 셀(B4)을 곱한다는 규칙이 있고 자동 채우기로 이 규칙이 복사되어 D7 셀의 왼쪽 첫 번째(C7), 왼쪽 두 번째 셀(B7)을 곱한 값이 나옵니다. 수식은 가격을 구하는 셀의 위치가 바뀌면 참조하는 셀의 위치가 상대적으로 따라 변한 것을 확인할 수 있습니다.

▲	A	B	C	D	E
1			물가상승율		10%
3	품목	단가	개수	가격	물가상승 단가
4	사과	20000	2	=B4*C4	
5	귤	15000	3		
6	딸기	9000	2		
7	메론	4000	1		

▲	A	B	C	D	E
1			물가상승율		10%
3	품목	단가	개수	가격	물가상승 단가
4	사과	20000	2	40000	
5	귤	15000	3	45000	
6	딸기	9000	2	18000	
7	메론	4000	1	=B7*C7	

2 절대 참조

수식이나 함수에서 절대 참조 방식으로 셀을 참조하는 방식은 계산 셀의 위치가 변경되더라도 고정된 셀의 주소를 참조하는 방식입니다. 절대 참조 셀 주소 표현방식은 '$' 표시를 셀 주소 삽입하여 사용합니다.

물가 상승률이 10%라고 할 각 품목의 단가가 얼마인지 알아보고자 합니다.

물가상승 단가는 기존의 단가에 상승분을 더한 것입니다. 따라서 기존의 단가 셀은 상대 참조로 참조하고 물가 상승률은 10%은 고정된 셀을 참조해야 하는 것을 알 수 있습니다. 따라서 E4셀은 왼쪽 두 번째 셀(B4)에 왼쪽 두 번째 셀의 물가 상승가격(B4×E1)을 더한 것입니다. 자동 채우기로 수식을 복사하여 채워지면 E7셀은 왼쪽 두 번째 셀(B7)dp 왼쪽 두 번째 셀의 물가 상승가격(B7×E1)을 더한 것을 확인할 수 있습니다. E1 셀 주소는 고정되어 참조되는 것을 알 수 있습니다.

3 혼합 참조

수식이나 함수에서 셀 주소를 참조할 때 상대 참조와 절대 참조를 혼합하여 참조하는 방식입니다. 이 경우에는 행 번호나, 열 번호 중 하나에 '$' 표시를 붙여 사용합니다. 위의 상대 참조했던 셀은 혼합 참조 형태로 변경해도 상관이 없다. B열은 고정되어 있고 행 위치만 변경되어 혼합 참조 방식을 적용할 수 있습니다.

4.5.3 자동 합계 기능

자동 합계 기능은 합계(SUM), 평균(AVERAGE), 숫자 개수(COUNT), 최댓값(MAX), 최솟값(MIN) 등과 같이 자주 사용하는 함수를 간편하게 사용하게 해주는 기능입니다. [홈]-

[편집] 그룹에 자동 합계 기능이 있습니다. 이 함수 5개는 동일한 성격의 인수를 가지고 있습니다. 참조하는 셀의 범위만 지정하면 쉽게 구할 수 있는 함수들입니다.

자동 합계 기능을 이용해 성적 처리 표를 완성하고자 합니다.

1 합계 구하기(SUM)

학생들의 총점을 구하기 위하여 SUM 함수를 이용하고자 합니다. 총점은 출석, 리포트 중간고사, 기말고사의 합으로 표현할 수 있습니다.

01 [홈]–[편집] 그룹–[자동 합계]–[합계]를 선택합니다.

02 합계를 구할 인수범위로 [C4:F4]를 지정하고 엔터 키를 누릅니다.

03 자동 채우기 기능을 이용하여 7번 학생까지 총점을 구합니다.

	A	B	C	D	E	F	G	H
1			빅데이터 응용 성적 처리					
3	순번	이름	출석	리포트	중간고사	기말고사	총점	
4	1	이창수	10	20	28	=SUM(C4:F4)		
5	2	김종인	10	18	24	SUM(number1, [number2], ...)		
6	3	박유희	8	20	25	28		
7	4	이난희	10	15	22	24		
8	5	신세경	9	20	32	30		
9	6	최명호	7	16	30	32		
10	7	유지수	10	20	27	22		
11		항목별 평균						
12								
13						응시인원		
14						최고총점		
15						최저총점		

	A	B	C	D	E	F	G
1			빅데이터 응용 성적 처리				
3	순번	이름	출석	리포트	중간고사	기말고사	총점
4	1	이창수	10	20	28	30	88
5	2	김종인	10	18	24	25	77
6	3	박유희	8	20	25	28	81
7	4	이난희	10	15	22	24	71
8	5	신세경	9	20	32	30	91
9	6	최명호	7	16	30	32	85
10	7	유지수	10	20	27	=SUM(C10:F10)	
11		항목별 평균					
12							
13						응시인원	
14						최고총점	
15						최저총점	

2 평균 구하기(AVERAGE)

평가 항목별 평균을 구하기위해서 AVERAGE 함수를 이용한다.

01 [C11]셀을 클릭한 후, [홈]–[편집] 그룹–[자동 합계]–[평균]을 선택합니다.

02 평균을 구할 범위로 [C4:C10]를 지정하고 엔터 키를 누릅니다.

03 자동 채우기 기능을 이용하여 총점 평균까지 구합니다.

	A	B	C	D	E	F	G
1			빅데이터 응용 성적 처리				
3	순번	이름	출석	리포트	중간고사	기말고사	총점
4	1	이창수	10	20	28	30	88
5	2	김종인	10	18	24	25	77
6	3	박유희	8	20	25	28	81
7	4	이난희	10	15	22	24	71
8	5	신세경	9	20	32	30	91
9	6	최명호	7	16	30	32	85
10	7	유지수	10	20	27	22	79
11		항목별 평균	=AVERAGE(C4:C10)				
12			AVERAGE(**number1**, [number2], …)				
13					응시인원		
14					최고총점		
15					최저총점		

	A	B	C	D	E	F	G	H	I
1			빅데이터 응용 성적 처리						
3	순번	이름	출석	리포트	중간고사	기말고사	총점		
4	1	이창수	10	20	28	30	88		
5	2	김종인	10	18	24	25	77		
6	3	박유희	8	20	25	28	81		
7	4	이난희	10	15	22	24	71		
8	5	신세경	9	20	32	30	91		
9	6	최명호	7	16	30	32	85		
10	7	유지수	10	20	27	22	79		
11		항목별 평균	9.14	18.429	26.85714	27.28571	=AVERAGE(G4:G10)		
12							AVERAGE(number1, [number2], …)		
13					응시인원				
14					최고총점				
15					최저총점				

3 갯수 구하기(COUNT)

성적 처리해야 할 학생의 인원수를 구하기 위해서 COUNT 함수를 사용하기로 합니다. COUNT 함수는 셀 안에 숫자가 들어있는 셀 개수를 헤아리는 함수입니다. 여기서는 총점을 이용하여 학생 인원수를 표기하고자 합니다.

01 [G13]셀을 클릭한 후, [홈]–[편집] 그룹–[자동 합계]–[숫자 개수]를 선택합니다.

02 개수를 구할 범위로 [G4:G10]을 지정하고 엔터 키를 누릅니다.

	A	B	C	D	E	F	G	H
1			빅데이터 응용 성적 처리					
3	순번	이름	출석	리포트	중간고사	기말고사	총점	
4	1	이창수	10	20	28	30	88	
5	2	김종인	10	18	24	25	77	
6	3	박유희	8	20	25	28	81	
7	4	이난희	10	15	22	24	71	
8	5	신세경	9	20	32	30	91	
9	6	최명호	7	16	30	32	85	
10	7	유지수	10	20	27	22	79	
11		항목별 평균	9.14	18.429	26.85714	27.28571	81.714286	
12								
13						응시인원	=COUNT(G4:G10)	
14						최고총점		
15						최저총점		

	A	B	C	D	E	F	G
1			빅데이터 응용 성적 처리				
3	순번	이름	출석	리포트	중간고사	기말고사	총점
4	1	이창수	10	20	28	30	88
5	2	김종인	10	18	24	25	77
6	3	박유희	8	20	25	28	81
7	4	이난희	10	15	22	24	71
8	5	신세경	9	20	32	30	91
9	6	최명호	7	16	30	32	85
10	7	유지수	10	20	27	22	79
11		항목별 평균	9.14	18.429	26.85714	27.28571	81.714286
12							
13						응시인원	7
14						최고총점	
15						최저총점	

4 최댓값 구하기(MAX)

성적 총점에서 최고점수를 확인하기 위해 MAX 함수를 사용하기로 합니다.

01 [G14]셀을 클릭한 후, [홈]–[편집] 그룹–[자동 합계]–[최대값]을 선택합니다.

02 최대값을 구할 범위로 [G4:G10]을 지정하고 엔터 키를 누릅니다.

순번	이름	출석	리포트	중간고사	기말고사	총점
			빅데이터 응용 성적 처리			
1	이창수	10	20	28	30	88
2	김종인	10	18	24	25	77
3	박유희	8	20	25	28	81
4	이난회	10	15	22	24	71
5	신세경	9	20	32	30	91
6	최명호	7	16	30	32	85
7	유지수	10	20	27	22	79
	항목별 평균	9.14	18.429	26.85714	27.28571	81.714286

응시인원 7
최고총점 =MAX(G4:G10) MAX(number1, [number2], ...)
최저총점

응시인원 7
최고총점 91
최저총점

5 최솟값 구하기(MIN)

성적 총점에서 최저점수를 확인하기 위해 MIN 함수를 사용하기로 합니다.

01 [G15]셀을 클릭한 후, [홈]–[편집] 그룹–[자동 합계]–[최소값]을 선택합니다.

02 최솟값을 구할 범위로 G4:G10]을 지정하고 엔터 키를 누릅니다.

순번	이름	출석	리포트	중간고사	기말고사	총점
			빅데이터 응용 성적 처리			
1	이창수	10	20	28	30	88
2	김종인	10	18	24	25	77
3	박유희	8	20	25	28	81
4	이난회	10	15	22	24	71
5	신세경	9	20	32	30	91
6	최명호	7	16	30	32	85
7	유지수	10	20	27	22	79
	항목별 평균	9.14	18.429	26.85714	27.28571	81.714286

응시인원 7
최고총점 91
최저총점 =MIN(G4:G10)

응시인원 7
최고총점 91
최저총점 71

4.5.4 함수 라이브러리와 함수 마법사

1 함수 라이브러리

함수는 미리 약속되어 있는 계산식의 모음입니다. [수식]–[함수 라이브러리] 그룹에는 기본적인 함수부터 분야별 전문적인 함수까지 약 350여 개가 넘는 함수가 있으며, 범주로 구분되어 있어 필요한 함수를 쉽게 찾아 쓸 수 있습니다.

각 함수는 재무, 논리, 텍스트, 날자 및 시간, 찾기/참조 영역, 수학/삼각, 통계, 공학, 정육면체, 정보, 호환성, 웹 함수의 범주로 나눠져있습니다.

이름	설명
함수 삽입	함수 마법사를 호출합니다.
자동 합계	[홈]–[편집]–[자동 합계]와 동일합니다.
최근 사용 항목	최근에 사용한 함수를 표시합니다.
재무	재무 계산을 위한 함수 (FV, PMT, IPMT, PPMT 등)
논리	논리식을 구성하는 함수 (IF, AND, OR, NOT 등)
텍스트	문자열 처리를 위한 함수 (RIGHT, LEFT, MID 등)
날짜 및 시간	날짜와 시간을 구하는 함수 (TODAY, DATE, HOUR 등)
찾기/참조 영역	목록이나 범위를 참조하여 구하는 함수 (VLOOKUP,HLOOKUP,CHOOSE 등)
수학/삼각	수학 계산을 위한 함수 (SUM,ROUND, PRODUCT 등)
함수 더 보기	통계, 공학, 정육면체, 정보, 호환성, 웹

2 함수 마법사

함수 마법사를 사용하면 함수에 필요한 조건과 인수를 쉽게 지정할 수 있습니다.

[함수 마법사]창은 [수식]–[함수 라이브러리] 그룹–[함수 삽입]을 선택하거나, 수식 입력줄의 함수 삽입을 클릭하면 나타납니다.

합계를 구하는 함수 마법사를 실행해 봅시다.

01 [D12]셀을 선택, 함수 삽입을 선택합니다.

02 [함수 마법사]창에서 [범주 선택]−[수학/삼각]을 선택한 후, [SUM]함수를 선택합니다.
이 때, 목록 아래에 함수에 대한 설명을 참고하면 도움이 됩니다.

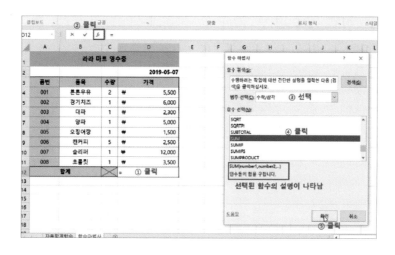

■ 인수 입력

01 함수를 적용할 인수를 직접 입력하거나, 셀 이름 또는 범위를 선택합니다.

02 [D4:D11]을 선택합니다.

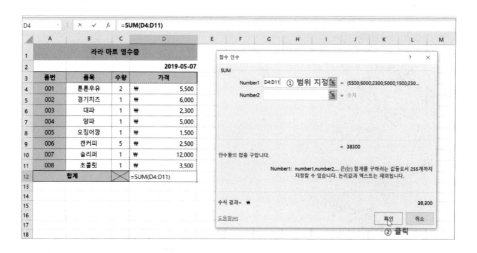

다양한 함수 설명은 7장에서 자세히 다루고자 합니다. (엑셀로 데이터 맛보기)

5.1 조건부 서식

조건부 서식은 범위를 지정한 셀의 서식을 조건에 따라 결정하는 방법입니다. 숫자 데이터가 어떤 수보다 크거나 작은지, 상위 10개 안에 드는지 등의 조건으로 서식을 변경할 수 있으므로 의미 있는 데이터에 대한 가독성을 크게 높일 수 있습니다.

5.1.1 셀 강조 규칙과 상위/하위 규칙

1 셀 강조 규칙

셀 강조 규칙은 조건에 맞는 셀의 서식을 미리 정의된 서식으로 변경하는 기능입니다. 일반적으로 데이터를 비교할 때 판단하는 조건들이 있으니 메뉴를 한 번씩 살펴보는 것이 좋습니다. 예시에서는 '보다 큼' 조건을 이용한 셀 강조 규칙을 지정해보겠습니다.

01 G 열의 데이터를 모두 선택합니다. 조건부 서식은 적용할 셀만 선택하면 되지만 대부분 각 열의 데이터들이 비교 대상이 되므로 열 전체를 선택하는 경우가 많습니다. 적용할 셀은 마우스 드래그 또는 열 문자를 클릭하여 선택할 수 있습니다.

02 리본에서 홈 탭을 선택하면 스타일 블록을 찾을 수 있습니다. 조건부 서식 – 셀 강조 규칙 – 텍스트 포함을 선택합니다.

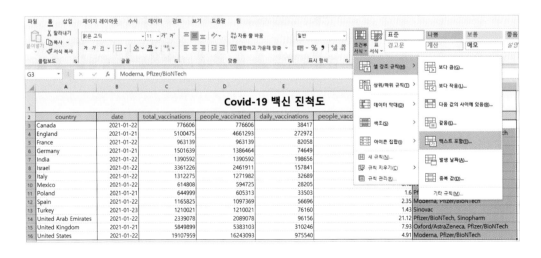

03 대화상자에서 텍스트는 Moderna를 입력하고 적용할 서식은 '진한 빨강 텍스트가 있는 빨강 채우기'를 선택합니다.

04 조건에 맞는 데이터의 서식만 바뀐 것을 확인할 수 있습니다.

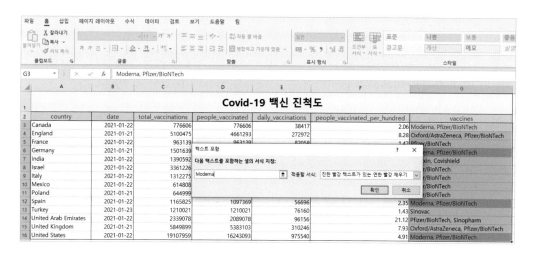

2 상위/하위 규칙

상위/하위 규칙을 이용하면 데이터의 순위를 매기거나 평균값을 계산한 후 그 값에 따라 서식을 변경하는 복잡한 과정을 거치지 않아도 쉽게 값이 큰 데이터나 작은 데이터를 확인할 수 있습니다.

01 C 열의 데이터를 선택한 후 조건부 서식 – 상위/하위 규칙 메뉴에서 상위 10개 항목을 선택합니다.

02 대화상자에서 적용할 서식을 '진한 녹색 텍스트가 있는 녹색 채우기'로 선택합니다.

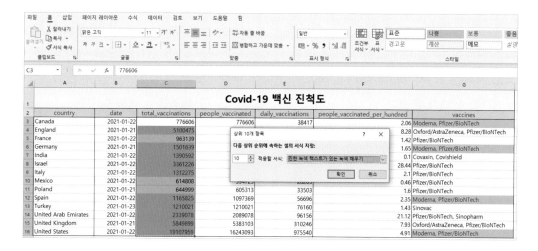

5.1.2 데이터 막대/색조/아이콘 집합

1 데이터 막대 서식

셀의 색상과 텍스트 강조만으로는 숫자 데이터 간의 차이를 한눈에 전달하기 어렵습니다. 데이터 막대 서식을 이용하면 데이터의 크고 작음을 한눈에 파악할 수 있습니다.

F 열의 데이터를 선택한 후 조건부 서식 – 데이터 막대 메뉴에서 그라데이션 채우기 – 녹색 데이터 막대 항목을 선택해봅시다. 값이 클수록 길고 작을수록 짧은 데이터 막대가 셀에 추가됩니다.

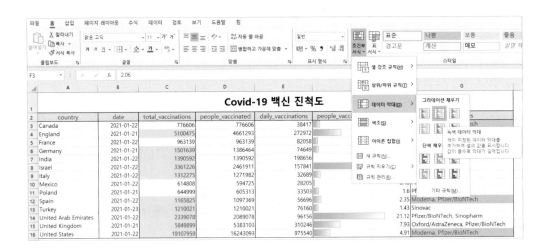

2 색조 서식

색조 서식은 셀 채우기 색상을 데이터에 따라 부드럽게 변화하도록 변경합니다. 설정에 따라 달라질 수 있지만 값이 작으면 연한 색으로 나타나고 크면 진한 색으로 나타납니다. 색조 서식은 2가지 색조와 3가지 색조로 변화를 나타내도록 설정이 가능합니다. D 열의 데이터를 선택한 후 조건부 서식 – 색조에서 녹색 – 노랑 색조를 선택해봅시다.

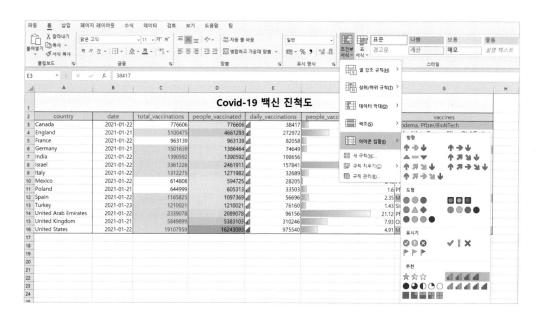

3 아이콘 집합 서식

아이콘 집합 서식은 정해진 아이콘을 이용해 값의 크기 차이를 대략적으로 나타내는 방법입니다. 화살표, 색상 원, 평점 등의 아이콘을 선택할 수 있습니다. E 열의 데이터를 선택한 후 조건부 서식 – 아이콘 집합 – 평점 4 아이콘 서식을 선택해봅시다.

다양한 셀 서식 적용 방법을 알아봤습니다. 조건부 서식들은 숫자 데이터의 직관성을 높이고자 할 때 많은 도움이 됩니다. 또한 텍스트 데이터는 셀 강조 규칙을 잘 이용하면 가독성을 높일 수 있으므로 여러 색상을 선택하며 적절한 서식을 적용해보세요.

앞서 조건부 서식을 적용하는 방법들은 선택한 셀 값의 크고 작음 등을 이용해 서식이 자동 적용되었지만, 이번에는 수식을 이용해 새로운 조건을 만들어 조건부 서식을 적용하는 방법에 대해 알아보겠습니다.

5.1.3 수식을 사용한 조건부 서식

엑셀의 수식은 값으로 이루어진 연산 결과뿐만 아니라 조건의 참/거짓을 반환하기도 합니다. 엑셀에서 조건이 필요한 기능은 수식을 이용해 새로운 조건 또는 규칙을 만들 수 있는 경우가 많습니다. 수식을 이용해 조건부 서식의 조건을 결정하면 선택 영역과 상관없이 다른 셀의 값을 조건에 포함할 수도 있고, 다른 워크시트의 값 또한 참조하여 조건을 만들 수 있습니다.

total_vaccinations의 값이 2,000,000 이상인 데이터를 강조하는 예시를 만들어보겠습니다.

01 셀 A3부터 G16까지의 셀을 선택합니다. 드래그 방향이 결과에 영향을 미치기 때문에 반드시 A3에서부터 G16을 포함하도록 드래그합니다.

02 조건부 서식 – 새 규칙을 선택합니다.

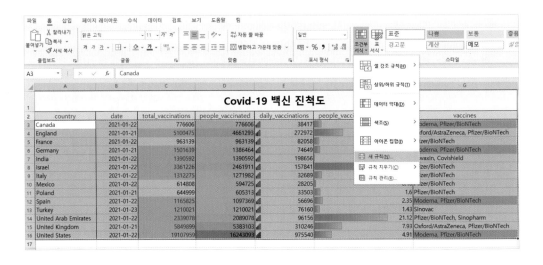

03 대화상자에서 '수식을 사용하여 서식을 지정할 셀 결정'을 선택하고 '다음 수식이 참인 값의 서식 지정'에 '=$C3〉2000000'을 입력합니다. 모든 행의 서식을 C열의 값만으로 조건을 판단할 것이므로 C 앞에 $를 붙여 고정합니다.

04 서식 버튼을 눌러 글꼴 스타일을 '굵게'로 설정합니다.

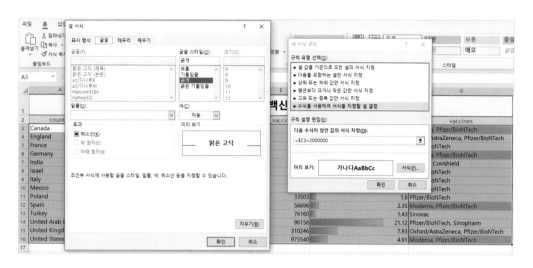

05 total_vaccinations가 2,000,000 이상인 데이터 행의 텍스트 모양에 '굵게'가 적용됩니다.

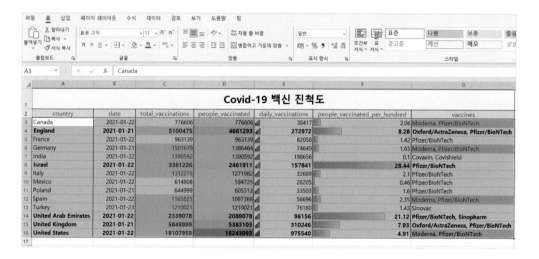

5.1.4 규칙 관리

적용한 조건부 서식 규칙은 규칙 관리 기능을 이용해 편집하거나 삭제할 수 있습니다. 새로운 규칙을 추가하는 것 또한 규칙 관리에서 가능합니다.

1 규칙 편집

앞서 다양한 조건부 서식을 적용한 결과에서 total_vaccinations에 적용한 상위 10 규칙을 편집하여 상위 5개의 값만 서식이 적용되도록 변경해보겠습니다.

01 조건부 서식 – 규칙 관리를 선택합니다.

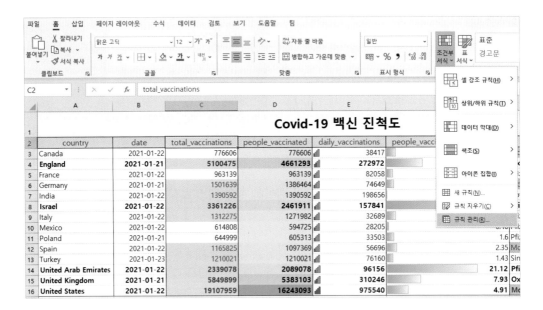

02 조건부 서식 규칙 관리자 대화상자에서 서식 규칙 표시를 '현재 워크시트'로 변경하면 워크시트에 추가했던 조건부 서식들이 나타납니다. 상위 10 규칙을 찾아 선택하고 규칙 편집 버튼을 클릭합니다.

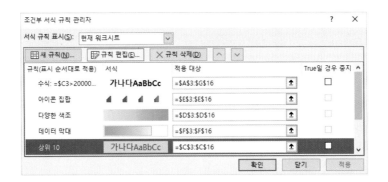

03 규칙 설명 편집에서 상위 10을 상위 5로 변경합니다.

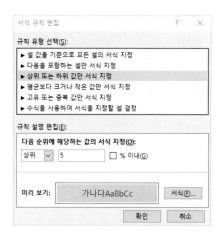

04 상위 5개의 값만 서식이 적용되도록 변경된 것을 확인할 수 있습니다.

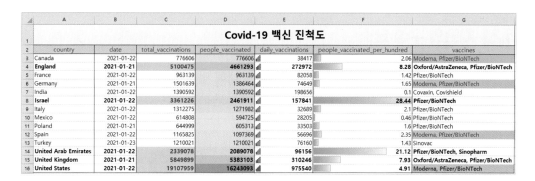

2 규칙 삭제

규칙을 삭제하는 것은 조건부 서식 규칙 관리자 대화상자를 호출한 후에 삭제하고 싶은 규칙을 선택하고 삭제 버튼을 클릭하면 제거할 수 있습니다.

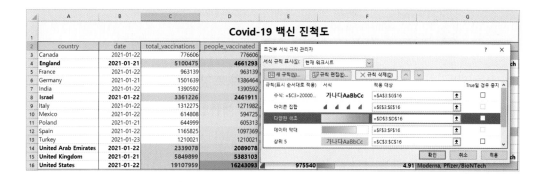

5.2 차트

차트란 숫자 데이터를 막대, 꺾은 선, 원형과 같은 기호 및 그림을 배치하여 많은 양의 데이터와 데이터 간의 관계를 쉽게 이해하기 위한 표현 방법입니다. 사람은 텍스트보다 그림으로 제시된 정보의 의미를 더 빨리 추론할 수 있기 때문에 차트는 매우 유용합니다.

엑셀에서 제공하는 차트 종류로는 세로 막대형, 꺾은선형, 원형, 도넛형, 가로 막대형, 영역형, 주식형, 거품형, 표면형, 방사형 차트 등이 있습니다. 차트 종류를 선택할 때는 표현하고자 하는 데이터의 특징에 따라 선택합니다. 예를 들어 서로 다른 데이터의 점유 또는 백분율을 비교할 때는 가로 막대 차트가 유리합니다. 또한 월별 판매량, 연간 수익 등 일정 기간에 따라 값이 변하는 데이터는 선형 차트로 표시하는 것이 좋습니다. 엑셀에서 차트를 만들고 편집하는 방법에 대해 살펴봅시다.

5.2.1 차트의 구성 요소

차트를 만들고 편집하기 위해 차트의 구성 요소에 대해 먼저 살펴보도록 하겠습니다.

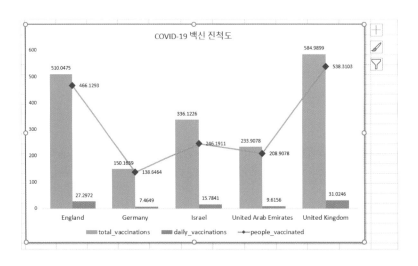

❶ 차트 영역 : 차트 요소들을 모두 포함한 영역을 차트 영역이라고 합니다.

❷ 차트 제목 : 차트가 표현하는 데이터를 대표하는 이름입니다.

❸ 세로 축 : 차트의 데이터 수치를 가늠하여 읽기 위한 기준입니다. 위의 그림은 세로 막대형 차트이므로 값을 나타냅니다.

❹ 가로 축 : 차트의 데이터 항목을 나타냅니다. 위의 그림은 세로 막대형 차트이므로 데이터 항목이 가로 축에 위치하는 것으로, 가로 막대형 차트가 되면 세로 축이 항목, 가로 축이 값이 됩니다.

❺ 그림 영역 : 데이터 값이 그래프로 나타나는 영역입니다.

❻ 범례 : 데이터를 구분하기 위해 데이터의 이름과 표식을 나타낸 영역입니다.

❼ 차트 요소 : 차트에 요소를 추가합니다.

❽ 차트 스타일 : 차트 형태, 스타일, 색상 등을 편집할 수 있습니다.

표기한 내용 외에도 차트 요소를 클릭하면 데이터 레이블, 데이터 테이블, 오차 막대, 눈금선, 추세선 등이 있는 것을 확인하실 수 있습니다. 차트의 편집은 이러한 요소를 필요에 따라 적절히 수정하는 과정입니다.

5.2.2 차트 만들기

❶ 차트 만들기

차트 생성은 리본에서 삽입 탭을 선택하면 찾을 수 있습니다. 셀 A2부터 G16까지 선택한 후 삽입 – 차트 블록에서 추천 차트를 선택합니다. 차트 삽입 대화상자에서 모든 차트 탭을 선택하면 엑셀에서 지원하는 차트 형태들을 볼 수 있습니다.

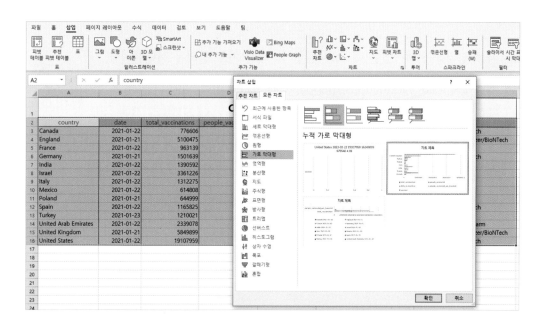

모든 차트 탭에서 가로 막대형 - 누적 가로 막대형을 선택하고 두 번째 스타일로 차트를 생성합니다. 생성된 차트는 차트 영역을 클릭한 후 드래그하여 이동하거나 크기를 바꿀 수 있습니다.

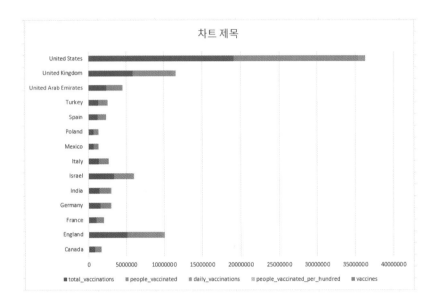

2 데이터 범위 변경하기

삽입한 차트에서 표현하지 않아도 되는 데이터를 불필요한 데이터를 제외하려면 차트 필터를 이용하면 됩니다. 차트 필터를 이용해 값이 너무 크거나 작은 데이터를 제외하고, 불필요한 범주도 제외해보겠습니다.

01 차트 영역을 선택하였을 때 오른쪽에 나타나는 차트 필터를 선택합니다.

02 계열에서 total_vaccinations, people_vaccinated 항목 외에 다른 항목들의 체크를 해제합니다.

03 범주에서 표현하고 싶은 데이터 4~6개를 제외한 항목들의 체크를 해제합니다. 예시에서는 England, Germany, Israel, Italy, UAE, UK만 표시되도록 하였습니다.

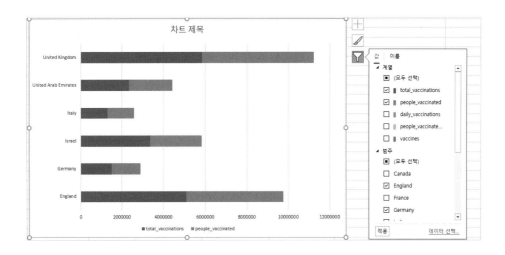

③ 차트 종류 변경하기

이번에는 만들어진 차트의 종류를 변경해보겠습니다.

01 차트 영역을 선택하고 리본에서 차트 디자인 탭 – 차트 종류 변경을 선택합니다.

02 차트 종류 변경 대화상자에서 모든 차트 탭을 클릭한 후 세로 막대형 – 묶은 세로 막대형을 선택합니다. 차트의 스타일은 열 별로 그려지는 스타일을 선택합니다.

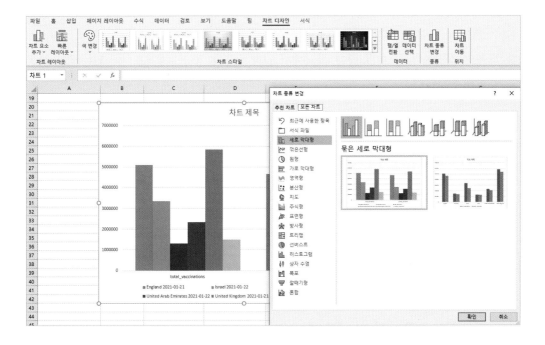

4 데이터 일부만 차트 종류 변경하기

데이터 항목의 일부만 차트 종류를 변경하여 꾸미는 것도 가능합니다. 하나의 워크시트에 있는 정보라도 데이터의 성격이 다른 경우에는 다른 차트 종류로 나타냈을 때 가독성이 높아집니다.

01 그림 영역에서 데이터 항목을 하나만 선택합니다.

02 선택된 항목을 오른쪽 클릭하여 호출한 메뉴에서 계열 차트 종류 변경을 선택합니다.

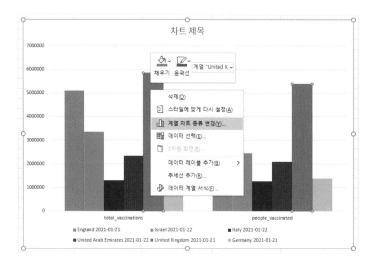

03 데이터 계열에 대한 차트 종류 목록에서 원하는 항목의 차트를 '표식이 있는 꺾은선형으로변경'합니다.

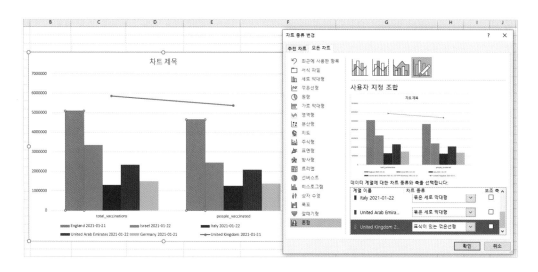

5.2.3 차트 편집

그림 영역 외의 요소들을 수정하는 방법을 알아보도록 하겠습니다.

1 차트 제목, 축 제목 변경하기

차트의 제목과 축 제목은 차트 영역
에서 각 요소를 더블클릭하면 변경할
수 있습니다. 만약 차트 제목이나 축
제목이 없다면 차트 요소를 클릭하
여 추가할 수 있습니다. 차트 제목을
'COVID-19 백신 진척도', 축 제목을
'Count'와 '항목'으로 변경해봅시다.

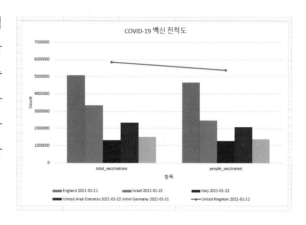

2 데이터 레이블 표시하기

가로, 세로 축의 값으로는 데이터의
정확한 수치를 파악하기 어려운 경
우가 많습니다. 데이터 레이블을 추
가하면 각 항목의 데이터 값을 그래
프에 나타낼 수 있습니다.

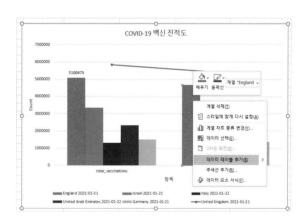

3 범례 위치 변경하기

범례의 위치를 옮겨 그래프를 강조하고자 할 때 차트 요소 – 범례에 마우스를 올리면 방
향을 선택할 수 있습니다. 아래쪽 대신 오른쪽을 선택하면 데이터 이름이 오른쪽으로 이동
합니다.

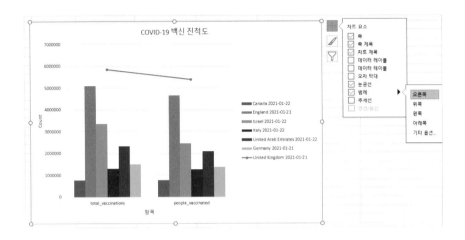

4 범례 이름 변경하기

차트를 그렸을 때 데이터 이름이 원
하지 않은 텍스트 데이터를 가진 셀
과 합쳐져서 결정될 때가 있습니다.
예시에서는 A열과 B열이 통합되어 국
가명과 날짜가 같이 나타나고 있습니
다. 불필요한 정보인 날짜를 제거하
려면 범례에 마우스를 올린 후 오른
쪽 클릭하여 메뉴를 호출하고 데이터
선택을 클릭합니다.

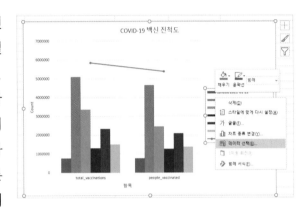

데이터 원본 선택 대화상자가 나타나면 범례 항목 중에 체크가 되어있는 항목을 클릭하고
편집 버튼을 누릅니다. 계열 편집 대화상자가 나타나면 계열 이름 항목의 범위를 변경합니
다. 예시에서는 계열 이름에 B열 정보가 포함되지 않도록 설정하는 것이 목적이므로 계열
이름의 범위가 '\$A\$3:\$B\$3'이라면 ':\$B\$3'을 삭제하여 '\$A\$3'만 남기면 됩니다.

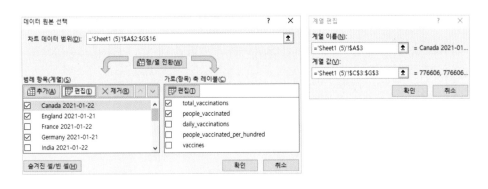

체크된 계열 항목에 대해 계열 이름을 모두 변경하면 다음과 같은 차트가 됩니다.

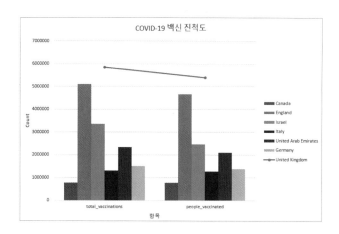

5 축 서식 편집하기

축 서식은 차트를 생성할 때 선택한 영역의 데이터를 바탕으로 모든 데이터가 한눈에 나타날 수 있도록 자동으로 결정되고 생성됩니다. 자동으로 생성되는 축 서식은 숫자 데이터를 세세하게 나타내려는 경향이 있습니다. 그러나 차트에 포함된 데이터의 숫자 단위가 클 땐 생략하여 표기하는 것이 더 보기 좋은 경우가 있습니다. 경우에 따라서 축 서식을 편집하고자 할 때는 편

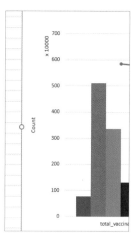

집할 세로 축 또는 가로 축을 더블클릭하면 엑셀 창의 우측에 축 서식으로 조절할 수 있습니다.

예시와 같이 표시 기본 단위를 10,000으로 변경하도록 차트를 변경해봅시다.

6 데이터 계열 서식 변경

그림 영역에 표시된 그래프의 색이나 모양을 바꾸고자 할 땐 변경하고자 하는 데이터를 오른쪽 클릭하여 메뉴를 호출한 후 데이터 계열 서식을 선택하면 엑셀 창의 오른쪽에 서식을 변경할 수 있는 창이 나타납니다.

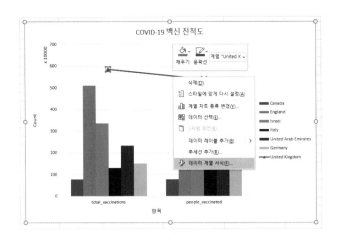

꺾은선형 그래프로 나타난 데이터를 선택하고 데이터 계열 서식 창을 호출하여 선의 색상을 빨간색으로 바꾸고 표식 옵션은 삼각형에 크기는 10, 채우기는 갈색으로 변경해봅시다.

5.2.4 스파크라인 차트

스파크라인 차트는 셀 안에 삽입되는 작은 차트입니다. 일반적인 차트를 배치할 공간이 부족하거나 정확한 수치보다는 정성적인 변화만 나타내고자 할 때 사용하면 데이터와 그래프를 동시에 확인할 수 있는 장점이 있습니다.

스파크라인 차트는 꺾은선형, 열, 승패 형식의 차트를 지원합니다. 꺾은선형 차트는 데이터 값이 어떻게 변하는지 확인할 수 있고, 열 차트는 막대 그래프로 데이터의 차이를 나타냅니다. 승패 형식은 값이 양수면 승, 음수면 패로 표시하는 차트입니다. 값을 치환하여 목표 달성 여부를 나타낼 때 사용할 수 있습니다.

워크시트에 스파크라인을 추가해봅
시다. 스파크라인을 데이터 열 이름
아래에 추가하기 위해 행 3을 선택
하고 오른쪽 클릭한 후 삽입을 선
택하여 행을 하나 추가합니다.

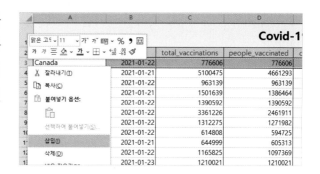

1 스파크라인 차트(꺾은선형)

01 셀 C3를 선택하고 삽입 - 스파크라인 블록에서 꺾은선형을 선택합니다.

02 스파크라인 만들기 대화상자에서 데이터 범위에 커서를
두고 셀 C4부터 C17까지 드래그하거나 직접 입력합니다.

03 추가된 스파크라인을 선택하면 리본에 서식을 변경할 수 있는 다양한 옵션이 나타납
니다. 표시 블록에서 표식에 체크합니다.

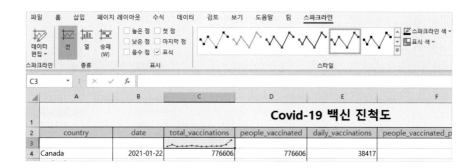

각 행에 기록된 순서대로 숫자의 크기를 가늠할 수 있는 스파크라인 그래프가 생성되었습니다.

2 스파크라인(열) 삽입하기

같은 방식으로 열 형식의 스파크라인 차트를 추가해봅시다.

01 셀 D3를 선택하고 삽입 – 스파크라인 블록에서 열 형을 선택합니다.

02 스파크라인 만들기 대화상자에서 데이터 범위에 커서를 두고 셀 D4부터 D17까지 드래그하거나 직접 입력합니다.

03 스파크라인이 삽입된 행의 높이를 늘리면 스파크라인 차트도 더 크게 볼 수 있습니다.

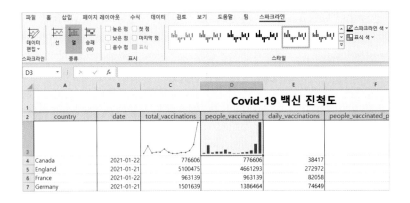

3 스파크라인 차트 지우기

스파크라인은 일반적인 데이터처럼 삭제할 수 없습니다. 셀 자체를 삭제하거나 스파크라인의 삭제를 명시적으로 선택해주어야 합니다. 삭제할 스파크라인이 포함된 셀을 선택하고 오른쪽 클릭하면 스파크라인 메뉴가 있습니다. 스파크라인 메뉴에서 스파크라인 지우기를 선택하면 차트를 지울 수 있습니다.

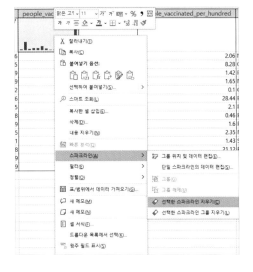

CHAPTER 6

엑셀로
데이터 관리하기

6.1 데이터 정렬하기

데이터를 정렬하는 것은 특정 데이터의 분포를 분석하고 확인하기 위해 꼭 필요한 기능입니다. 정렬하는 기준은 주로 숫자나 문자 등의 데이터 값이지만 엑셀에서는 셀의 색상이나 글꼴 색상 또한 정렬 기준이 될 수 있습니다.

6.1.1 정렬의 기본

정렬 기능은 데이터 탭의 정렬 및 필터 블록에서 찾을 수 있습니다. 오름차순과 내림차순 정렬은 단일 열을 기준으로 작동하고 정렬 기능은 정렬 기준을 자세하게 정의할 수 있습니다.

오름차순 정렬과 내림차순 정렬의 작동 방식은 다음과 같습니다.

■ 오름차순(Ascending) 정렬
• 숫자 : '1, 2, 3, 4'와 같이 작은 값부터 큰 값 순서로 나열됩니다.
• 영문 : 'A, B, C, D'와 같이 알파벳 순서대로 나열됩니다.
• 한글 : '가, 나, 다, 라'와 같이 사전 순으로 나열됩니다.
• 숫자와 문자가 혼합된 경우 : 숫자, 특수 문자, 영문, 한글 순서로 각 분류에 대해 순차적으로 나열됩니다.

■ 내림차순(Descending) 정렬
• 숫자 : '4, 3, 2, 1'과 같이 큰 값에서 작은 값 순서로 나열됩니다.
• 영문 : 'D, C, B, A'와 같이 알파벳의 역순으로 나열됩니다.
• 한글 : '라, 다, 나, 가'와 같이 사전의 역순으로 나열됩니다.
• 숫자와 문자가 혼합된 경우 : 한글, 영문, 특수 문자, 숫자 순서로 각 분류에 대해 역순으로 나열됩니다.

리본에서 오름차순과 내림차순 정렬 버튼을 클릭하면 선택한 셀이 위치한 열의 데이터를 인식하여 데이터 종류에 따라 오름차순 또는 내림차순으로 나타나게 됩니다.

다음은 정렬 기능의 세부 설정에 대해 살펴보겠습니다. 정렬 버튼을 클릭하면 다음과 같은
창이 나타납니다.

❶ 기준 추가 : 정렬 기준을 추가합니다. 정렬 기준은 위쪽에 위치한 것이 상위 기준이며
상위 기준에 따라 먼저 정렬한 후에 하위기준에 맞게 정렬합니다.

❷ 기준 삭제 : 정렬 기준을 삭제합니다.

❸ 기준 복사 : 선택한 정렬 기준을 복사하여 추가합니다. 정렬 기준이 같고 열 이름만 다
를 때 사용하면 빠르게 기준을 추가할 수 있습니다.

❹ 위 / 아래로 이동 : 정렬 기준의 순서를 바꿉니다.

❺ 옵션 : 정렬할 때 대소문자를 구분 여부와 정렬 방향을 설정할 수 있습니다.

❻ 내 데이터에 머리글 표시 : 일반적으로 엑셀의 첫 번째 행은 각 열 데이터의 이름을 작성
합니다. 정렬할 때 첫 번째 행을 포함할 것인지 결정하는 옵션이며, 체크하면 정렬할
때 첫 번째 행을 포함하지 않습니다.

❼ 정렬 기준 : 셀 값, 셀 색, 글꼴 색, 조건부 서식 아이콘 중에 하나를 선택할 수 있습니다.

❽ 정렬 : 일반적으로는 오름차순, 내림차순이 제시되지만 값이 아닌 경우에는 정렬 순서
를 직접 지정할 수 있습니다.

6.1.2 데이터 값으로 정렬

6장_제품발주서.xlsx를 열어 다양한 방법으로 정렬해보겠습니다.

1 하나의 필드로 정렬하기

셀 B2 'Region'이나 셀 D2 'Item'을 선택하고 데이터 – 정렬 및 필터 블록에서 오름차순

또는 내림차순으로 정렬을 클릭하고 그 결과를 비교해보세요. 'Region'으로 정렬하는 경우에는 지역마다 어떤 물품을 얼마나 주문했는지 파악할 수 있고, 'Item'으로 정렬하는 경우에는 어떤 물건이 어디로, 얼마나 주문되었는지 파악할 수 있습니다.

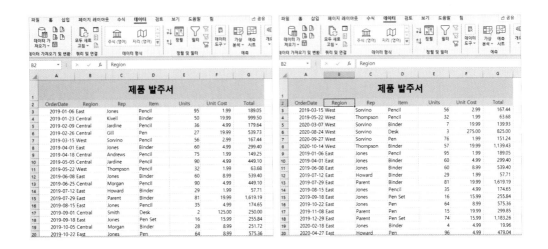

2 **두 개 이상의 필드로 정렬하기**

이번에는 두 개의 필드를 선택하여 정렬해봅시다. 정렬 버튼을 클릭하고 1차 정렬 기준으로는 'Item'을 선택합니다. 다음은 기준 추가 버튼을 클릭하여 정렬 기준을 추가한 후 'Units'를 선택합니다. 'Item'은 내림차순, 'Units'는 오름차순으로 정렬되도록 설정합니다.

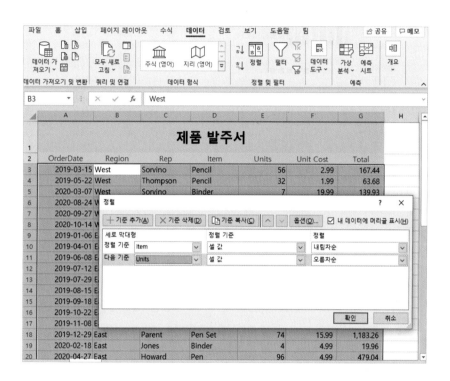

확인 버튼을 누르면 먼저 'Item'을 기준으로 'Pencil', 'Pen Set', 'Pen', 'Desk', 'Binder' 순으로 정렬됩니다. 그 후에 각 'Item' 별로 'Units' 항목이 적은 항목부터 많은 항목 순으로 정렬됩니다. 정렬된 결과는 각 'Item' 별로 얼마나 발주가 들어왔는지 판단하기 쉽게 정렬되었을 것입니다. 다른 항목을 기준으로 정렬하고 분석하는 시나리오도 생각해봅시다.

6.1.3 서식으로 정렬

셀 값이 아닌 셀 색으로 정렬해봅시다. 예제 파일에는 셀 색이 지정된 항목이 없으므로 먼저 셀 색을 추가하는 과정을 거쳐야 합니다. 임의의 셀에 색을 추가할 때에는 Ctrl 키를 누른 상태에서 마우스 클릭을 이용해 여러 셀을 선택할 수 있습니다. 색을 바꿀 셀을 선택하면 홈 - 채우기 버튼을 이용해 색을 채울 수 있습니다. 실습을 진행하기 위해 'Rep'열 (C열)에서 값이 'Gill'인 셀과 'Kivell'인 셀의 색을 바꿔봅시다.

셀 색을 변경한 후 데이터 – 정렬 버튼을 선택하여 정렬 기준을 설정합니다. 정렬 기준을 'Rep'의 셀 색으로 설정하고, '셀 색 없음'을 클릭하여 앞서 변경한 셀의 색을 선택합니다. 같은 열에 대해 셀 색만 다르게 지정하므로 두 번째 기준을 추가할 때는 '기준 추가' 버튼을 눌러서 추가해도 되고 '기준 복사' 버튼을 눌러서 먼저 설정한 첫 번째 기준을 복사한 후 셀 색만 바꿔줘도 됩니다.

셀 색으로 정렬하면 다음과 같이 지정해준 색상 순으로 데이터가 정렬되는 결과를 확인할 수 있습니다.

	A	B	C	D	E	F	G
1				제품 발주서			
2	OrderDate	Region	Rep	Item	Units	Unit Cost	Total
3	2019-02-26	Central	Gill	Pen	27	19.99	539.73
4	2020-01-15	Central	Gill	Binder	46	8.99	413.54
5	2020-05-14	Central	Gill	Pencil	53	1.29	68.37
6	2020-05-31	Central	Gill	Binder	80	8.99	719.20
7	2020-09-10	Central	Gill	Pencil	7	1.29	9.03
8	2019-01-23	Central	Kivell	Binder	50	19.99	999.50
9	2019-11-25	Central	Kivell	Pen Set	96	4.99	479.04
10	2020-06-17	Central	Kivell	Desk	5	125.00	625.00
11	2020-08-07	Central	Kivell	Pen Set	42	23.95	1,005.90
12	2019-01-06	East	Jones	Pencil	95	1.99	189.05
13	2019-02-09	Central	Jardine	Pencil	36	4.99	179.64
14	2019-03-15	West	Sorvino	Pencil	56	2.99	167.44
15	2019-04-01	East	Jones	Binder	60	4.99	299.40

정렬 기준을 설정할 때 이미 한 번 정렬된 적이 있거나 편집된 레이아웃이 복잡하여 데이터 행 이름을 인식하지 못할 경우, 열 문자로 기준을 선택하게끔 대화상자가 만들어질 수도 있습니다. 정렬을 수행할 수 없는 것이 아니므로 기준이 될 열 문자를 확인한 후에 선택하시면 같은 결과를 얻을 수 있습니다.

6.2 데이터 추출하기

데이터의 수가 적을 땐 데이터를 전부 확인하여 필요한 데이터만 갈무리 할 수 있지만, 데이터 수가 늘어날수록 필요한 데이터를 찾기 어려워집니다. 이때 '필터' 기능을 이용하면 특정 조건에 맞는 데이터만 보이게 할 수 있습니다. 필터는 엑셀이 자동으로 분석하여 필터를 만드는 자동 필터와 복잡한 필터를 직접 정의할 수 있는 고급 필터가 있습니다.

6.2.1 자동 필터

자동 필터는 각 열 마다 조건을 부여하여 원하는 데이터만 볼 수 있게 도와주는 기능입니다. 마우스 동작만으로 특정 값을 가진 데이터를 필터링 할 수 있습니다.

1 필터 조건 지정하기

자동 필터를 이용하여 'Region'이 'Central'이고 'Unit Cost'가 4.99이거나 8.99인 데이터만
보이도록 해보겠습니다. 우선 데이터 – 정렬 및 필터 – 필터를 선택하여 모든 열에 대해
자동으로 필터를 생성합니다. 필터가 생성되면 각 열의 데이터 필드명에 해당하는 2행의
셀들에 화살표 모양의 필터 설정 버튼이 생성됩니다.

'Region'이 'Central'인 데이터만 보이게 하기 위해 셀 B2의 오른
쪽에 있는 필터 설정 버튼을 클릭하고 'Central'을 제외한 다른
항목인 'West'와 'East'의 체크를 해제해주세요.

'Central'만 체크된 상태에서 확인 버튼을 누르면 'Region'이
'Central'이 아닌 데이터를 가려지게 됩니다. 또한 필터 설정으로
인해 데이터가 일부만 보이게 설정된 항목의 필터 설정 버튼은 기존의 화살표 모양에 필터
모양이 추가된 형태로 나타납니다.

▲	A	B	C	D	E	F	G
1			제품 발주서				
2	OrderDate ▼	Region ↓	Rep ▼	Item ▼	Units ▼	Unit Cost ▼	Total ▼
4	2019-01-23	Central	Kivell	Binder	50	19.99	999.50
5	2019-02-09	Central	Jardine	Pencil	36	4.99	179.64
6	2019-02-26	Central	Gill	Pen	27	19.99	539.73
9	2019-04-18	Central	Andrews	Pencil	75	1.99	149.25
10	2019-05-05	Central	Jardine	Pencil	90	4.99	449.10
13	2019-06-25	Central	Morgan	Pencil	90	4.99	449.10
17	2019-09-01	Central	Smith	Desk	2	125.00	250.00
19	2019-10-05	Central	Morgan	Binder	28	8.99	251.72

같은 방법으로 'Unit Cost'의 필터 설정을 열고 4.99와 8.99를 제외한 다른 값들의 체크를 해제하고 확인 버튼을 누르면 조건에 맞는 10개의 데이터만 보이게 됩니다.

▲	A	B	C	D	E	F	G
1			제품 발주서				
2	OrderDate ▼	Region ↓	Rep ▼	Item ▼	Units ▼	Unit Cost ▼	Total ▼
4	2019-01-23	Central	Kivell	Binder	50	19.99	999.50
5	2019-02-09	Central	Jardine	Pencil	36	4.99	179.64
6	2019-02-26	Central	Gill	Pen	27	19.99	539.73
9	2019-04-18	Central	Andrews	Pencil	75	1.99	149.25
10	2019-05-05	Central	Jardine	Pencil	90	4.99	449.10
13	2019-06-25	Central	Morgan	Pencil	90	4.99	449.10
17	2019-09-01	Central	Smith	Desk	2	125.00	250.00
19	2019-10-05	Central	Morgan	Binder	28	8.99	251.72

2 사용자 지정 조건 사용하기

필터 설정을 이용해 일부 데이터만 보이게 하는 것은 지정한 값과 정확히 일치하는 값을 가진 데이터만 보이게 하는 것과 같습니다. 데이터를 필터할 때 숫자 데이터는 일정 값 이상 또는 이하와 같이 범위 조건이 필요한 경우가 있을 수 있고, 문자 데이터는 주어진 단어의 일부를 포함하는 조건으로 분류하고자 하는 경우가 존재할 수 있습니다. 이런 경우에는 사용자 지정 조건으로 필터링을 진행해야 합니다.

이번에는 'Item'에 'Pen'이라는 단어를 포함하고 있는 데이터와 'Total'이 200 이상인 데이터만 보이도록 필터 설정을 변경해보도록 하겠습니다. 먼저 'Item'의 필터 설정 버튼을 클릭하면 텍스트 필터 옵션을 선택할 수 있습니다. 텍스트 필터 옵션에서 시작 문자를 선택합니다.

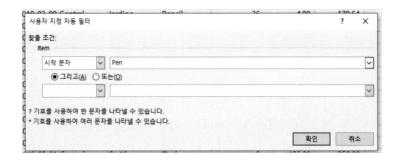

'Item'의 필터 설정 버튼을 클릭했을 때 텍스트 필터 항목이 나타나는 것은 'Item' 항목의 값들이 텍스트이기 때문입니다. 시작 문자를 선택하면 다음과 같은 대화상자가 나타납니다.

시작 문자에 Pen을 입력하고 확인 버튼을 누르면 'Item' 항목에서 단어 Pen을 포함하는 데이터만 보이게 됩니다.

	A	B	C	D	E	F	G
1			제품 발주서				
2	OrderDate	Region	Rep	Item	Units	Unit Cost	Total
3	2019-01-06	East	Jones	Pencil	95	1.99	189.05
5	2019-02-09	Central	Jardine	Pencil	36	4.99	179.64
6	2019-02-26	Central	Gill	Pen	27	19.99	539.73
7	2019-03-15	West	Sorvino	Pencil	56	2.99	167.44
9	2019-04-18	Central	Andrews	Pencil	75	1.99	149.25
10	2019-05-05	Central	Jardine	Pencil	90	4.99	449.10
11	2019-05-22	West	Thompson	Pencil	32	1.99	63.68
13	2019-06-25	Central	Morgan	Pencil	90	4.99	449.10
16	2019-08-15	East	Jones	Pencil	35	4.99	174.65
18	2019-09-18	East	Jones	Pen Set	16	15.99	255.84

이제 'Total'이 200 이상인 데이터만 보이도록 만들기 위해 'Total'의 필터 설정 버튼을 클릭하고 숫자 필터 – 크거나 같음을 선택합니다. 'Item'과 달리 'Total'은 숫자 데이터로 이루어진 열이므로 숫자 필터 메뉴가 있습니다. 사용자 지정 자동 필터 대화상자가 나타나면 찾을 조건이 'Total'에 대해 '>=' 조건인지 확인하고 값을 200으로 설정합니다.

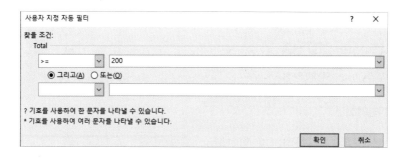

'Item'과 'Total' 열에 위의 조건으로 필터를 적용하면 총 13개의 데이터만 노출됩니다. 판매 금액이 높은 주문 건을 쉽게 확인할 수 있게 되었습니다.

3 자동 필터 조건 지우기

자동 필터를 해제하는 것도 필요에 따라 다양한 선택지가 있습니다.

■ 일반적인 필터 조건 해제

각 열의 필터 조건을 지우고자 할 땐 필터 설정 버튼을 클릭한 후 필터 해제를 선택합니다.

■ 필터 조건 초기화

필터 조건들을 모두 초기화하고자 할 때는
데이터 – 정렬 및 필터 블록에서 지우기를
클릭합니다.

■ 자동 필터 삭제하기

필터를 완전히 삭제(종료)할 때는 데이터 –
정렬 및 필터 블록에서 필터를 다시 클릭하
면 됩니다. 필터의 조건만 삭제하는 경우에
는 필터 설정 버튼이 남아있지만, 필터 기능
을 끄면 필터 설정 버튼 또한 사라집니다.

각 열 마다 조건을 부여하기 때문에 다른 열과의 상호비교는 AND 논리만 가능하다고 볼
수도 있습니다. 예를 들면 국어 성적이 80점 이상이면서 수학 성적이 70점 이상인 학생을
찾는 것은 자동 필터로 쉽게 찾을 수 있지만, 국어 성적이 80점 이상이거나 수학 성적이 70
점 이상인 학생을 찾는 것은 자동 필터 기능만으로는 불가능합니다.

6.2.2 고급 필터

고급 필터는 필터를 적용할 영역을 선택하고 필터 속성을 설정했던 자동 필터와 달리 다른 워크시트나 셀에 필터 조건을 생성하고 이를 참조하여 데이터를 추출하게 하는 방법입니다. 고급 필터와 자동 필터의 가장 큰 차이는 다른 열의 데이터 값과의 관계 조건에 OR 조건을 추가할 수 있다는 것입니다.

고급 필터에 복잡한 조건을 참조하게 하기 위해서는 정해진 형식에 따라 조건을 나열하거나 수식을 이용해 표현해야 합니다.

1 고급 필터 대화상자

① 현재 위치에 필터 : 필터 결과를 선택한 데이터 영역에 나타냅니다.

② 다른 장소에 복사 : 필터 결과를 워크시트의 다른 영역에 나타냅니다.

③ 목록 범위 : 필터를 적용하여 데이터를 추출할 영역을 입력합니다.

④ 조건 범위 : 필터의 조건을 명시한 영역을 입력합니다.

⑤ 복사 위치 : 다른 장소에 복사 옵션이 선택된 경우에만 활성화되며, 필터의 결과를 나타낼 위치를 입력합니다.

⑥ 동일한 레코드는 하나만 : 같은 데이터가 여러 개인 경우, 하나만 결과로 나타냅니다.

2 고급 필터의 조건 지정 방법

고급 필터의 조건을 워크시트에 작성하는 경우에는 열은 AND 조건에 해당하고 행은 OR 조건에 해당한다는 것만 생각하면 작성할 수 있습니다.

		AND		
		열 이름 1	열 이름 2	
	OR	조건 1-1	조건 2-1	...
		조건 1-2	조건 2-2	...
		...	...	

3 고급 필터 적용하기

앞서 자동 필터를 이용해 데이터를 추출한 결과와 같은 결과를 보여주는 고급 필터를 만들어봅시다. 첫 번째 예시는 필터 조건을 테이블 형태로 명시하는 방법으로 고급 필터를 적용해보고, 두 번째 예시는 조건 수식을 이용하여 고급 필터를 적용하는 방법을 알아보겠습니다.

■ 필터 조건을 테이블 형태로 명시하는 방법

첫 번째 예시는 'Region'이 'Central'이고 'Unit Cost'가 4.99 또는 8.99인 데이터만 보이도록 하는 것이었습니다. 논리식의 형태로 나타내면 다음과 같습니다.

'Region'='Central' **AND** ('Unit Cost'=4.99 **OR** 'Unit Cost'=8.99)

워크시트의 한 켠에 다음과 같이 필터 조건을 작성합니다.

Region	Unit Cost
Central	4.99

이제 고급 필터 대화상자를 호출하여 필요한 범위를 설정합니다.

❶ 목록 범위 : 제품발주서 데이터 중 하나의 셀을 선택하고 고급 필터 대화상자를 호출하면 목록 범위가 자동으로 셀 B2부터 G45까지 선택되어있을 것입니다. 만약 그렇지 않다면 목록 범위의 내용을 삭제하고 B2부터 G45까지 드래그하여 선택합니다. 직접 B2:G45를 입력해도 됩니다.

❷ 조건 범위 : 작성한 필터 조건을 드래그하여 선택합니다.

❸ 복사 위치 : 대화상자의 결과 위치로 '다른 장소에 복사'를 선택하고 복사하기에 적절한 셀을 선택합니다. 예시에서는 셀 L2를 선택하였습니다.

확인 버튼을 누르면 다음과 같이 결과를 얻을 수 있습니다.

Region	Rep	Item	Units	Unit Cost	Total		Region	Unit Cost		Region	Rep	Item	Units	Unit Cost	Total
East	Jones	Pencil	95	1.99	189.05		Central	4.99		Central	Jardine	Pencil	36	4.99	179.64
Central	Kivell	Binder	50	19.99	999.50		Central	8.99		Central	Jardine	Pencil	90	4.99	449.10
Central	Jardine	Pencil	36	4.99	179.64					Central	Morgan	Pencil	90	4.99	449.10
Central	Gill	Pen	27	19.99	539.73					Central	Morgan	Binder	28	8.99	251.72
West	Sorvino	Pencil	56	2.99	167.44					Central	Kivell	Pen Set	96	4.99	479.04
East	Jones	Binder	60	4.99	299.40					Central	Gill	Binder	46	8.99	413.54
Central	Andrews	Pencil	75	1.99	149.25					Central	Jardine	Pen Set	50	4.99	249.50
Central	Jardine	Pencil	90	4.99	449.10					Central	Gill	Binder	80	8.99	719.20
West	Thompson	Pencil	32	1.99	63.68					Central	Jardine	Binder	11	4.99	54.89
East	Jones	Binder	60	8.99	539.40					Central	Andrews	Binder	28	4.99	139.72
Central	Morgan	Pencil	90	4.99	449.10										
East	Howard	Binder	29	1.99	57.71										
East	Parent	Binder	81	19.99	1,619.19										
East	Jones	Pencil	35	4.99	174.65										
Central	Smith	Desk	2	125.00	250.00										
East	Jones	Pen Set	16	15.99	255.84										
Central	Morgan	Binder	28	8.99	251.72										

제품 발주서

■ 조건 수식을 이용한 고급 필터

두 번째 예시는 'Item'의 항목이 'Pen'으로 시작하면서 'Total'이 200 이상인 데이터만 보이도록 하는 것이었습니다. 이러한 조건을 논리식으로 나타내면 다음과 같습니다.

$$LEFT('Item', 3) = \text{"Pen" AND 'Total'} \geq 200$$

LEFT는 텍스트 데이터의 왼쪽부터 문자열 일부를 가져오는 함수입니다. LEFT('Item', 3)은 'Item' 항목에서 텍스트 데이터를 왼쪽부터 3개 문자를 가져오는 것을 의미합니다. 만약 'Item' 항목이 'Pencil'이라면 'Pen'이 되고, 'Binder'라면 'Bin'이 됩니다.

비어있는 셀에 수식 입력줄을 이용하여 조건식을 입력합니다. 조건식을 입력한 셀의 위쪽에 위치한 셀에는 사용자가 기억할 수 있도록 셀 내용을 바꿔둡니다. 수식 입력줄에 입력한 조건식 외에는 고급 필터를 적용하는 것에 아무런 영향을 주지 않습니다.

조건식
FALSE

- 조건식 : =AND(LEFT(D3, 3)="Pen", G3>=200)

고급 필터 대화상자를 호출하여 결과를 '다른 장소에 복사', 목록 범위를 B2：G45로 설정합니다. 목록 범위는 자동으로 설정되는 경우가 더 많습니다. 그리고 조건 범위를 조건식을 입력한 셀과 위쪽에 위치한 셀의 표식까지 지정합니다. 예시에서는 셀 I2：I3로 입력합니다. 마지막으로 복사 위치는 적절한 공간이 있는 셀을 선택하고 확인 버튼을 누릅니다.

확인 버튼을 누르면 다음과 같이 'Item'의 항목이 'Pen'으로 시작하고 Total이 '200달러'를 넘는 결과만 확인할 수 있다.

6.3 피벗테이블

피벗테이블은 기존의 테이블을 이용하여 새로운 통계표를 생성하거나 필터링된 데이터 표 등을 손쉽게 만들 수 있는 기능을 제공합니다.

6.3.1 피벗테이블 만들기

피벗테이블은 리본의 삽입 탭에서 만들 수 있습니다. 데이터가 있는 셀을 선택한 상태에서 피벗테이블을 클릭하면 대화상자가 나타납니다.

대화상자에서 먼저 테이블을 만들 데이터의 범위를 지정해줍니다. 데이터가 있는 셀을 선택한 상태에서 피벗테이블 만들기 대화상자를 호출하면 모든 데이터를 포함하는 범위가 자동으로 설정되어

있습니다. 일부 데이터로만 피벗테이블을 만들고자 하는 경우에는 Ctrl 키를 누른 상태로 피벗테이블에 포함할 데이터를 드래그하여 선택할 수 있습니다. 피벗테이블을 생성할 위치는

'새 워크시트'를 선택한 상태로 확인 버튼을 눌러 생성해 보겠습니다.

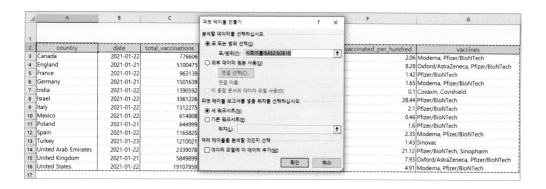

차트 기능과는 다르게 피벗테이블을 생성한 직후에는 어떤 데이터도 선택되지 않은 것처럼 테이블에 아무런 정보도 보여주지 않습니다. 피벗테이블은 어떤 데이터를 행과 열로 사용할지, 행렬의 값은 어떻게 결정할 것인지 선택해주는 과정이 필요합니다. 피벗테이블의 필드 설정은 피벗테이블을 선택하면 엑셀 창의 오른쪽에 나타납니다.

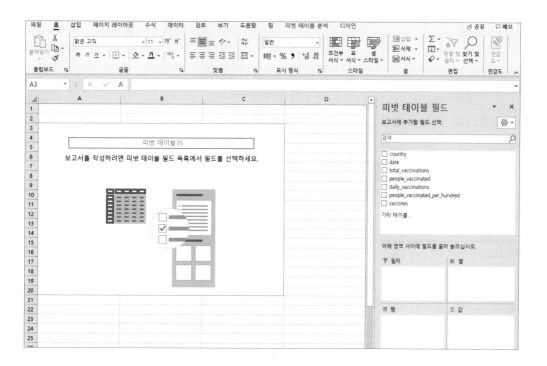

피벗테이블에 추가할 추가할 필드로 'country', 'date', 'total_vaccinations', 'people_vaccinated', 'daily_vaccinations'를 선택합니다. 필드 항목을 체크하는 것만으로도 행, 열,

값 항목이 자동으로 결정됩니다. 만약 'date' 항목이 행 항목에 포함되었다면 드래그하여
열 항목으로 옮겨줍니다.

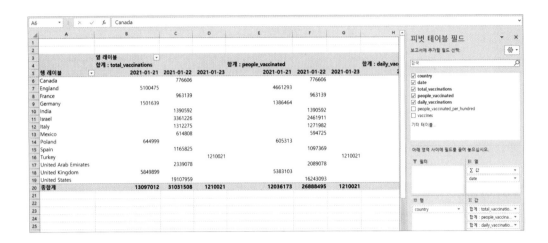

6.3.2 피벗테이블 편집

1 필드 순서 및 항목 변경하기

앞서 'date' 항목이 행 항목에 있는 경우 열 항목으로 드래그하면 옮길 수 있다고 안내하였
듯이 피벗테이블 필드는 마우스 드래그를 이용해 순서를 바꾸거나 다른 항목으로 이동할
수 있습니다. 예시에서 값 항목에 있는 필드를 드래그하여 'daily_vaccinations', 'people_
vaccinated', 'total_vaccinations' 순서로 바꾸어 봅시다.

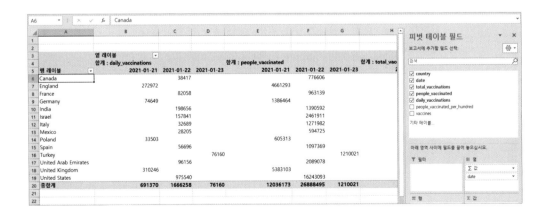

2 피벗테이블 필드 함수 변경 및 셀 표시 형식 변경하기

일반적으로 값 항목에는 행 항목과 열 항목에 포함된 데이터를 제외한 데이터들이 포함됩니다. 필드를 추가한 직후에 숫자 데이터는 합계가 표시되며 텍스트 데이터는 개수로 설정됩니다. 값 필드에 대한 설정을 변경하기 위해 필드의 콤보박스를 클릭하여 변경할 수 있다.

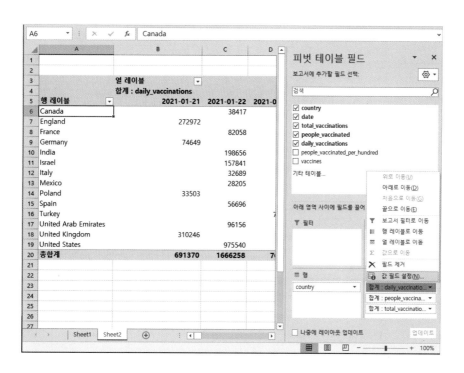

값 필드 '합계:daily_vaccinations'의 메뉴를 호출하여 값 필드 설정을 선택한 후, 값 요약 기준을 평균으로 변경하고 확인 버튼을 누르면 합계 대신 평균 값이 계산되어 나타납니다. 예시에서는 평균 값으로 변경하는 것이 의미가 없으므로 값 요약 기준이 변경되는 것만 확인한 후에 다시 합계가 보이도록 변경합니다.

값 필드 설정에서는 데이터의 표시 형식을 변경할 수도 있습니다. 예시의 숫자 데이터는 단위가 커서 한눈에 알아보기 어려우므로 단위 구분 기호를 추가해봅시다. 값 필드 설정 대화상자에서 표시 형식을 선택하면 셀 서식 – 표시 형식 대화상자가 나타납니다. 여기서 숫자 범주를 선택하면 1000 단위 구분 기호(,) 사용 옵션을 체크하고 확인 버튼을 클릭합니다.

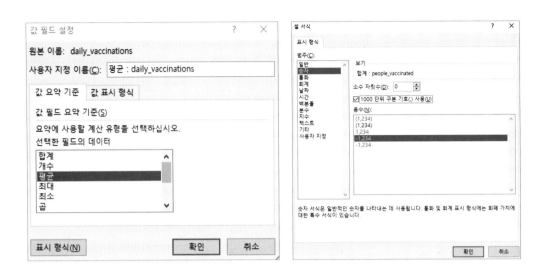

값 항목에 있는 모든 필드에 1000 단위 구분 기호(,) 사용 옵션을 체크하면 다음과 같이 숫자 크기를 가늠하기 쉽게 나타납니다.

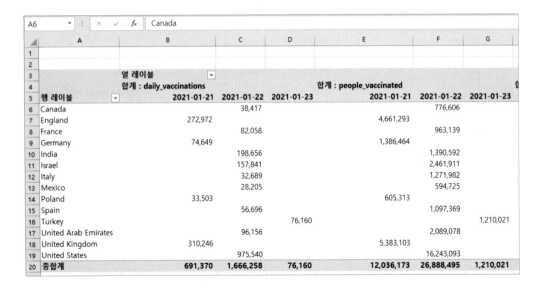

3 피벗테이블의 보고서 레이아웃

피벗테이블을 생성하고 필드를 추가했을 때 정리되어 보이는 표를 칭하는 정확한 명칭은 피벗테이블 보고서입니다. 피벗테이블의 항목을 선택한 상태에서 리본에 있는 디자인 탭을 선택하면 보고서 레이아웃을 변경하는 기능을 찾을 수 있습니다. 피벗테이블을 생성하면 압축 형식으로 표시 옵션이 선택된 상태로 생성됩니다.

피벗테이블의 표시 형식은 압축, 개요, 테이블 형식이 있습니다.

- **압축 형식** : 한 열에 있는 다양한 행 영역 필드의 항목을 표시하고 들여쓰기를 사용하여 다른 필드의 항목과 구별합니다.
- **개요 형식** : 다음 열의 항목이 현재 항목보다 한 행 아래에 표시되며, 모든 그룹의 맨 위에 부분합이 표시됩니다.
- **테이블 형식** : 필드당 한 열을 표시하고 필드 머리글에 공간을 제공합니다.

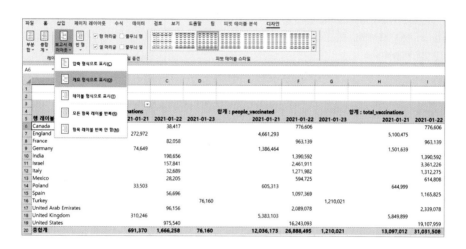

- **디자인** : 보고서 레이아웃에서 개요 형식으로 표시를 선택하여 레이아웃을 변경해봅시다. 예시에서는 행 항목과 열 항목에 여러 개의 필드를 넣지 않아 큰 차이를 확인하기 어렵겠지만 행 레이블과 열 레이블 필터가 사라지고 테이블이 간결해지는 결과를 얻을 수 있습니다. 두 레이아웃의 차이를 확실하게 비교하고자 할 땐 값 항목에 있는 필드를 행과 열에 옮긴 후에 레이아웃을 바꿔봅시다.

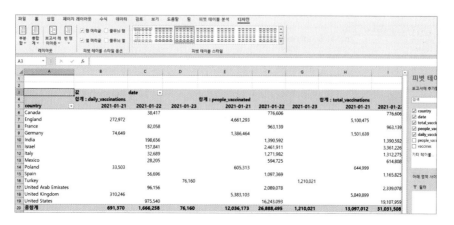

4 행 및 열의 총합계 해제하기

기본 옵션으로 피벗테이블 보고서의 오른쪽에는 각 행의 총합계, 아래에는 각 열의 총합계가 있습니다. 디자인 탭 – 총합계에서 행 및 열의 총합계 해제를 선택하면 제거할 수 있습니다.

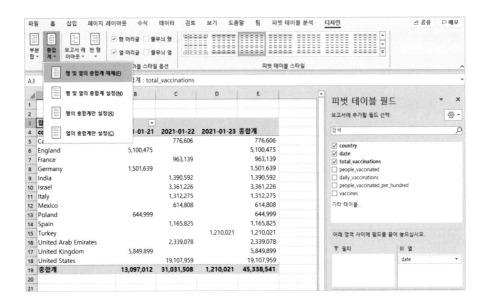

총합계의 정보가 의미 없는 경우에 해제하면 피벗테이블 필드가 간결해집니다.

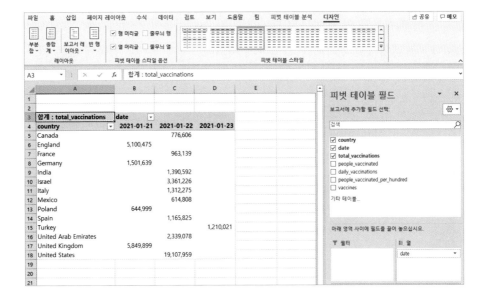

5 피벗테이블 스타일 변경하기

디자인 탭 – 피벗테이블 스타일 블록에서 미리 정의된 다양한 피벗테이블 스타일을 적용할 수 있습니다.

6 필터 추가하기

피벗테이블 또한 차트와 같이 필터를 설정하여 필터 조건에 해당하는 데이터만 보이도록할 수 있습니다. 필터 항목에 데이터 필드를 마우스 드래그하여 추가할 수 있습니다. 데이터 필드의 값들을 필터 조건으로 선택할 수 있으며, 피벗테이블은 필터에서 선택한 데이터 값을 포함한 행만 보여주게 됩니다.

7 특정 필드 삭제하기

피벗테이블에 포함된 데이터 필드를 삭제하는 방법은 세 가지 방법이 있습니다.

① 필드 옵션 메뉴에서 필드 제거를 선택한다.

② 보고서에 추가할 필드 선택에서 체크를 해제한다.

③ 필드를 워크시트 쪽으로 마우스 드래그한다.

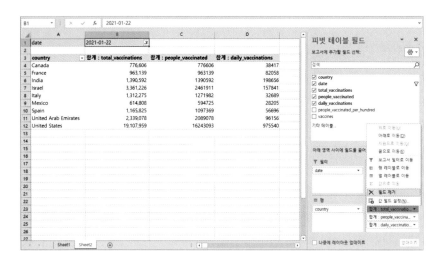

8 특정 데이터만 새로운 시트에 생성하기

워크시트의 피벗테이블에서 값에 해당하는 셀을 더블클릭하면 해당 값을 가지고 있는 행의 모든 정보를 새로운 워크시트에서 확인할 수 있습니다.

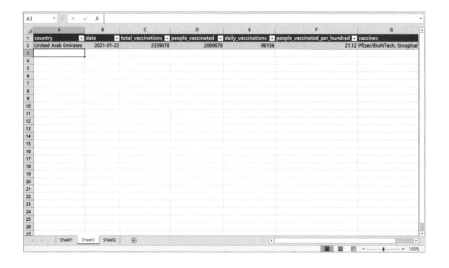

9 피벗테이블 삭제하기

리본의 피벗테이블 분석 – 지우기 – 모두 지우기를 선택하면 피벗테이블의 설정이 모두 초기화됩니다. 피벗테이블이 완전히 삭제되는 것이 아니며 피벗테이블 필드에 모든 항목을 체크해제하는 것과 같습니다.

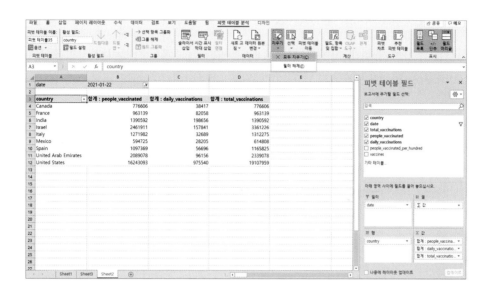

피벗테이블을 워크시트에서 완전히 삭제하려면 피벗테이블 분석 – 선택 – 전체 피벗테이블을 선택하거나 마우스 드래그로 피벗테이블이 위치한 셀 영역을 선택한 후 Delete키를 눌러 삭제합니다.

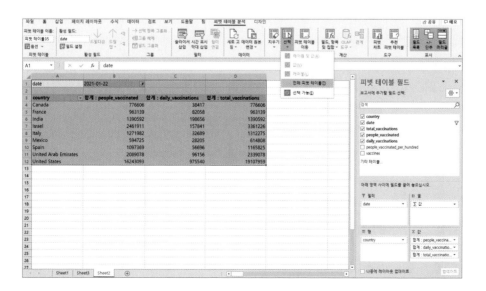

6.3.3 슬라이서 및 데이터 필터링

슬라이서는 피벗테이블을 관찰할 때 유의미한 그룹 기준을 사용자에게 제시하고 각 데이터를 이용한 필터를 마우스 클릭을 이용해 빠르게 변경할 수 있게 합니다. 앞서 살펴본 데이터 필터는 워크시트의 셀을 차지하며 리스트 박스의 형태로 제공되던 것과 달리, 슬라이서는 독립적인 GUI 창으로 나타납니다. 선택된 데이터를 가진 행만을 피벗테이블에 보여줍니다.

슬라이서를 추가하기 위해 피벗테이블 분석 – 필터 블록에서 슬라이서 삽입을 선택합니다. 슬라이서 삽입 대화상자에서 'date'와 'vaccines'를 선택하고 확인 버튼을 누릅니다.

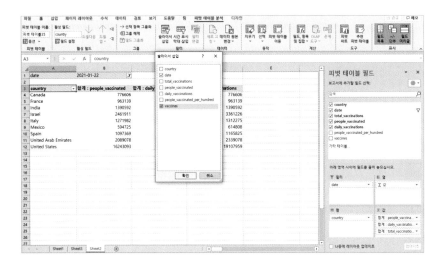

선택한 데이터 필드에 해당하는 슬라이서가 생성됩니다. 이미 필터가 설정된 데이터 필드로 슬라이서를 생성하면 설정된 필터 값이 반영된 상태로 생성됩니다.

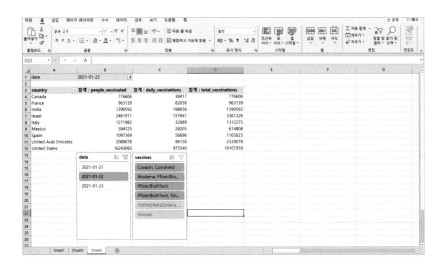

슬라이서의 항목을 클릭하면 해당 데이터를 포함한 행만 보여지게 됩니다. Ctrl 키를 누른 상태로 클릭하면 여러 개의 항목을 선택할 수 있습니다.

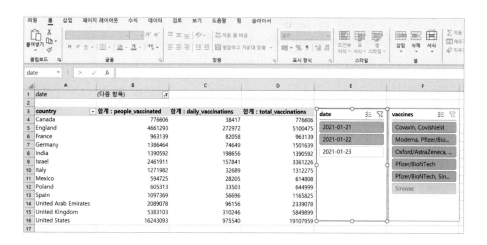

슬라이서의 오른쪽 위에 위치한 필터 지우기 버튼을 클릭하면 모든 슬라이서의 필터링 조건이 해제되고 모든 데이터가 보여지게 됩니다. 슬라이서를 선택한 상태로 Delete 키를 누르면 선택된 슬라이서가 삭제됩니다.

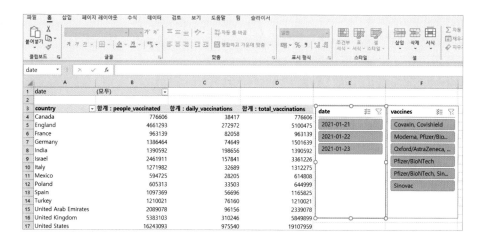

CHAPTER **7**

종합 예제

이번 장에서는 포함된 데이터가 많고 의미 있는 데이터를 정제하는 과정을 같이 살펴보도록 하겠습니다.

7.1 시간대별 풍력 발전량

'7장_01_풍력발전.xlsx' 파일1은 독일의 에너지 회사에서 측정한 풍력발전량이 기록된 파일입니다. 5분 단위로 측정한 원본 파일에서 설명과 예시 완성의 편의를 위해 30분 단위로 데이터를 수정하고 13일 분량의 기록만 남겨두었습니다. 풍력 발전량을 한눈에 파악할 수 있도록 차트를 이용해 데이터를 요약해 보겠습니다.

01 '7장_01_풍력발전.xlsx' 파일을 엽니다. 이 파일의 첫 행은 각 날짜의 측정 시간이 기록되어 있고 첫 열은 날짜가 기록되어 있습니다. 셀 B2부터 V15까지는 각 날짜와 시간에 측정된 풍력 발전량이 기록되어 있습니다.

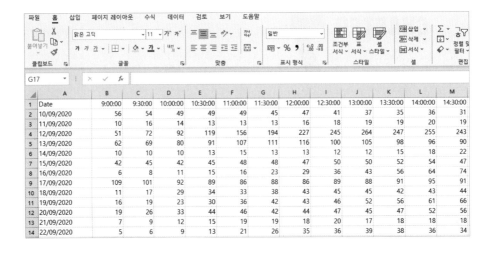

02 워크시트에 제목을 추가하기 위해 표 상단에 행 삽입을 한 후 제목을 '시간태별 풍력 발전량' 입력하고 '병합 후 가운데 정렬'을 합니다.

---

1 https://www.kaggle.com/jorgesandoval/wind-power-generation

03 제목(1행)과 측정 시간(2행), 날짜(A열)을 각자 원하는 색상과 디자인으로 꾸며봅시다. 셀 배경을 변경할 때 변경하고자 하는 셀 영역을 선택하고 마우스 오른쪽 클릭하면 자주 사용하는 서식 변경 기능을 확인할 수 있습니다. 예시에서는 제목과 측정 시간

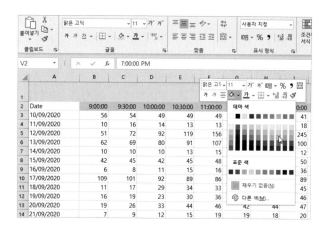

셀은 색상을 변경하고 날짜는 텍스트를 굵게 설정하였습니다.

04 오후 시간대의 데이터를 확인하기 위해 스크롤을 오른쪽으로 옮기면 날짜(A열)가 보이지 않아 읽기 불편합니다. A열을 선택하고 리본에서 보기 탭 – 창 블록에서 틀 고정 – 첫 열 고정을 선택하면 스크롤을 좌우로 이동해도 A열이 계속 표시되어 데이터를 읽기 편해집니다.

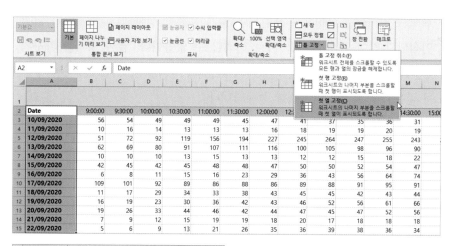

05 측정 시간이 시:분:초(hh:mm:ss) 형태로 기록되어 있지만, 데이터의 변화는 30분 단
위로 기록되어 있으므로 초를 생략하면 텍스트 길이가 짧아져 보기 수월해집니다. 2행
을 선택하고 마우스 오른쪽 클릭하여 셀 서식을 선택합니다. 표시 형식 – 범주에서 시
간을 선택하고 시:분만 표현하는 형식을 선택합니다.

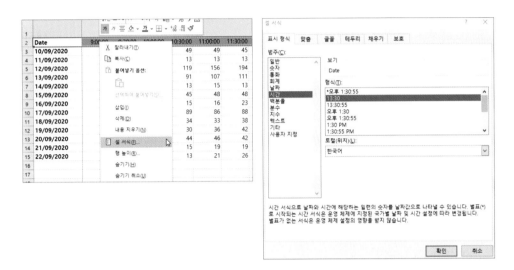

06 날짜 형식도 일/월/년 형식으로 표현되어 읽기 불편한 상황입니다. 게다가 날짜 형식
으로 인식되지 않아 표시 형식을 바로 변경할 수 없습니다. 날짜 형식을 바꾸기 위해
추가적인 과정이 필요합니다. 먼저 날짜가 있는 셀 영역을 선택하고 데이터 탭 – 데이
터 도구 블록에서 텍스트 나누기를 선택합니다.

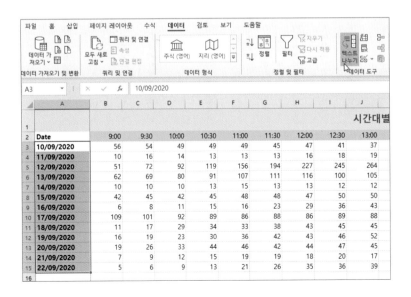

07 텍스트 마법사 대화상자에서 1단계에서는 '구분 기호로 분리됨' 옵션을 선택하고 2단
계로 넘어갑니다. 2단계에서는 구분 기호의 체크를 모두 해제하여 데이터가 나누어지
지 않도록 하고 3단계로 넘어갑니다.

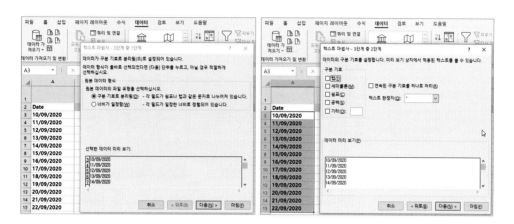

08 3단계에서는 열 데이터 서식을 일월년을 선택하고 마침을 선택하면 데이터 서식을 날
짜로 인식하게 됩니다. 이제 측정 시간과 같은 과정으로 날짜 형식을 월일로 표현되게
합니다.

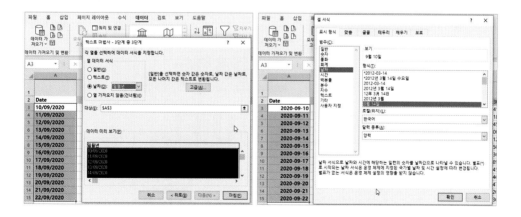

날짜와 시간 변화가 보기 쉬워졌습니다.

	A	H	I	J	K	L	M	N	O
1					시간대별 풍력 발전량				
2	Date	12:00	12:30	13:00	13:30	14:00	14:30	15:00	15:30
3	9월 10일	47	41	37	35	36	31	29	26
4	9월 11일	16	18	19	19	20	19	16	13
5	9월 12일	227	245	264	247	255	243	238	217
6	9월 13일	116	100	105	98	96	90	79	68
7	9월 14일	13	12	12	15	18	22	22	24
8	9월 15일	47	50	50	52	54	47	44	44
9	9월 16일	29	36	43	56	64	74	83	84
10	9월 17일	86	89	88	91	95	91	91	98
11	9월 18일	43	45	45	42	43	44	44	44
12	9월 19일	43	46	52	56	61	66	69	72
13	9월 20일	44	47	45	47	52	56	60	65
14	9월 21일	18	20	17	18	18	18	16	16
15	9월 22일	35	36	39	38	36	34	29	25

09 이제 수정한 데이터를 바탕으로 차트를 그립니다. 제목을 제외하고 2행부터 데이터를 선택한 후 삽입 탭 – 차트 블록에서 추천 차트를 눌러 차트 삽입 대화상자를 엽니다. 모든 차트 탭으로 이동한 후 세로 막대형 – 누적 세로 막대형에서 범례가 날짜로 인식되는 차트를 선택하여 차트를 생성합니다.

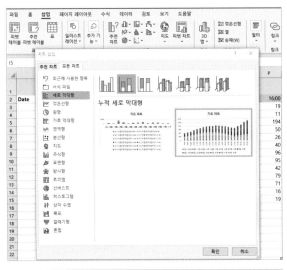

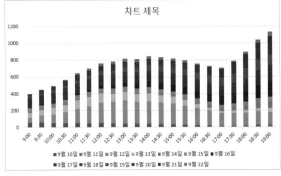

10 차트의 제목을 '시간대별 풍력 발전량(10일~22일)'로 수정하고 세로 축 제목은 '누적 발전량', 가로 축 제목은 '시간대'로 변경합니다. 만약 축 제목이 나타나지 않으면 차트 영역을 클릭하고 차트 요소를 선택하여 축 제목을 추가합니다.

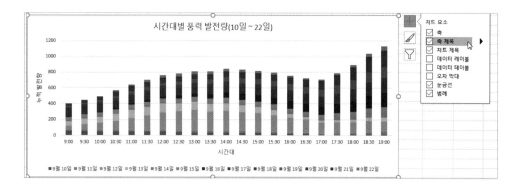

11 마지막으로 만들어진 차트에 누적합 정보를 추가해보겠습니다. 셀 A16에 '누적합'을 작성합니다. 셀 B16에서 V16까지 각 열의 누적합을 계산합니다. 한 열의 발전량을 선택한 후 누적합을 계산하고 드래그하면 쉽게 채울 수 있습니다.

I3	▼	× ✓ fx	=SUM(I3:I15)			

⊿	A	I	J	K	L	M	N
1		**시간대별 풍력 발전량**					
2	**Date**	12:30	13:00	13:30	14:00	14:30	15:00
3	**9월 10일**	41	37	35	36	31	29
4	**9월 11일**	18	19	19	20	19	16
5	**9월 12일**	245	264	247	255	243	238
6	**9월 13일**	100	105	98	96	90	79
7	**9월 14일**	12	12	15	18	22	22
8	**9월 15일**	50	50	52	54	47	44
9	**9월 16일**	36	43	56	64	74	83
10	**9월 17일**	89	88	91	95	91	91
11	**9월 18일**	45	45	42	43	44	44
12	**9월 19일**	46	52	56	61	66	69
13	**9월 20일**	47	45	47	52	56	60
14	**9월 21일**	20	17	18	18	18	16
15	**9월 22일**	36	39	38	36	34	29
16	누적합	=SUM(I3:I15)					

I16	▼	× ✓ fx	=SUM(I3:I15)			

⊿	A	I	J	K	L	M	N	O	P	Q	R	S	T	U	V
1		**시간대별 풍력 발전량**													
2	Date	12:30	13:00	13:30	14:00	14:30	15:00	15:30	16:00	16:30	17:00	17:30	18:00	18:30	19:00
3	**9월 10일**	41	37	35	36	31	29	26	19	18	10	10	12	15	15
4	**9월 11일**	18	19	19	20	19	16	13	11	11	10	13	15	23	30
5	**9월 12일**	245	264	247	255	243	238	217	194	170	143	143	142	148	134
6	**9월 13일**	100	105	98	96	90	79	68	50	35	29	32	33	41	49
7	**9월 14일**	12	12	15	18	22	22	24	26	30	32	42	50	58	68
8	**9월 15일**	50	50	52	54	47	44	44	40	39	39	42	50	59	64
9	**9월 16일**	36	43	56	64	74	83	84	96	95	105	117	130	158	180
10	**9월 17일**	89	88	91	95	91	91	98	95	87	78	78	85	93	112
11	**9월 18일**	45	45	42	43	44	44	44	42	45	46	56	69	80	86
12	**9월 19일**	46	52	56	61	66	69	72	79	84	91	104	117	128	130
13	**9월 20일**	47	45	47	52	56	60	65	71	78	84	101	119	135	143
14	**9월 21일**	20	17	18	18	18	16	16	16	19	23	34	47	61	67
15	**9월 22일**	36	39	38	36	34	29	25	19	17	19	21	28	41	55
16	누적합	785	816	814	848	835	820	796	758	728	709	793	897	1040	1133

12 만들었던 차트에 누적합을 추가합니다. 차트 영역을 선택하고 마우스 오른쪽 클릭 메뉴에서 데이터 선택을 클릭합니다.

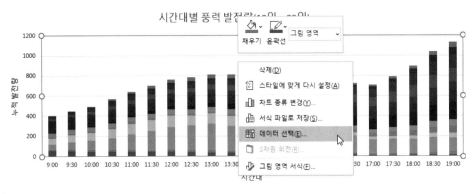

13 데이터 원본 선택 대화상자에서 범례 항목의 추가 버튼을 선택합니다.

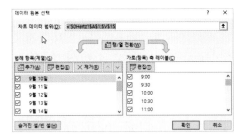

14 계열 편집 대화상자가 나타나면 계열 이름의 내용을 전부 삭제한 후 셀 A16을 선택합니다. 계열 값의 내용도 전부 삭제한 후 셀 B16부터 V16까지 드래그하여 선택한 후 확인 버튼을 누르면 차트에 누적합이 추가됩니다.

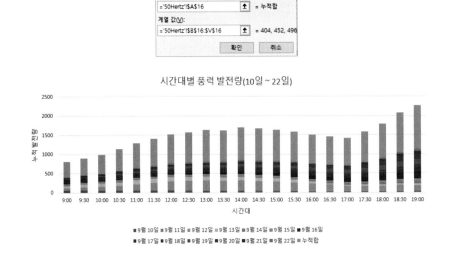

15 누적합이 막대 그래프에 누적되는 것은 부자연스러우므로 누적합만 차트 종류를 바꿔
줍니다. 차트의 그림 영역에서 누적합에 해당하는 막대를 선택한 후 마우스 오른쪽 클
릭 메뉴 - 계열 차트 종류 변경을 선택합니다.

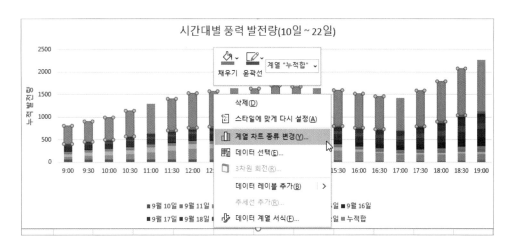

16 누적합의 차트 종류를 '표식이 있는 누적 꺾은선형'으로 변경합니다.

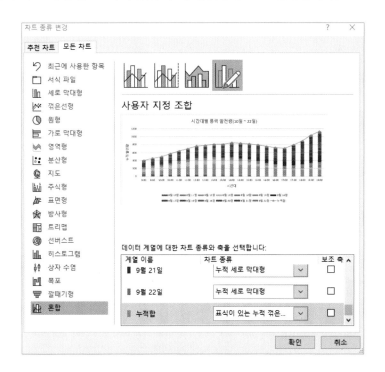

17 차트 요소에서 데이터 레이블 – 위쪽을 추가합니다.

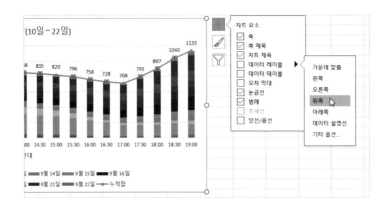

18 범례에서 누적합을 선택한 후 마우스 오른쪽 클릭 – 삭제를 선택하여 범례에서 누적합을 삭제합니다.

차트가 다음과 같이 정리됩니다.

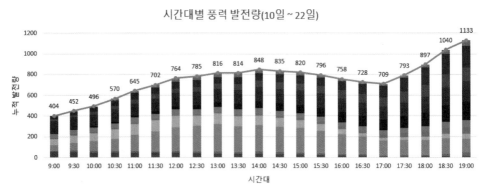

7.2 졸업 과정과 급여의 관계

'7장_02_직원급여.xlsx' 파일[2]은 인도에서 운영되는 고등교육기관에 다니는 학생들의 성별, 성적, 소속 교육위원회, 전공, 경력유무, 학위, 급여 등이 기록되어 있습니다. 7.1의 예제 파일과 마찬가지로 설명과 예시 완성의 편의를 위해 일부 열 항목의 이름을 변경 및 삭제하고 데이터 수를 축소하였습니다. 급여와 다른 데이터 항목의 관계를 파악하기 쉽도록 피벗테이블을 생성하고 꾸며보도록 하겠습니다. 실습을 위해 제공한 예제 파일은 데이터 항목의 이름을 임의로 설정한 더미 데이터이므로 분석 결과와 현실은 관계가 없습니다.

01 '7장_02_직업급여.xlsx' 파일을 엽니다. 이 파일의 첫 행은 각 열 데이터 이름이 기록되어 있습니다.

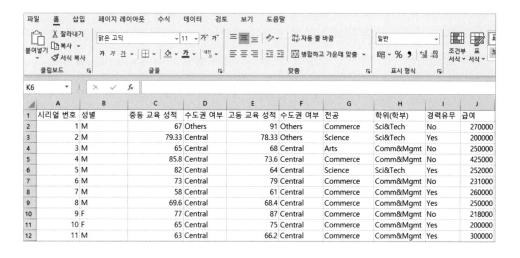

02 빈 행을 첫 행에 삽입하고 '병합하고 가운데 맞춤' 기능을 이용해 제목을 입력할 셀을 만듭니다. 제목은 '졸업 과정과 급여의 관계'로 입력합니다. 셀의 배경색이나 디자인을 임의로 변경합니다. 데이터를 둘러싸는 테두리를 만들어도 좋습니다. 테두리는 데이터 영역을 선택하고 마우스 오른쪽 클릭 – 테두리 메뉴에서 다양하게 설정할 수 있습니다.

---

2 https://www.kaggle.com/benroshan/factors-affecting-campus-placement

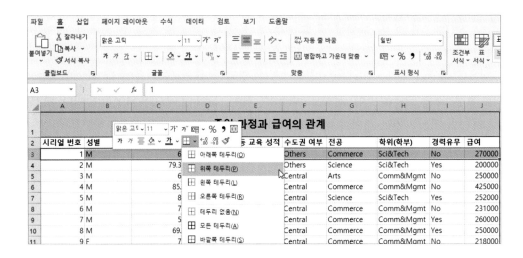

03 피벗테이블을 생성합니다. 피벗테이블의 필드 설정은 행에는 수도권 여부, 전공, 학위, 열에는 중등 교육 성적, 고등 교육 성적, 급여를 배치합니다. 그리고 필터에 성별, 경력 유무, 수도권 여부를 배치하여 조건에 따라 데이터를 확인할 수 있도록 합니다. 행과 값 항목의 필드 순서를 조정하여 예시 그림과 같이 나타나도록 배치합니다.

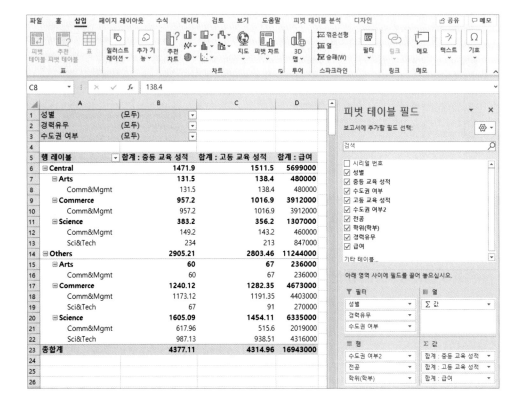

04 피벗테이블을 선택하고 부분합과 총합계가 표시되지 않도록 변경합니다. 그리고 값 필드의 항목에서 성적 및 급여가 합계로 계산되는 것을 평균으로 계산되도록 변경합니다.

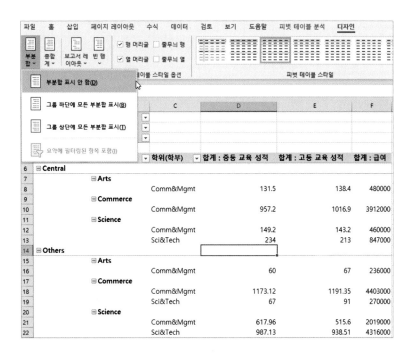

피벗테이블에서 수도권 여부, 전공, 학위(학부) 세부 순서에 따라 중등 교육 성적, 고등 교육 성적, 급여를 쉽게 확인할 수 있게 되었습니다. 필터의 값을 지정하여 데이터가 잘 나타나는지 확인합니다.

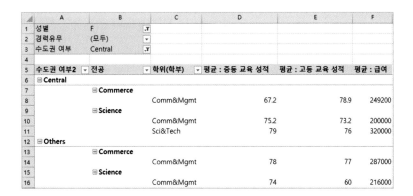

05 피벗테이블 스타일을 임의의 스타일로 변경해봅니다. 예시에서는 '연한 파랑, 피벗 스
타일 보통2'로 변경하였습니다.

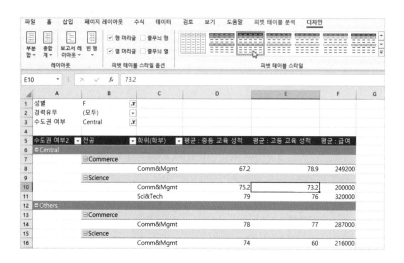

06 급여 항목의 숫자 단위가 크므로
표시 형식에서 1000 단위 구분
기호(,) 사용 옵션을 체크합니다.

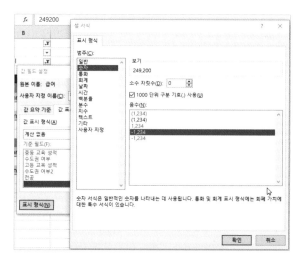

07 피벗테이블의 조건부 추출을 쉽게 사용하
기 위해 슬라이서를 삽입합니다. 피벗테이
블 분석 – 필터 블록에서 슬라이서 삽입을
클릭합니다. 삽입할 슬라이서의 데이터 필
드는 성별과 경력유무를 선택합니다.

08 슬라이서의 옵션에서 열을 2로 변경하여
한 줄로 나타나게 합니다.

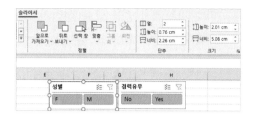

09 F열의 데이터를 선택한 후 홈 – 스타일 – 조건부 서식 – 색조 – 기타 규칙을 클릭
하여 원하는 색조의 그라데이션으로 급여 항목을 강조합니다.

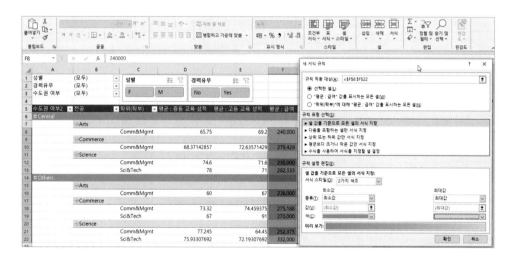

10 피벗 차트는 피벗테이블을 기반으로 생성되며, 피벗테이블의 데이터가 변하면 피벗 차
트도 같이 갱신되기 때문에 매우 활용도가 높은 기능입니다. 마찬가지로 피벗 차트에
서 이루어지는 데이터 필드에 대
한 조작도 피벗테이블에 변경됩
니다. 피벗테이블 분석 – 도구
블록에서 피벗 차트를 클릭하여
피벗 차트를 생성해 봅시다. 유
형은 '묶은 세로 막대형'을 선택
합니다.

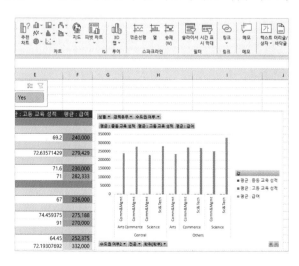

11 피벗 차트에서 중등 교육 성적과 고등 교육 성적을 마우스 오른쪽 클릭한 후 필드 제거를 선택하면 피벗테이블의 데이터 필드 옵션에서도 체크가 해제되거나 삭제됩니다.

12 슬라이서의 항목을 클릭하여 필터 조건을 변경하며 피벗 차트도 함께 변경되는 것을 확인해봅시다. 차트가 함께 나타나므로 데이터의 분석이 보다 용이하게 되었습니다.

CHAPTER 8

빅데이터
어떻게 다룰까?

우리는 다양한 종류의 디지털 소스로부터 매일같이 수많은 데이터가 쏟아져나오는 빅데이터 시대를 살아가고 있습니다. 앞으로 우리가 직면하게 될 4차 산업혁명 시대는 초연결성, 초지능성 사회를 지향하고 있습니다. 4차 산업혁명의 핵심 기술 중의 하나로 지목되고 있는 사물인터넷 기술로 인해 우리가 접하게 될 데이터의 크기와 종류는 더 크고 광범위해질 것으로 여겨집니다. 이것은 우리가 앞으로 다루게 될 데이터가 점차 기존의 데이터 관리 소프트웨어의 한계를 넘어선다는 것을 의미합니다. 그렇다면 어떻게 빅데이터를 다룰 수 있을까요? 이 책에서는 프로그래밍 언어 R을 소개합니다.

8.1 R이란?

R은 통계 및 그래픽을 위한 프로그래밍 언어입니다. 소프트웨어 개발을 위한 언어라기 보다는 데이터를 분석하고 시각화하는 데 최적화된 언어라고 할 수 있습니다. R은 1990년대 초 뉴질랜드 오클랜드 대학의 로버트 젠틀맨과 로스 이하카에 의해 통계처리를 목적으로 개발되었지만, 그 응용분야가 점차 데이터마이닝, 머신러닝 등으로 확장되었습니다. R의 큰 장점은 오픈소스 언어이기 때문에 누구나 무료로 이용할 수 있다는 점입니다. 또한 인터프리터 언어로 컴파일 과정을 거치지 않아 분석 과정이 비교적 간결하며, 비전공자도 쉽게 배울 수 있다는 장점이 있습니다. 이러한 이유로 R은 빅데이터 시대에 여러 다양한 분야의 데이터 분석가들로부터 사랑을 받고 있습니다.

데이터 분석은 데이터를 수집하고, 데이터를 정제하고, 데이터를 시각화하고, 여러가지 분석 방법을 통해 분석하는 과정을 거쳐 데이터 안에 숨어있는 정보를 찾습니다. 우리는 R을 통해 데이터를 수집하는 방법과 데이터를 분석하기 전에 전처리하고 시각화 하는 방법에 대해 공부하려고 합니다.

8.2 R과 RStudio 환경구축

본격적으로 R을 다루기 위해서는 먼저 PC에 R과 RStudio를 설치해줘야 합니다. RStudio 는 R을 사용하여 프로그램 작업을 편하게 할 수 있도록 도와주는 통합개발환경(Integrated Development Environments: IDE) 입니다. R과 RStudio는 인터넷상에서 무료로 다운받을 수 있습니다. 먼저 R을 다운로드하고 설치해봅시다.

8.2.1 R 다운로드 및 설치

01 웹브라우저에서 R을 입력하거나, 주소(https://www.r-project.org/)를 입력하여 사이트에 접속합니다. R- Project 사이트에서 설치 파일을 다운로드 하기 위해, 'Download' 아래 'CRAN'을 클릭합니다.

02 스크롤을 내리다보면 'Korea'에 해당하는 서버 링크를 볼 수 있습니다. 여러 링크 중 아무거나 선택할 수 있습니다.

Korea	
https://ftp.harukasan.org/CRAN/	Information and Database Systems Laboratory, Pukyong National University
https://cran.yu.ac.kr/	Yeungnam University
https://cran.seoul.go.kr/	Bigdata Campus, Seoul Metropolitan Goverment
http://healthstat.snu.ac.kr/CRAN/	Graduate School of Public Health, Seoul National University, Seoul
https://cran.biodisk.org/	The Genome Institute of UNIST (Ulsan National Institute of Science and Technology)

03 자신의 PC에 해당하는 설치파일 링크를 클릭합니다.

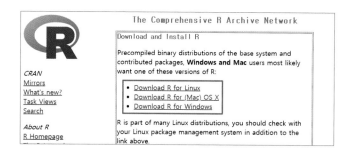

04 'install R for the first time.'을 클릭합니다.

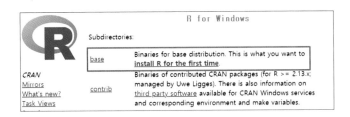

05 'Download R X.X.X for Windows'를 클릭하면 설치 파일이 다운로드 됩니다. X.X.X 는 버전 정보와 버그 수정 정보를 담고 있기 때문에 이미지에 보여지는 숫자와 달라도 상관없이 최신 버전을 다운 받으면 됩니다.

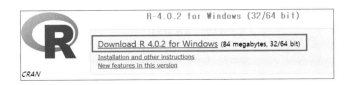

06 다음과 같은 순서로 설치를 진행합니다.

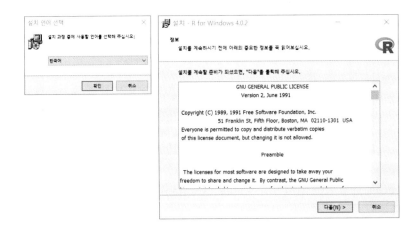

07 원하는 설치 폴더가 있는 경우라면 '찾아보기'를 클릭하여 경로설정을 해주고 아니면 '다음'을 클릭합니다.

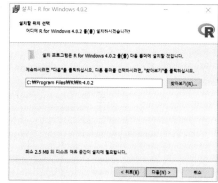

※ 사용자의 PC환경에 맞게 32-bit나 64-bit를 설정해주시면 됩니다.

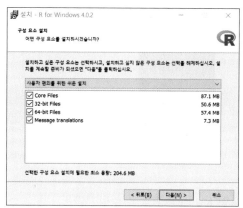

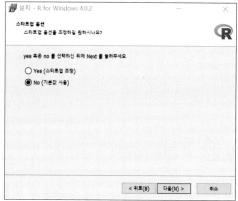

※ 아이콘 생성에서 '바탕화면에 아이콘 생성'을 선
택 후 '다음'을 클릭합니다.

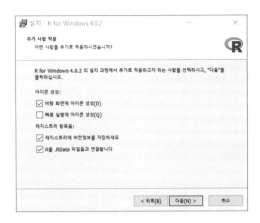

08 완료를 눌러 설치를 마무리합니다.

8.2.2 R GUI 실행

01 바탕화면에 생성된 아이콘 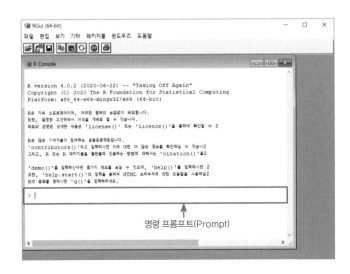 을 이용하여 R 프로그램을 실행합니다.

02 R를 실행하면 'R Console' 창이 뜹니다. 여기에 명령어를 입력한 후 Enter를 누르면 명
령어가 실행됩니다.

명령 프롬프트(Prompt)

03 간단한 연산을 이용한 명령어를 실행해봅시다. R은 인터프리트 언어로서 C, Java와 달리 명령어를 입력하고 Enter를 누르면 한줄씩 바로 그 결과가 도출됩니다.

```
'demo()'를 입력하신다면 몇가지 데모를 보실 수 있으며, 'help()'을 입력하시면 $
또한, 'help.start()'의 입력을 통하여 HTML 브라우저에 의한 도움말을 사용하실$
R의 종료를 원하시면 'q()'를 입력해주세요.

> 3+5
[1] 8
> 4*2
[1] 8
> 9*3
[1] 27
> |
```

8.2.3 R Studio 다운로드 및 설치

01 R의 통합개발환경(IDE)인 RStudio를 설치해 봅시다. IDE는 코딩을 편하게 할 수 있는 전반적인 환경을 제공해 주는 도구입니다. IDE가 없어도 코딩을 할 수는 있지만, IDE를 사용하면 코딩의 효율이 매우 좋아집니다. R을 다운로드 하던 것과 마찬가지로 웹 브라우저에서 RStudio를 검색하거나, 주소(https://rstudio.com/)를 입력하여 사이트에 접속합니다. 사이트에 접속한 후, 사이트 상단의 'DOWNLOAD' 항목을 클릭합니다.

02 스크롤을 내려, 페이지 하단에 'All Installers' 항목에서 자신의 PC에 맞는 OS항목을 클릭합니다. R과 마찬가지로 RStudio도 계속해서 수정되기 때문에 최신버전을 설치하면 됩니다.

03 다운받은 파일을 설치해줍니다.

04 R과 마찬가지로 원하는 저장 위치가 있다면 설치 폴더를 변경하고 아니면 '다음'을 클릭합니다.

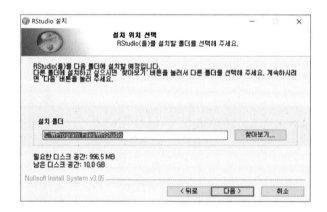

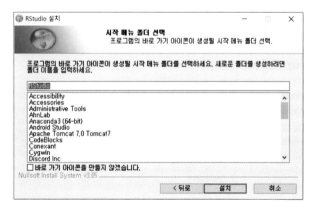

05 '마침'을 누르면 설치가 완료됩니다.

8.2.4 RStudio 실행 환경

바탕화면에  을 클릭하거나, 윈도우 시작메뉴의 프로그램 목록에서 RStudio를 찾아 실행시켜줍니다. 실행하면 다음과 같은 화면이 나옵니다. 콘솔(Console)창 오른쪽 상단의 버튼 을 클릭하면 스크립트창이 나타납니다. RStudio 화면은 크게 환경(Environment)창과 파일(Files)창, 콘솔창, 스크립트창, 총 4개의 창으로 구성되어 있습니다.

1 콘솔 창

왼쪽 하단에 위치한 콘솔창은 명령 프롬프트와 같은 기능을 수행합니다. 명령어를 입력하고 Enter을 누르면, 해당 명령어가 실행되고, 그 결과가 콘솔창에 나타납니다. 간단하게 명령어를 입력하고 실행시켜 봅시다.

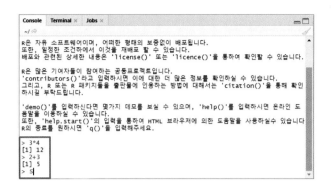

2 스크립트 창

왼쪽 상단에 위치하고 있는 스크립트 창에는 명령어를 여러 줄에 걸쳐서 문서 편집기처럼 기록할 수 있습니다. 스크립트 창에 일련의 명령어들을 기록하고 저장한 문서를 스크립트 (Script)라고 합니다. 다음 그림과 같이 여러줄의 명령어를 입력해 봅시다. 명령어들 중에 하나의 명령어만을 실행시키고자 한다면 명령어에 마우스 커서를 위치시킨 후 Ctrl+Enter 를 누르면, 해당 명령어가 실행되고, 그 결과가 콘솔창에 출력됩니다.

소스창에 명령어를 한 줄씩 실행할 수도 있지만, 한 번에 여러 줄의 명령어 실행도 가능합니다. 마우스로 실행시킬 명령어의 범위를 드래그 해서 지정한 뒤 Ctrl+Enter를 눌러주면 선택한 범위의 명령어들이 한번에 실행되고 콘솔 창에 그 결과들이 출력됩니다.

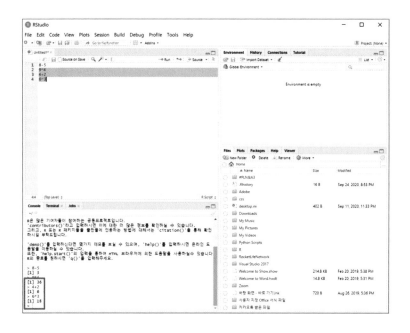

3 환경 창

환경 창은 데이터 분석시 만들어진 데이터를 보여주는 창입니다. 'a <- 5' 라는 명령어를
입력하고 실행해 봅시다. 이 명령어는 'a라는 변수를 만들어 5를 넣어라'라는 의미를 가집
니다. 마찬가지로 'b <- 10' 명령어도 입력하고 실행시켜 봅시다. 이 명령어는 'b라는 변
수에 10을 넣어라'라는 의미입니다. 명령어를 실행하면 오른쪽 환경 창과 같이 Values에 a,
b변수에 대한 값이 나타나게 됩니다.

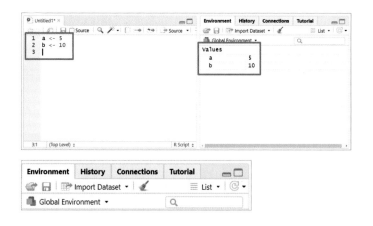

- History : 현재까지 어떤 명령어를 실행했는지 확인 가능합니다.
- Connections : 다양한 종류의 데이터 베이스에 연결이 가능합니다.

4 파일 창

- Files : 윈도우 탐색기처럼 사용하며, 파일 목록에서 R 스크립트를 불러오거나 저장할 때 현재 디렉토리 위치를 보여줍니다.
- Plots : 그래프의 실행결과를 보여줍니다.
- Pakages : 설치된 패키지와 목록을 보여줍니다.
- Help : R과 관련된 정보를 보여줍니다.
- Viewer : 데이터 분석 결과를 웹문서로 출력한 모습을 보여줍니다.

8.3 R과 RStudio 다루기

8.3.1 RStudio에서 프로젝트 생성하기

데이터를 다루는 작업을 하다보면 여러 개의 스크립트 파일과 데이터 파일이 생성되거나 필요하게 됩니다. 여러 파일들을 효율적으로 관리하려면, 주제별로 하나의 프로젝트를 만

들어 폴더로 관리하면 보다 쉽고 편리하게 작업을 진행해 나갈 수 있습니다. RStudio에서
프로젝트(Project)를 생성해 봅시다.

01 오른쪽 상단에 있는 'Project(None)' 아이콘 ⓡ 을 클릭한 후 [New Project]를 클릭합
니다. 또는 파일 [File]에서 [New Project]을 선택할 수도 있습니다.

02 지금까지 수행한 작업을 저장하고 싶다면 'Save'를 클릭
하고 아닌 경우는 'Don't Save'를 클릭합니다.

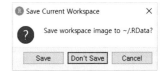

03 Create Project 창이 나타나면 새 프로젝트 폴더를 만들기 위해서는 [New Directory]
를 클릭하고, 이미 만들어진 프로젝트 폴더를 사용할 경우 [Existiong Directory]를 클
릭하고, 버전 관리 시스템 이용시 [Version Control]을 클릭합니다.

지금은 처음 프로젝트를 만들기 때문에 [New Directory]를 클릭합니다.

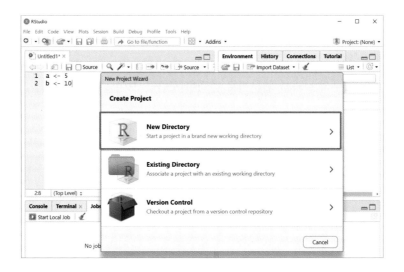

04 Project Type 창이 나오면 [New Project]를 클릭합니다.

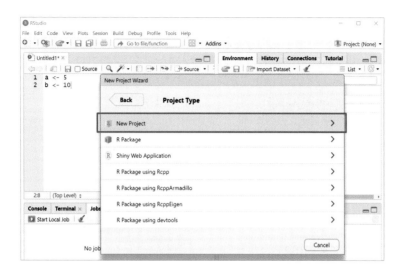

05 Creative New Project 창이 나타나면 'Directory name'에 새로 만들 프로젝트 이름을 입력합니다. 'Create project as subdirectory of'는 어떤 위치에 프로젝트 폴더를 만들지 정합니다. [Browse]를 이용하여 경로를 설정하고 하단에 [Create Project] 버튼을 클릭하면 새 프로젝트가 만들어지게 됩니다.

※ 프로젝트 이름과 폴더경로에 한글이 들어가면 오류가 발생하기 쉽기 때문에 되도록 사용하지 않는 것을 권장합니다.

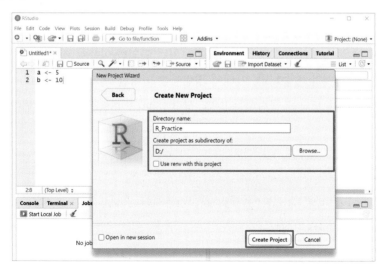

06 새 프로젝트가 만들어지고 나면 3개의 창이 나타납니다. 콘솔 창의 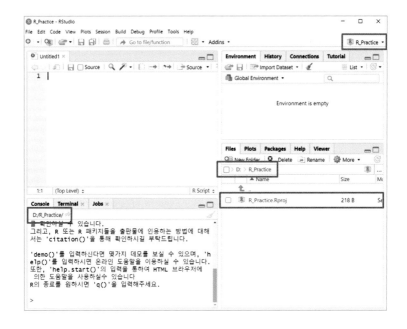 를 클릭하면 소스 창이 나오되면서 4개의 창이 나타납니다. 오른쪽 상단에 새 프로젝트 이름으로 표시되어 있고, 콘솔 창과 파일 창에 'D:/R_Practice/'로 경로가 표시되어 있습니다. 파일창에 'R_Practice.Rproj'라는 프로젝트가 생성된 것을 확인할 수 있습니다.

8.3.2 RStudio 스크립트 저장

01 저장되지 않은 스크립트인 경우 'Untitled1' 처럼 임의의 이름이 지정 됩니다. 저장하는 방법에는 세 가지가 있습니다. 아래에 명령어를 입력한 후 키보드의 Ctrl+S를 통해 저장하는 방법, 🖫 모양을 클릭하는 방법, 상단 [File] – [Save]해주는 방법이 있습니다.

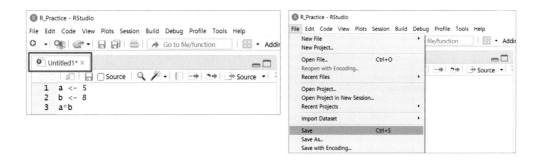

02 원하는 파일 이름을 지정한 후 Save를 클릭하면 상단 소스 창 이름이 입력한 파일 명으로 변경된 것을 볼 수 있습니다. 또한 파일 창의 'R_Practic' 프로젝트 폴더 안에 'script_1.R'파일이 생성된 것을 확인할 수 있습니다.

8.3.3 R Studio 스크립트 생성

01 오른쪽 상단에 ⊕ ▾ 버튼을 클릭한 후 [R Script]를 클릭합니다. 또는 [File] – [New File] – [R Script]를 차례로 선택하여 새로운 스크립트 창을 띄웁니다.

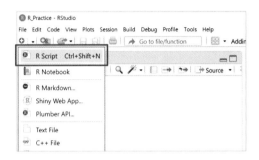

02 'Untitled1'이라는 임의의 스크립트가 생성되었습니다. 이처럼 하나의 프로젝트에 여러 스크립트를 관리할 수 있습니다.

03 명령어를 입력한 후 위에서 저장한 방법과 같이 'script_2'라는 이름으로 변경하면 소스 창의 스크립트 파일명과 파일 창에 'script_2.R' 파일이 생성된 것을 볼 수 있습니다.

8.3.4 함수와 패키지

지금까지 R과 RStudio를 설치하고, 파일을 생성하여 저장하는 방법에 대해 알아보았습니다. 이제부터는 R를 사용하여 데이터를 다루는 방법에 대해서 배우려고 합니다.

R을 배운다는 것은 어떤 문제 해결을 위해 필요한 R 함수들의 사용 방법들을 익히는 것이라고 해도 과언이 아닙니다. 여기서 함수란, 미리 구성되어 있는 명령어들의 집합을 말합니다. R은 데이터 분석을 위해 다양한 함수들을 제공합니다. 이러한 함수들의 사용법을 잘 익히면 분석을 좀 더 쉽고 빠르게 해 나갈 수 있게 됩니다.

특정 문제를 해결하는 명령어들의 집합인 함수를 실행하기 위해서는 필요할 때 함수를 불러 사용하면 됩니다. 함수 이름을 부르면 해당 함수에 구성되어 있는 명령어들이 자동으로 실행됩니다. 함수를 불러 사용하는 것을 "함수를 호출한다"고 합니다. 함수를 호출할 때는 함수 이름 다음에 소괄호 ( )를 써서 함수를 호출하고 있다는 것을 R에 알려주게 됩니다. 그리고, 소괄호 ( )안에는 필요한 인수를 지정하여 실행하게 됩니다. 포함시킨 인수를 기반으로 함수에 미리 구성되어 있는 명령어들이 실행되어 결과가 도출합니다.

간단한 예를 봅시다. R에 sum이라는 함수가 있습니다. sum 함수를 호출하려면 sum이라는 함수이름 옆에 소괄호 ( )를 붙입니다. 그리고 이 소괄호 안에는 합산하고자 하는 수들을 인수로 입력합니다. 다음과 같이 콘솔창에 함수를 호출하여 실행시킵니다. 함수가 호출되어 실행한 결과가 출력되는 것을 볼 수 있습니다.

R은 특정 데이터 분석에서 사용되는 함수, 객체, 데이터셋 등의 집합을 한데 묶어 패키지로 배포합니다. R에는 데이터 분석과 시각화 뿐만 아니라 머신러닝과 인공지능까지 다양한 종류의 패키지와 함수들이 있습니다. R을 처음 설치할 때는 표준 패키지만 기본적으로 설치됩니다. 그리고 필요에 따라 표준 패키지 이외에 추가 패키지를 다운받아 설치할 수 있습니다. 추가로 패키지를 설치하면 해당 패키지에서 제공하는 함수와 데이터를 사용할 수 있게 됩니다. R에서 제공하고 있는 패키지가 어떤 것들이 있으며, 패키지에 어떤 함수들이 포함되어 있는지를 알아 보고 필요한 패키지를 설치하여 사용하면 됩니다.

콘솔창에 help.start( ) 함수를 입력하고 실행시켜 봅시다.

Help 창에 다음과 같은 링크 화면이 나타납니다.

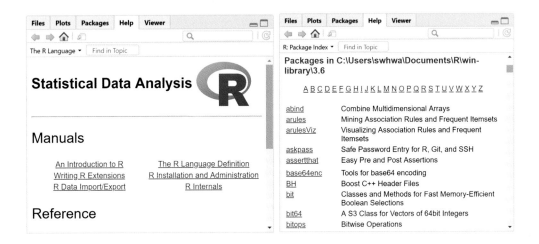

R과 R 패키지에 대한 전반적인 정보을 얻을 수 있습니다. 알고 싶은 함수의 이름을 help(함수이름) 또는 '?함수이름'으로 콘솔창에 실행시키면 해당 함수에 대한 설명과 사용 방법 등을 Help 창에서 볼 수 있습니다.

```
> help(sum)
> ?sum
```

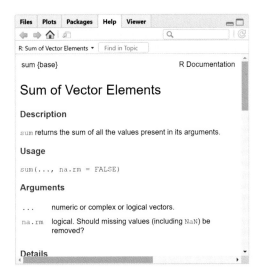

이렇게 R이 제공하는 함수들과 패키지를 사용하여 데이터를 다루는 방법을 공부 해보려고 합니다. 이번 장에서는 R을 사용하기 위한 환경을 구축하였습니다. 다음 장부터는 데이터를 구조화하고, 관리하고, 처리하는 R의 기본 문법을 공부합니다. 그리고 10장에서는 데이터를 시각화하는 방법을 다루며, 11장부터 13장까지는 다양한 소스로부터 데이터를 직접 수집해보고, R을 통해 수집한 데이터를 정제하고, 시각화하여 데이터 안에 숨겨져 있던 정보를 찾아가는 일련의 과정을 경험해 보려고 합니다. 14장에서는 비정형 데이터 중 하나인 텍스트 데이터를 다루는 방법과 워드 클라우드로 등장하는 단어들의 빈도를 시각화하는 방법을 공부합니다. 마지막 15장에서는 온라인상의 웹사이트에서 데이터를 직접 수집하는 기법인 웹스크래핑에 대해 공부 하도록 합니다.

데이터 구조

9.1 데이터 구조와 연산

데이터 구조	설명
기본 변수	하나의 값을 저장할 수 있습니다. 숫자를 저장하는 숫자형 변수, 문자들을 저장하는 문자형 변수가 있습니다.
벡터(Vector)	한 종류의 동일한 데이터 유형을 하나 이상의 값으로 구성
팩터(Factor)	한 종류로 한가지 이상의 데이터 유형을 하나 이상의 값으로 구성
행렬(Matrix)	한 종류로 동일한 데이터 유형을 가지는 2차원 배열
리스트(List)	여러 종류의 서로 다른 데이터 유형을 가지며 각원소는 벡터, 배열, 리스트
데이터 프레임 (Data frame)	여러 종류의 2차원 테이블로 구성되어있으며 서로 다른 데이터 유형을 가지지만 각 열의 데이터는 동일한 유형

9.1.1 변수

코딩을 하다보면 상황에 따라 변하는 값들을 보관해 두어야 할 경우가 많이 존재합니다. R 뿐 아니라 C, JAVA등의 다른 언어도 마찬가지입니다. 변수(Variable)는 이러한 수시로 변하는 정보를 담는 저장 공간의 이름입니다. 변수는 컴퓨터 메모리 공간에 값을 저장해 놓은 위치에 이름을 부여하는 것과 같습니다. 변수의 이름을 만드는 방법을 배워 봅시다.

1 변수명 조건

① 변수명 첫 글자는 영문과 마침표(.)가 가능하지만 일반적으로 영문자를 사용하고, 숫자는 사용이 불가능합니다.

② 두 번째 글자부터 영문, 숫자, 마침표(.), 밑줄(_) 사용이 가능합니다.

③ 변수명 중간에 공백을 만들 수 없습니다.

④ 대문자, 소문자 구별이 가능합니다.

⑤ 변수의 쓰임을 명확히 알 수 있도록 의미 있는 이름을 사용하는게 좋습니다.

⑥ 한글 변수명을 사용해도 괜찮지만, 간혹 오류가 발생하는 경우가 있기 때문에 영문 사용을 권장합니다.

변수명	결과
apple	○
.use	○
2_avg	×
is Ok	×
Bule_1	○
aa@somthing	×
_itis	×

2 변수 만들기

R에서는 변수이름에 값을 할당하는 것으로 변수가 생성됩니다. 변수이름에 값을 할당할 때는 '<-' 기호를 사용합니다. 다음의 코드를 봅시다. 'a<-5'는 a라는 변수에 값 5를 할당한다는 의미입니다. 변수 a에 어떤 값이 저장되어 있는지 결과를 출력해 봅시다. 변수이름을 콘솔창에 입력하고 엔터를 치면 변수 a에 할당된 값이 화면에 출력됩니다.

```
> a <- 5 # a에 5 할당
> a      #a 출력
[1] 5
```

*# 표시는 주석 표시이며, 컴퓨터 실행시 #표시 다음의 문자열을 무시하고 실행합니다. 주석은 코드를 사용하는 다른 사람이 쉽게 코드를 이해하도록 하는 목적도 있고, 프로그램을 작성하는 본인을 위한 것이기도 합니다.

다음 코드를 봅시다. 변수 a에 2를 할당하였습니다. 변수 b에는 3을 할당하였습니다. 변수 a와 변수 b에 저장된 값을 프린트(화면에 표시)해 봅시다.

```
> a <- 2
> b <- 3
> a
[1] 2
> b
[1] 3
```

3 데이터 타입

숫자로 이루어진 변수 뿐만 아니라 문자로 이루어진 변수도 만들 수 있습니다. 큰따옴표(")　또는 작은따옴표(')를 사용하면 문자형 변수가 만들어집니다.

```
> #문자형 변수
> str <- "a"
> str
[1] "a"

> str1 <- 'b'
> str1
[1] "b"
```

문자형 변수는 여러 개의 문자, 알파벳으로 이루어진 문장도 넣을 수 있습니다.

```
> str2 <- 'Hello'
> str2
[1] "Hello"
> str3 <- "Hello World!"
> str3
[1] "Hello World!"
```

변수에 할당되는 값은 숫자형, 문자형, 논리형 등의 데이터 타입(Data Type)을 갖습니다. 변수의 데이터 타입은 변수에 어떤 값을 할당하는지에 따라 결정됩니다. class( ) 함수와 str( ) 함수는 현재 변수의 데이터 타입이 무엇인지를 출력해 줍니다.

```
> a <-2
> class(a)
[1] "numeric"
> str(a)
 num 2
```

a라는 변수에 숫자 2를 할당하고, class( ) 함수를 통해 변수 a에 대해 알아봅시다. 변수 a 는 "numeric" 타입의 데이터를 담고 있음을 확인할 수 있습니다. str( ) 함수는 데이터 타입 을 축약된 형태로 보여주고, 해당 변수에 어떤 값이 있는지를 출력해 줍니다.

```
> a <-"Hello"
> class(a)
[1] "character"
> str(a)
 chr "Hello"
```

이번에는 a라는 변수에 "Hello"를 할당하였습니다. class( ) 함수와 str( ) 함수를 통해 변수 a에는 "character" 타입의 데이터가 저장되어 있음을 알 수 있습니다.

```
> a <-"2"
> class(a)
[1] "character"
> str(a)
 chr "2"
```

이번에는 a라는 변수에 숫자 "2"를 할당했습니다. class( ) 함수와 str( ) 함수를 통해 변수 a 에는 "character" 타입의 데이터가 저장되어 있음을 알 수 있습니다. 숫자를 입력하기는 했 으나 따옴표나 작은 따옴표로 묶어서 입력하면 문자형으로 인식함을 알 수 있습니다.

```
> a<-FALSE
> class(a)
[1] "logical"
> str(a)
 logi FALSE
```

이번에는 a에 FALSE를 할당하였습니다. class( ) 함수와 str( ) 함수를 통해 변수 a는 "logical" 타입임을 알 수 있습니다. 이렇게 변수는 할당되는 값에 따라 데이터 유형이 결정됩니다.

```
> a <- '2'
> b <- 3
> c <- a + b
Error in a + b : 이항연산자에 수치가 아닌 인수입니다
```

변수 간에 연산을 수행할 때 변수 사이의 데이터 타입이 다르면 위와 같이 오류가 발생하는 경우가 빈번하게 일어납니다. 이럴 경우에는 데이터 타입을 변환하여 동일한 데이터 유형으로 맞춰주어야 합니다. R에는 특정 데이터 타입으로 변환하는 함수들이 존재하며, 이러한 함수들을 통해 숫자형을 문자형으로, 문자형을 숫자형으로 변경하여야 합니다.

```
> a <- '2'
> class(a)
[1] "character"
> a <- as.numeric(a)
> class(a)
[1] "numeric"
> c <- a + b
> c
[1] 5
```

as.numeric( ) 함수를 통해 변수 a를 'numeric' 타입으로 변환하여 연산을 수행하니 오류 없이 바르게 수행되는 것을 볼 수 있습니다. as.numeric( ) 뿐만 아니라 as.character( ) 함수는 문자형 데이터 타입으로 변환해 주며, as.logical( ) 함수는 논리형 데이터 타입으로 형 변환합니다.

```
> b <- 3
> class(b)
[1] "numeric"
> b <- as.character(b)
> class(b)
[1] "character"
> c <- "TRUE"
> class(c)
```

```
[1] "character"
> c <- as.logical(c)
> class(c)
[1] "logical"
> c & TRUE
[1] TRUE
```

이외에도 다양한 데이터 타입 변환 함수들이 존재합니다. 다음 장들을 공부하면서 하나씩 배워 나갑시다.

4 연산하기

변수에 다음과 같이 값을 할당합니다.

```
> a <- 2
> b <- 3
> a
[1] 2
> b
[1] 3
```

변수에 값을 할당하고 나서, 다음과 같이 연산기호를 통해 연산을 할 수 있습니다.

```
> a+b
[1] 5
> a*b
[1] 6
```

사칙연산 뿐만 아니라 괄호를 사용하여 우선순위가 있는 연산도 가능합니다. 프로그램 상에서의 곱셈 연산은 * 기호를 사용하여 연산을 수행할 수 있습니다.

```
> (a+b)*a
[1] 10
> (b-a)*(a+b)
[1] 5
```

변수 a에 정수 10을 할당하였습니다. 그리고 변수 b에 3을 할당하였지만, 따옴표로 묶어서 할당하였습니다. 3은 숫자이지만 따옴표로 묶으면 3은 문자형이 됩니다. 변수 a와 b를 각각 출력해 봅시다. 변수 b의 값은 "3"으로 출력되는 것을 볼 수 있습니다. 따옴표나 작은 따옴표로 묶으면 문자형 변수가 되기 때문에 다음 두 변수의 연산에는 에러가 뜹니다.

연산에서 변수의 자료형이 서로 다르다면 연산이 불가능 합니다.

```
> a <-10
> b <- "3"
> a
[1] 10
> b
[1] "3"
> a+b
Error in a + b : 이항연산자에 수치가 아닌 인수입니다
```

5 변수 값 변경

변수에 입력된 값은 변경이 가능합니다. 변수 a와 b에 각각 5와 10으로 할당하였습니다. 그리고 a에 다시 10을 할당하고, b에는 문자열 'Hello'를 할당하고 나서 변수 a, b를 출력해 봅시다. 변수 a, b의 값이 변경된 것을 확인할 수 있습니다. 또한 변수 b의 경우 데이터 형태가 정수형에서 문자형으로 변경된 것을 볼 수 있습니다. 변수는 Variable로 프로그램을 구성하는 동안 계속 값이 변경될 수 있으며, 데이터 타입도 변경될 수 있습니다.

```
> a <- 5
> b <- 10
> a
[1] 5
> b
[1] 10
> a <-10
> b <- "Hello"
> a
[1] 10
> b
[1] "Hello"
```

9.1.2 벡터

벡터는 R의 가장 기본적인 데이터 구조입니다. 데이터 묶음을 한데 모아 하나의 변수이름으로 접근할 수 있도록 구성된 데이터 구조라 할 수 있습니다.

1 벡터 생성

- c( ) 함수 사용

벡터를 만드는 방법은 c( ) 함수를 사용하여 만들 수 있습니다. c( )의 c는 'concatenate'
로 데이터들을 하나의 묶음으로 만든다고 생각하면 됩니다. 다음 코드에는 변수 a에
c(3,2,5,8,1)을 할당하였습니다. 변수 a를 출력하면 할당한 여러 개의 정수값들이 출력되는
것을 볼 수 있습니다.

```
> a <- c(3,2,5,8,1)
> a
[1] 3 2 5 8 1
```

수치형의 데이터 뿐만 아니라, 문자형, 논리형의 값들도 벡터로 만들 수 있습니다.

```
> x <- c(1,2,3)            #숫자형 벡터
> x
[1] 1 2 3
>
> y <- c('a','b','c')      #문자형 벡터
> y
[1] "a" "b" "c"
>
> z <- c(TRUE, FALSE, TRUE) #논리형 벡터
> z
[1]  TRUE FALSE  TRUE
>
> str <- c("today","is","great","day") #문자열형 벡터
> str
[1] "today" "is"     "great" "day"
>
> var <- c(1,2,3,"a","b","c")
> var
[1] "1" "2" "3" "a" "b" "c"
>
> #숫자와 문자가 같이 있는 벡터는 문자형으로 인식함
```

다음과 같이 콜론(:) 연산자를 사용하여 연속되는 값들을 생성할 수 있습니다. 여기서 콜
론을 사이에 두고 앞과 뒤에는 시작 값과 끝 값을 지정합니다. 1:10 이라고 하면 1부터 10
까지의 모든 정수를 의미합니다.

```
> a <- c(1:10)      #1부터 10까지 연속된 수 할당
> a
 [1]  1  2  3  4  5  6  7  8  9 10
> b <- c(2:6)        #2부터 6까지 연속된 수 할당
> b
[1] 2 3 4 5 6
```

■ seq( ) 함수 사용

seq( ) 함수로도 연속되는 값을 갖는 벡터를 만들 수 있습니다. seq( ) 함수에 시작과 끝값을 인수로 설정해주면, 해당 범위 안의 연속된 값들이 생성됩니다. 또한 일정한 간격을 두고 연속된 값을 생성하고자 한다면 by라는 인수에 간격을 설정합니다.

```
> a <- seq(1,5)
> a
[1] 1 2 3 4 5
```

```
>
> b <- seq(1, 13, by=2)
> b
[1]  1  3  5  7  9 11 13
>
> c <- seq(1, 13, by=3)
> c
[1]  1  4  7 10 13
```

간격을 나타내는 by를 생략하고 숫자만 입력할 수도 있습니다. 이럴 경우, sep( ) 함수 내의 첫번째, 두번째 자리에는 시작과 끝의 범위를 나타내는 값을, 세번째 자리에는 간격을 나타내는 값을 입력해야 합니다. seq( ) 함수에는 by 이외에도 length.out이라는 인수도 사용할 수 있습니다. length.out에 생성하고자 하는 벡터의 개수를 설정해주면 컴퓨터가 알아서 지정한 범위 안의 수를 같은 간격으로 나누어 설정한 개수만큼 벡터의 원소들을 생성해 줍니다.

```
> d <- seq(2, 20, 5)
> d
[1]  2  7 12 17
> e <- seq(1, 10, length.out=3)
> e
[1]  1.0  5.5 10.0
```

■ rep( ) 함수 사용

반복되는 숫자로 이루어진 벡터를 생성하는 방법을 알아봅시다. rep( ) 함수를 사용하면 지정한 숫자 패턴이 반복적으로 나열되는 벡터를 생성할 수 있습니다. rep( ) 함수의 첫번째 자리에는 숫자 또는 문자의 배열이 위치하고, 두번째 times 인수는 패턴을 몇 회 반복할 것인지를 설정합니다. 즉, 이 인수에 설정한 숫자만큼 지정된 패턴이 반복적으로 나열됩니다.

```
> a <- rep(1, times=3)          #1을 3번 반복
> a
[1] 1 1 1
> b <- rep(1:3, times=5)        #1~3을 5번 반복
> b
 [1] 1 2 3 1 2 3 1 2 3 1 2 3 1 2 3
> c <- rep(c(3,6,4), times=4)   #3,6,4를 4번 반복
> c
 [1] 3 6 4 3 6 4 3 6 4 3 6 4
> d <- rep(c("haha","kkk"), times=3) #'haha'와 'kkk'를 3번 반복
> d
[1] "haha" "kkk"  "haha" "kkk"  "haha" "kkk"
```

2 벡터의 연산

다음 두 벡터 사이의 연산을 수행하는 방법에 대해 알아봅시다.

```
> a <- c(1:5)
> a
[1] 1 2 3 4 5
> b <- seq(2,10,2)
> b
[1]  2  4  6  8 10
```

다음과 같이 벡터와 수의 연산이 가능합니다. 벡터와 숫자, 또는 벡터와 기본변수(값이 하나만 들어 있는)를 사용하여 사칙연산을 하면, 벡터안에 들어 있는 값 하나하나에 대해 사칙연산을 수행하게 됩니다.

```
> a+2
[1] 3 4 5 6 7
> a*10
[1] 10 20 30 40 50
```

또한 벡터와 벡터사이의 연산도 가능합니다. 이 때, 벡터와 벡터의 연산은 원소의 데이터 유형과 데이터 길이가 같아야 연산이 가능합니다.

```
> a+b
[1]  3  6  9 12 15
> b-3
[1] -1  1  3  5  7
> (a+b)*2
[1]  6 12 18 24 30
```

R에서는 비교 연산과 논리 연산을 수행합니다. 비교 연산과 논리 연산의 결과는 TRUE와 FALSE로 도출됩니다.

```
> 2 > 5       #크다
[1] FALSE
> 4 <= 10     #작거나 같다
[1] TRUE
> 7 != 7      #같지 않다
[1] FALSE
> 4 == 7      #같다
[1] FALSE
```

논리연산은 AND(&), OR(|), NOT(!) 연산이 있습니다. 벡터와 벡터사이의 연산을 수행하며, 이 때 같은 위치에 있는 원소 대 원소로 연산이 수행됩니다. AND는 둘 모두 참(TRUE)인 경우만 TRUE인 결과를 내는 연산, OR는 둘 중 하나만 TRUE이면 TRUE가 되는 연산입니다. NOT은 TRUE를 FALSE로 FALSE를 TRUE로 바꾸어 줍니다.

```
> #OR 연산
> TRUE | TRUE
[1] TRUE
> TRUE | FALSE
[1] TRUE
> FALSE | TRUE
[1] TRUE
> FALSE | FALSE
[1] FALSE
> c(TRUE, TRUE, FALSE) | c(FALSE, TRUE, FALSE)  #벡터에 대한 논리 연산
[1]  TRUE  TRUE FALSE

> #AND 연산
> TRUE & TRUE
[1] TRUE
> TRUE & FALSE
[1] FALSE
> FALSE & TRUE
[1] FALSE
> TRUE & TRUE
[1] TRUE
> c(TRUE, TRUE, FALSE) & c(FALSE, TRUE, FALSE)  #벡터에 대한 논리 연산
[1] FALSE  TRUE FALSE
```

논리 연산 수행시 숫자의 경우, 0은 FALSE를 대변합니다. 그리고 0 이외의 다른 숫자들은 TRUE로 인식됩니다.

```
> 1 & 2
[1] TRUE
> 1 & 0
[1] FALSE
> !0
[1] TRUE
> !1
[1] FALSE
```

다음과 같이 비교 연산과 논리 연산이 혼합된 형태로 구성될 수 있습니다. 프로그램 작성 시 명령어 수행 여부를 결정하는 판단의 근거로 사용되는 경우가 많이 있으니 각 연산의 기호와 사용방법을 잘 익혀 두도록 합니다.

```
> #비교연산과 논리연산
> score <- 65
> (score >= 50) & (score < 60)
[1] FALSE
> (score >= 60) & (score < 70)
[1] TRUE
```

■ 산술연산자

연산자	의미	사용 예	결과
+	덧셈	2+1	3
−	셈	8−7	1
*	곱셈	8*4	32
/	나눗셈	6/3	2
%%	나머지 연산	4%%3	1
^	제곱	2^4	16

■ 비교 연산자

기호	의미	사용 예	결과
〈	작다	2 〉 5	FALSE
〈=	작거나 같다	3 〈= 10	TRUE
〉	크다	4 〉 2	TRUE
〉=	크거나 같다	5 〉= 2	TRUE
==	같다	2 == 2	TRUE
!=	같지 않다	5 != 4	FALSE

■ 논리 연산자

연산자	의미	설명	사용 예	결과
|	논리합(OR)	또는	c(TRUE, TRUE) | c(FALSE, TRUE)	TRUE TRUE
&	논리곱(AND)	그리고	c(TRUE, TRUE) & c(FALSE, TRUE)	FALSE TRUE
!	논리부정 (NOT)	기존 값에 대한 부정	X <- FALSE | TRUE !X	FALSE
			X <- 1 # 숫자 0만 FALSE, 그 외 수는 TRUE !X	FALSE

3 벡터 인덱싱

우리는 앞에서 벡터, 즉 데이터들의 1차원 집합을 생성하는 방법에 대해 알아보았습니다. 이번에는 벡터를 구성하는 각각의 원소에 접근하는 방법에 대하여 알아보려고 합니다. 원소는 벡터를 구성하는 각 요소들을 말합니다. 벡터를 구성하는 원소는 어떻게 접근할 수 있을까요? 데이터 항목 전체 값을 가져오려면 변수이름을 사용합니다. 벡터 내의 하나의 원소에 접근하려면 각 항목의 위치를 나타내는 번호로 접근할 수 있습니다. 이 번호를 "인덱스 번호" 또는 그냥 "인덱스"라고 합니다. 벡터의 원소들은 순서대로 인덱스 번호를 가지고 있으며, 인덱스 번호는 1부터 시작합니다. 마지막 원소의 인덱스 번호는 벡터 안에 있는 원소들의 개수와 같습니다.

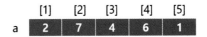

```
> a <- c(2,7,4,6,1)
> a[1]                    #첫번째 원소
[1] 2
> a[2]                    #두번째 원소
[1] 7
> a[3]                    #세번째 원소
[1] 4
> a[4]                    #네번째 원소
[1] 6
> a[5]                    #다섯번째 원소
[1] 1
> a[6]                    #여번째에는 원소가없기 때문에 NA가 출력
[1] NA
```

벡터의 특정 원소에 접근하는 것을 일반적으로 인덱싱이라고 합니다. 접근하고자 하는 인
덱스의 위치를 벡터로 구성하여 지정하면, 여러 개의 원소를 한 번에 접근하여 출력할 수
있습니다.

```
> a <- c(2,7,4,6,1)
> a[c(1,3)]         #a의 첫번째와 세번째 원소 접근
[1] 2 4
> a[2:4]            #a의 두번째부터 네번째 원소까지 접근
[1] 7 4 6
> a[seq(1,5,3)]     #a의 첫번째 원소부터 5번째 원소까지 3간격으로 접근
[1] 2 6
```

인덱싱 번호에 (−)를 붙이면 해당 인덱스 위치를 제외한 나머지 값들이 출력됩니다.

```
> a[-3]             #세번째 원소를 제외한 나머지 출력
[1] 2 7 6 1
> a[c(-3,-5)]       #세번째와 다섯번째 원소를 제외한 나머지 출력
[1] 2 7 6
> a[-c(3,5)]        #세번째와 다섯번째 원소를 제외한 나머지 출력
[1] 2 7 6
> a[c(-3:-5)]       #세번째부터 다섯번째 원소까지를 제외한 나머지 출력
[1] 2 7
> a[-c(3:5)]        #세번째부터 다섯번째 원소까지를 제외한 나머지 출력
[1] 2 7
```

인덱스 번호 대신에 각 원소의 위치에 이름을 지정하여 접근할 수도 있습니다. names( )
함수를 사용하면 벡터의 원소들의 인덱스 이름을 출력하거나 지정할 수 있습니다.

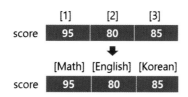

```
> score <- c(95, 80, 85)
> score
[1] 95 80 85
>
> names(score)        #인덱스 이름이 지정되지 않았으면 NULL값 출력됨
NULL
> names(score) <- c("Math","English","Korean")
> names(score)
[1] "Math"    "English" "Korean"
> score
   Math English  Korean
     95      80      85
>
> score['Math']
Math
  95
> score['English']
English
     80
> score['Korean']
Korean
     85
```

인덱싱을 통해 특정 원소에 접근하는 것이 가능하다면, 이미 할당된 원소의 값을 변경할 수 있습니다. 다음과 같이 변경하고자 하는 값 또는 벡터를 할당하면 값이 변경됩니다.

```
> a <- c(5, 8, 9, 6, 3, 7)
> a
[1] 5 8 9 6 3 7
> a[3] <- 1              #세번째 원소를 1로 변경
> a
[1] 5 8 1 6 3 7
> a[c(1, 6)] <- c(4, 2)  #1, 6번째 원소를 4와 2로 변경
> a
[1] 4 8 1 6 3 2
> a[c(2 : 5)] <- c(1 : 4) #2부터 5번째까지의 원소를 1부터 4까지의 값으로 변경
> a
[1] 4 1 2 3 4 2
```

벡터 연산에서도 비교연산자는 매우 유용하게 사용될 수 있습니다. 비교연산자의 결과값은 TRUE 아니면 FALSE가 출력됩니다. 이 비교연산식을 [] 안에 넣어 실행하면 TRUE의 위치에 있는 원소만이 출력됩니다. (-) 연산자를 사용하면 해당 부분을 제외한 나머지만 출력됩니다.

```
> x <- c(1, 2, 3, 4, 5)
> x >3                 #3보다 크면 TRUE, 작으면 FALSE 출력
[1] FALSE FALSE FALSE  TRUE  TRUE
> x[(x>3)]              #3보다 큰 원소만 출력
[1] 4 5
> x[-(x>3)]            #3보다 작은 원소 출력
[1] 2 3 4 5

> x <=3                #3보다 작거나 같으면 TRUE, 아니면 FALSE 출력
[1]  TRUE  TRUE  TRUE FALSE FALSE
> x[(x<=3)]            #3보다 작은 원소만 출력
[1] 1 2 3
> x[-(x<=3)]           #3보다 큰 원소 출력
[1] 2 3 4 5
```

다음의 코드를 봅시다. %% 연산자는 나머지 연산자입니다. 벡터 x의 원소를 2로 나눈 나머지 값이 1과 같으면 TRUE 값이 출력됩니다. 이 산술연산식을 인덱싱에 사용하면 TRUE 위치의 원소들 만이 출력됩니다. 결국 벡터 x의 원소 중에서 홀수 값만 출력되도록 할 수 있게 됩니다. (-) 연산자를 붙이면 해당 원소가 제외되고 짝수 값만 출력 됩니다.

```
> x%%2==1              #2로 나눈 나머지가 1이면 TRUE, 아니면 FALSE 출력
[1]  TRUE FALSE  TRUE FALSE  TRUE
> x[(x%%2==1)]         #홀수인 원소 출력
[1] 1 3 5
> x[-(x%%2==1)]        #짝수인 원소 출력
[1] 2 3 4 5
```

이러한 방식은 매우 유용합니다. 앞의 연산자들을 적절히 활용하여 벡터에서 특정 조건에 맞는 값들만 축출하도록 인덱싱할 수 있어서 데이터를 축출하거나 정제하는 작업에 많이 활용됩니다.

4 벡터 함수

함수는 반복적으로 사용하는 명령어들을 묶어 만든 명령어들의 집합입니다. 함수를 사용하면 그때 그때 해당 명령어들을 작성할 필요없이, 이미 만들어져 있는 함수를 그저 가져다 쓰면 됩니다. 또 개인이 자주 사용하는 명령어 집합을 함수로 만들어 사용할 수 있습니다. 이렇게 함수를 사용하면 코딩 시간을 단축할 수 있습니다. 또 프로그램의 고수들이 미리 만들어 놓은 다양한 함수들을 다룰 수 있게 되면 쉽게 데이터 분석 효과도 높아지게 됩니다. R에서 함수는 '함수이름( )' 형태로 호출하여 사용합니다.

벡터에 적용 가능한 함수들을 알아봅시다.

함수명	설명
sum( )	벡터에 포함된 원소들의 합
mean( )	벡터에 포함된 원소들의 평균
median( )	벡터에 포함된 원소들의 중앙값
var( ), sd( )	벡터에 포함된 원소들의 분산과 표준편차
max( ), min( )	벡터에 포함된 원소들의 최대값, 최소값
sort( )	벡터에 포함된 원소들의 정렬(기본 오름차순)
range( )	벡터에 포함된 원소들의 범위(최소값~최대값)
length( )	벡터에 포함된 원소들의 개수

```
> x <- c(2, 4, 10, 7, 9, 3, 1, 6, 8, 5)
> sum(x)                         # x의 모든 원소의 합
[1] 55
> sum(x + 3)                     # x의 원소에 3을 더한 뒤 합 계산
[1] 85
> mean(x)                        # x의 평균
[1] 5.5
> mean(x[1:5])                   # x의 원소중 1~5번째 원소들의 평균
[1] 6.4
> sd(x)                          # x에 포함된 원소의 표준편차
[1] 3.02765
> max(x)                         # x의 최대값
[1] 10
> min(x)                         # x의 최소값
[1] 1
> sort(x, decreasing = FALSE)      # 정렬의 기본은 오름차순(sort(x)도 같은 출력
값을 보임)
 [1]  1  2  3  4  5  6  7  8  9 10
> sort(x, decreasing = TRUE)       # 내림차순 정렬
 [1] 10  9  8  7  6  5  4  3  2  1
```

다음과 같은 수학 함수(mathematical function) 역시 제공합니다. 벡터 역시 수학 함수를 적용할 수 있습니다.

함수	의미	사용 예	결과
sqrt( )	제곱근	sqrt(14)	
abs( )	절대값	abs(−7)	

함수	의미	사용 예	결과
log( )	로그값	log(1)	
exp( )	지수값	exp(1:5)	
round( )	반올림	round(103.456) round(103.456, digits=2) round(103.456, digits=-2) round(exp(1:5), digits=1)	

9.1.3 팩터(factor)

정형 데이터에서 수치형 데이터와 범주형 데이터는 가장 기본이 되는 데이터 종류입니다. 수치형 데이터는 시간, 가격, 발생 빈도 등 숫자로 표현되는 데이터를 말합니다. 범주형 데이터는 남과 여, 대기업과 중소기업 등과 같이 항목을 구분하기 위해 나타내는 데이터를 말합니다. R에서는 이러한 범주형 데이터를 팩터(factor)라는 데이터 구조로 구성하여 다룹니다. factor는 벡터와 마찬가지로 1차원의 동일한 데이터 타입으로 구성되는 데이터 구조입니다. factor가 벡터와 다른 것은 몇 가지 항목으로 구성되어 있는지를 나타내는 레벨(Level)이라는 정보를 추가로 갖는다는 것입니다. 그리고 데이터를 구성하는 원소들은 레벨의 범위 안에 있는 값들로 제안된다는 것입니다. 실습을 통해 그 차이를 익혀 보도록 합시다.

factor형 데이터를 구성하기 위해 벡터를 만들고 팩터로 전환하는 연습을 해 보도록 하겠습니다. 다음 그림의 코드를 실행해 봅니다. size에는 문자형의 벡터가 할당되고, size를 str( ) 함수를 통해 어떻게 원소들이 구성되어 있는지 확인할 수 있습니다.

```
> size <-c("big","small","middle","small","big","big")
> size
[1] "big"    "small"  "middle" "small"  "big"    "big"
> str(size)
 chr [1:6] "big" "small" "middle" "small" "big" "big"
```

factor( ) 함수를 사용하여 벡터를 factor로 바꿀 수 있습니다. str( ) 함수를 통해 size라는 변수가 factor형으로 변경되었고, 3가지 레벨로 구성되었다는 것을 알 수 있습니다. 다음 그림의 코드를 실행해 보면, factor형으로 바꿀 때 내부적으로 따옴표가 사라지고 레벨 순서에 따라 숫자로 대응되어 표현된다는 것도 알 수 있습니다. 즉, factor형 변수를 수치형으로 변환할 때 문자가 아닌 숫자로 표현된다는 것입니다. levels( ) 함수를 통해 factor형 변수가 어떤 종류의 항목들로 구성되어 있는지 알 수 있습니다.

```
> size <- factor(size)
> size
[1] big    small  middle small  big    big
Levels: big middle small
> str(size)
 Factor w/ 3 levels "big","middle",..: 1 3 2 3 1 1
> as.numeric(size)
[1] 1 3 2 3 1 1
> levels(size)   #레벨 확인
[1] "big"    "middle" "small"
```

범주형 데이터는 다음과 같이 순서나 크기 정보를 갖는 경우가 있습니다. 서열이 있는 범주형 데이터의 경우 factor( ) 함수에 ordered라는 인수를 추가하고 TRUE 값으로 설정합니다. 그러면 레벨 정보에 순서나 서열을 나타내는 '〈'가 표시되는 것을 볼 수 있습니다.

```
> #성적
> grade <- c("A","C","B","D","A","A","B","B","D")
> grade
[1] "A" "C" "B" "D" "A" "A" "B" "B" "D"
> grade <- factor(grade, levels=c("A","B","C","D","F"), ordered = TRUE)
> grade
[1] A C B D A A B B D
Levels: A < B < C < D < F
```

9.1.4 행렬

1 행렬 생성

■ matrix( ) 함수

행렬(matrix)은 동일한 데이터 유형의 값들이 행과 열로 이루어져 있는 2차원 벡터의 데이터 구조를 말하며, 매트릭스라고도 부릅니다. 행렬은 matrix( ) 함수를 통해 생성할 수 있습니다. matrix( ) 함수에는 다음과 같은 인수를 설정하여 생성할 수 있습니다.

matrix(data, nrow, ncol, byrow, dimnames)

```
> x <- matrix(1:6, nrow = 3, ncol = 2)      # 3행 X 2열의 행렬 생성
> x
     [,1] [,2]
[1,]    1    4
[2,]    2    5
[3,]    3    6
> y <- matrix(1:8, nrow =2)                  # 2행 X 4열의 행렬 생성
> y
     [,1] [,2] [,3] [,4]
[1,]    1    3    5    7
[2,]    2    4    6    8

> z1 <- matrix(1:9, nrow=3, byrow= FALSE)  # 3행 X 3행의 행렬, 순서를 열 기준으로
> z1
     [,1] [,2] [,3]
[1,]    1    4    7
[2,]    2    5    8
[3,]    3    6    9
> z2 <- matrix(1:9, nrow=3, byrow= TRUE)   # 3행 X 3행의 행렬, 순서를 행 기준으로
> z2
     [,1] [,2] [,3]
[1,]    1    2    3
[2,]    4    5    6
[3,]    7    8    9
```

다음과 같이 dimnames 인수를 사용하여, 행과 열에 이름을 붙일 수 있습니다.

```
> rnames <- c('1행','2행','3행')
> cnames <- c('1열','2열')
> x <- matrix(1 : 6, nrow = 3, ncol = 2, dimnames = list(rnames,cnames))
> x
     1열 2열
1행    1    4
2행    2    5
3행    3    6
```

■ rbind( ), cbind( ) 함수

행렬을 생성하는 또 다른 방법은 여러 개의 벡터들을 결합하는 방식으로 행렬을 구성할 수 있습니다. 이때 rbind( ) 함수와 cbind( ) 함수를 사용합니다. rbind( ) 함수는 행으로 벡터들을 결합시키는 함수입니다. cbind( ) 함수는 열로 벡터들을 결합시킵니다.

```
> a <- c(1:3)
> a
[1] 1 2 3
> b <- c(4:6)
> b
[1] 4 5 6
> c <- c(7:9)
> c
[1] 7 8 9
> x <- rbind(a,b,c)     #행 방향으로 벡터 결합
> x
  [,1] [,2] [,3]
a   1    2    3
b   4    5    6
c   7    8    9
> y <- cbind(a,b,c)     #열 방향으로 벡터 결합
> y
     a b c
[1,] 1 4 7
[2,] 2 5 8
[3,] 3 6 9
```

벡터로 구성한 행렬은 벡터의 이름이 행이나 열의 이름으로 들어가는 것을 볼 수 있습니다. 열과 행의 이름은 rownames( ) 함수와 colnames( ) 함수를 통해 출력할 수 있습니다.

```
> rownames(x)
[1] "a" "b" "c"
> colnames(x)
NULL
```

또한 변경할 수도 있습니다. 다음 코드처럼 colnames( ) 함수를 통해 열의 이름을 담은 벡터를 지정하면, 행렬 x의 열의 이름이 변경되는 것을 확인할 수 있습니다.

```
> colnames(x) <- c('1열','2열','3열')
> x
  1열 2열 3열
a   1    2    3
b   4    5    6
c   7    8    9
```

rbind( ) 함수와 cbind( ) 함수는 행렬과의 결합에도 사용됩니다.

```
> x <- matrix(1:9, nrow=3)
> x
     [,1] [,2] [,3]
[1,]    1    4    7
[2,]    2    5    8
[3,]    3    6    9
> y <- matrix(10:18, nrow=3)
> y
     [,1] [,2] [,3]
[1,]   10   13   16
[2,]   11   14   17
[3,]   12   15   18

> z <- rbind(x, y)
> z
     [,1] [,2] [,3]
[1,]    1    4    7
[2,]    2    5    8
[3,]    3    6    9
[4,]   10   13   16
[5,]   11   14   17
[6,]   12   15   18
> z1 <- cbind(x, y)
> z1
     [,1] [,2] [,3] [,4] [,5] [,6]
[1,]    1    4    7   10   13   16
[2,]    2    5    8   11   14   17
[3,]    3    6    9   12   15   18
```

2 행렬 인덱싱

행렬의 각 요소에 접근하고, 선택하는 행렬 인덱싱에 대해 알아봅시다. 행렬은 행과 열의 2차원으로 구성되어 있는 데이터 구조입니다. 따라서 하나의 원소에 접근하려면 몇행 몇열에 있는지를 코드로 알려 주어야 합니다. R에서는 대괄호와 쉼표[,]를 사용하여 이를 나타냅니다. 쉼표의 앞에는 행, 쉼표의 뒤에는 열 위치를 지정합니다.

```
> #행렬 인덱싱
> x <- matrix(1:9, nrow=3, dimnames = list(c('1행','2행','3행'),c('1열','2열','3열')))
> x
    1열 2열 3열
1행   1   4   7
2행   2   5   8
3행   3   6   9
> x[1,1]    #1행, 1열의 원소
[1] 1
> x[2,3]    #2행, 3열의 원소
[1] 8
> x[3,3]    #3행, 3열의 원소
[1] 9
```

또한 한 열의 전체 원소를 벡터 형태로 선택하거나, 하나의 열 전체를 선택하여 접근할 수
도 있습니다. 행이나 열을 지칭하지 않고 비워 놓으면 해당 열 또는 행 전체를 선택함을 의
미합니다.

```
> x
      1열 2열 3열
1행    1    4    7
2행    2    5    8
3행    3    6    9

> x[1,]      #1행의 원소들
1열 2열 3열
   1    4    7
> x[3,]       #3행의 원소들
1열 2열 3열
   3    6    9
> x[,2]      #2열의 원소들
1행 2행 3행
   4    5    6
> x[,3]      #3열의 원소들
1행 2행 3행
   7    8    9
```

콜론(:) 연산자를 통해 연속되는 열과 행을 지정할 수 있습니다.

```
> x[1:2, ]   #1~2행의 원소들
      1열 2열 3열
1행    1    4    7
2행    2    5    8
> x[ ,2:3]  #2~3열의 원소들
      2열 3열
1행    4    7
2행    5    8
3행    6    9
> x[1:2,1:2] #1~2행, 1~2열의 원소들
      1열 2열
1행    1    4
2행    2    5
```

또, 연속되지 않는 여러 열과 행을 선택하려면 벡터로 구성하여 열과 행들을 선택할 수 있
습니다. 이와 함께 (−) 연산자를 사용하여 해당하는 열과 행을 제외하고 나머지를 반환하
도록 지정할 수도 있습니다.

```
> x[c(1,3), ]  #1행, 3행의 원소들
      1열 2열 3열
1행    1    4    7
3행    3    6    9
```

```
> x[ ,c(1,3)]   #1열, 3열의 원소들
    1열 3열
1행   1   7
2행   2   8
3행   3   9
> x[-c(1,3), ]   #2행의 원소들
1열 2열 3열
  2   5   8
> x[ ,-c(1,3)]   #2열의 원소들
1행 2행 3행
  4   5   6
```

인덱싱이 된다면, 행렬의 특정 원소 값을 변경하는 것도 할 수 있습니다. 변경하고자 하는 원소를 지정하고, 변경하고자 하는 값을 할당하면 해당하는 원소의 값이 변경됩니다.

```
> x <- matrix(c('a','b','c','d','e','f','g','h','i'), nrow=3)
> x
     [,1] [,2] [,3]
[1,] "a"  "d"  "g"
[2,] "b"  "e"  "h"
[3,] "c"  "f"  "i"
> x[1,1] <- "hello"
> x[2,3] <- "hello"
> x[3,3] <- "hello"
> x
     [,1]    [,2] [,3]
[1,] "hello" "d"  "g"
[2,] "b"     "e"  "hello"
[3,] "c"     "f"  "hello"
```

행 또는 열 전체의 원소를 변경할 경우 다음과 같이 벡터의 형태로 구성하여 값을 변경합니다.

```
> x[1,] <- c("hi","hi","hi")
> x
     [,1] [,2] [,3]
[1,] "hi" "hi" "hi"
[2,] "b"  "e"  "hello"
[3,] "c"  "f"  "hello"
```

3 행렬 연산

행렬은 스칼라와의 연산뿐만 아니라 행렬과의 연산도 가능합니다.

```
> x <- matrix(1:9,nrow=3)
> x
     [,1] [,2] [,3]
[1,]    1    4    7
[2,]    2    5    8
[3,]    3    6    9
> x+10
     [,1] [,2] [,3]
[1,]   11   14   17
[2,]   12   15   18
[3,]   13   16   19
> x-10
     [,1] [,2] [,3]
[1,]   -9   -6   -3
[2,]   -8   -5   -2
[3,]   -7   -4   -1

> x*2
     [,1] [,2] [,3]
[1,]    2    8   14
[2,]    4   10   16
[3,]    6   12   18
> x/2
     [,1] [,2] [,3]
[1,]  0.5  2.0  3.5
[2,]  1.0  2.5  4.0
[3,]  1.5  3.0  4.5
> x%%2
     [,1] [,2] [,3]
[1,]    1    0    1
[2,]    0    1    0
[3,]    1    0    1
```

행렬과의 연산은 차원이 일치해야 하며, 두 행렬에 대응되는 원소끼리 연산이 수행됩니다.

```
> x
     [,1] [,2] [,3]
[1,]    1    4    7
[2,]    2    5    8
[3,]    3    6    9
> y <- matrix(-1:-9, nrow=3)
> y
     [,1] [,2] [,3]
[1,]   -1   -4   -7
[2,]   -2   -5   -8
[3,]   -3   -6   -9
> x+y
     [,1] [,2] [,3]
[1,]    0    0    0
[2,]    0    0    0
[3,]    0    0    0
> x-y
     [,1] [,2] [,3]
[1,]    2    8   14
[2,]    4   10   16
[3,]    6   12   18
```

행렬의 곱셈을 수행할 때 * 연산은 두 행렬에 대응대는 원소끼리 곱하는 연산을 수행합니다.

```
> x*y
     [,1] [,2] [,3]
[1,]   -1  -16  -49
[2,]   -4  -25  -64
[3,]   -9  -36  -81
> x/(-y)
     [,1] [,2] [,3]
[1,]    1    1    1
[2,]    1    1    1
[3,]    1    1    1
```

수학에서의 행렬 곱연산을 수행하려면 %*% 연산자를 사용하며, 행렬곱은 첫번째 행렬의 행과 두번째 행렬의 열이 같아야 계산이 가능합니다.

```
> x <-matrix(1:6, nrow=2)
> x
     [,1] [,2] [,3]
[1,]    1    3    5
[2,]    2    4    6
> y <-matrix(-1:-6, nrow=3)
> y
     [,1] [,2]
[1,]   -1   -4
[2,]   -2   -5
[3,]   -3   -6
> x%*%y
     [,1] [,2]
[1,]  -22  -49
[2,]  -28  -64
```

4 행렬 함수

함수명	설명
colSums( )	행렬의 각 열 별 합계
rowSums( )	행렬의 각 행 별 합계
colMeans( )	행렬의 각 열 별 평균
rowMeans( )	행렬의 각 행 별 평균
t( )	전치 행렬 변환
dim( )	행과 열의 개수
nrow( )	행의 개수
ncol( )	열의 개수
length( )	원소의 개수

```
> x <- matrix(1:12, nrow=3)
> x
     [,1] [,2] [,3] [,4]
[1,]    1    4    7   10
[2,]    2    5    8   11
[3,]    3    6    9   12
>
> colSums(x)        #열별 합계
[1]  6 15 24 33
> rowSums(x)        #행별 합계
[1] 22 26 30
> colMeans(x)       #열별 평균
[1] 2  5  8 11
> rowMeans(x)       #행별 평균
[1] 5.5 6.5 7.5

> t(x)              #전치행렬
     [,1] [,2] [,3]
[1,]    1    2    3
[2,]    4    5    6
[3,]    7    8    9
[4,]   10   11   12
> dim(x)            #차원
[1] 3 4
> nrow(x)           #행의 개수
[1] 3
> ncol(x)           #열의 개수
[1] 4
> length(x)         #원소의 개수
[1] 12
```

9.1.5 리스트

행렬과 벡터는 한 종류의 데이터 유형으로만 구성된 데이터의 모음입니다. 벡터는 1차원의 데이터 구조를 가지고, 행렬은 2차원의 데이터 구조를 가지는 것이 특징입니다. 그렇다면 리스트는 어떤 특징을 가진 데이터 구조일까요? 리스트는 벡터와 행렬과 달리 여러 종류의 데이터 유형을 한데 묶어서 구성할 수 있는 데이터 구조입니다. 실제로 리스트를 만들면서 리스트에 대해 알아봅시다.

1 리스트 생성

리스트는 list( ) 함수를 사용하여 생성합니다. list( ) 함수 안에는 여러 유형의 데이터를 한꺼번에 담을 수 있습니다. 다음의 코드에서는 list( ) 함수에 숫자형, 문자형, 논리형, 벡터, 행렬 데이터까지 담아서 리스트를 생성한 것을 볼 수 있습니다. 리스트는 서로 다른 다양한 유형을 한꺼번에 처리할 때 유용한 데이터 구조입니다. lst라는 변수에 생성된 리스트를 할당하였습니다.

```
> lst <- list(1, "A", TRUE, "Hello world", c(1:3), matrix(1:6, nrow=2))
> lst
[[1]]
[1] 1

[[2]]
[1] "A"

[[3]]
[1] TRUE

[[4]]
[1] "Hello world"

[[5]]
[1] 1 2 3

[[6]]
     [,1] [,2] [,3]
[1,]    1    3    5
[2,]    2    4    6
```

생성된 리스트 객체를 담은 lst를 프린트해 봅시다. 리스트의 각 요소가 [[]]로 인덱싱 된 것을 볼 수 있습니다. 우리는 [[]]를 통해 리스트의 각 요소에 접근할 수 있습니다.

2 리스트 인덱싱

[[]]를 통해 각 원소에 접근할 수 있습니다. 리스트의 원소들 중에 벡터나 행렬 구조일 경우 각 원소의 원소들에 대해 더 깊이 접근해 봅시다.

```
> lst <- list(1, "A", TRUE, "Hello world", c(1:3), matrix(1:6, nrow=2))
> lst[[1]]
[1] 1
> lst[[2]]
[1] "A"
> lst[[3]]
[1] TRUE
> lst[[4]]
[1] "Hello world"
> lst[[5]]
[1] 1 2 3
> lst[[6]]
     [,1] [,2] [,3]
[1,]    1    3    5
[2,]    2    4    6
```

리스트 lst의 5번째 원소는 벡터입니다. 벡터의 원소 하나 하나에 접근하려면 어떻게 해야
할까요? 다음과 같이 [[5]]에 한 개의 대괄호 [ ]를 더 추가하여 벡터의 각 원소를 접근할
수 있습니다.

```
> lst[[5]][1]
[1] 1
> lst[[5]][2]
[1] 2
> lst[[5]][3]
[1] 3
> lst[[5]][4]
[1] NA
```

리스트의 6번째 원소인 행렬도 마찬가지로 접근할 수 있습니다.

```
> lst[[6]]
     [,1] [,2] [,3]
[1,]    1    3    5
[2,]    2    4    6
> lst[[6]][1]
[1] 1
> lst[[6]][2]
[1] 2
> lst[[6]][3]
[1] 3
> lst[[6]][4]
[1] 4
> lst[[6]][5]
[1] 5
> lst[[6]][6]
[1] 6
> lst[[6]][7]
[1] NA
```

다음과 같이 [[6]]에 한 개의 대괄호 [ ]를 더 추가하여, 일반적인 행렬의 인덱싱 방법으로
행렬의 특정 원소들에 접근할 수 있습니다.

```
> lst[[6]]
     [,1] [,2] [,3]
[1,]    1    3    5
[2,]    2    4    6
> lst[[6]][1,2]
[1] 3
> lst[[6]][1, ]
[1] 1 3 5
> lst[[6]][ ,2]
[1] 3 4
```

```
> lst[[6]][ ,2:3]
     [,1] [,2]
[1,]    3    5
[2,]    4    6
> lst[[6]][ ,c(1,3)]
     [,1] [,2]
[1,]    1    5
[2,]    2    6
```

names( ) 함수를 사용하면 리스트 각 원소에 이름을 부여하여, 이름을 통해 인덱싱할 수 있습니다.

```
> names(lst) <-c("num","char","logi","str","vect","matr")
> lst
$num
[1] 1

$char
[1] "A"

$logi
[1] TRUE

$str
[1] "Hello world"

$vect
[1] 1 2 3

$matr
     [,1] [,2] [,3]
[1,]    1    3    5
[2,]    2    4    6
```

이렇게 이름을 부여하면 $ 기호와 이름으로 각 원소에 접근할 수 있습니다. 그리고 각 원소 이름에 대괄호 [ ]를 추가하여 각각의 원소에 접근합니다.

```
> lst$num
[1] 1
> lst$char
[1] "A"
> lst$logi
[1] TRUE
> lst$str
[1] "Hello world"
> lst$vect
[1] 1 2 3
> lst$vect[1]
[1] 1
> lst$vect[3]
[1] 3
```

```
> lst$matr
     [,1] [,2] [,3]
[1,]    1    3    5
[2,]    2    4    6
> lst$matr[1,2:3]
[1] 3 5
```

이러한 리스트 구조는 여러 문서를 한데 모아 텍스트 분석을 할 때 유용하게 사용됩니다.

9.1.6 데이터 프레임

데이터 프레임(data frame)은 행과 열로 구성된 2차원 테이블 형태의 데이터 구조입니다. 이 데이터 프레임은 엑셀에서 사용하는 일반적인 데이터 구조와 비슷합니다. 그리고 가장 많이 사용하는 데이터 형태입니다. 데이터 프레임은 다음 그림과 같은 구조를 가집니다. 데이터 프레임은 행과 열로 구성되어 있는데, 가로 방향은 행(row) 또는 레코드라고 부릅니다. 행은 데이터를 구성하는 각 객체의 속성들을 나열한 것으로 볼 수 있습니다. 그림과 같이 ID가 B-023인 객체를 보면, 나이, 지역, 성별의 속성들을 가지며, 각 속성은 41, '서울', 남성이라는 값을 가지고 있습니다. 여기서 객체의 각 속성은 다양한 데이터 타입으로 구성될 수 있습니다. 세로 방향은 열(column), 변수(variable), 또는 피처(feature)라고도 부릅니다. 열은 같은 데이터 타입의 원소들을 가진 벡터(vector)로 볼 수 있습니다. 그림과 같이 '지역'이라는 열을 보면 '부산', '서울', '경기' 등 하나의 열은 하나의 속성에 대한 객체들의 속성 값들이 나열된 것으로 볼 수 있습니다.

열

ID	나이	지역	성별
A-001	30	부산	여성
B-023	41	서울	남성
C-009	23	경기	남성

행

우리가 앞에서 다루었던 데이터 구조인 행렬(matrix) 역시 2차원 구조입니다. 그렇다면 데이터 프레임과 어떤 차이점이 있을까요? 행렬은 원소들이 모두 동일한 데이터 타입으로 구성된다는 것입니다. 그러나, 데이터 프레임은 수치형, 문자형, 논리형, factor형 등 다양한 데이터 타입으로 구성된다는 것입니다. 그러나, 데이터 프레임은 수치형, 문자형, 논리형, factor형 등 다양한 데이터 타입들로 구성될 수 있습니다. 여러가지 데이터 타입을 한데 묶어 구성할 수 있는 데이터 구조인 리스트는 데이터 프레임과 어떤 차이가 있을까요? 리스트는 서로 다른 길이의 데이터를 포함할 수 있습니다. 그러나, 데이터 프레임은 동일한 길이의 벡터들로 구성된다는 것이 차이점이라고 할 수 있습니다. 만약 리스트가 같은 길이의 벡터들로 구성되어 있다면 데이터 프레임의 형태로 변환될 수 있습니다. 행렬 역시 데이터 프레임으로 형변환이 가능합니다.

'데이터가 크다' 라는 것은 행이 많다는 의미일 수도 있고, 열이 많다는 의미일 수 있습니다. 행이 많아질수록 고성능의 CPU 나 성능을 높이기 위한 추가 장비가 필요할 수 있습니다. 열이 많아지면 많아질수록 변수를 조합할 수 있는 경우의 수가 늘어나게 되고, 분석 방법이 다양하게 요구될 수 있습니다.

1 데이터 프레임 생성

데이터 프레임을 만들어 봅시다.

■ data.frame( ) 함수

먼저, 벡터를 만들고, data.frame( ) 함수를 사용하여 데이터 프레임을 생성할 수 있습니다. df라는이름의 데이터프레임을 만들어 봅시다. 이 때 각 벡터는 데이터 프레임의 열이 됩니다. str( ) 함수를 통해 데이터프레임 df는 어떤 데이터 구조를 가지고 어떤 값들로 구성되어 있는지 확인할 수 있습니다. 결과를 보면, df는 'data.frame' 타입이고, 3개의 객체(object)와 3개의 변수(variable)들로 구성되어 있음을 알 수 있습니다. 여기서 객체는 행을 의미하며, 변수는 바로 열을 의미합니다. 이 변수는 벡터의 이름이며, 각 열들은 각각의 벡터들로 구성됨을 알 수 있습니다.

```
> korea <- c(90,71,83)
> english <- c(85,78,79)
> math <- c(96,73,85)
> df <- data.frame(korea, english, math)
> df
  korea english math
1    90      85   96
2    71      78   73
3    83      79   85
> str(df)
'data.frame':   3 obs. of  3 variables:
 $ korea  : num  90 71 83
 $ english: num  85 78 79
 $ math   : num  96 73 85
```

앞의 코드처럼 벡터를 먼저 생성하고, data.frame( ) 함수에 벡터의 이름 넣어서 생성할 수 있고, 다음과 같이 data.frame( ) 함수 안에 열에 해당되는 벡터들을 한꺼번에 넣어서 생성할 수도 있습니다. 행에 이름을 따로 지정하지 않으면 기본적으로 숫자가 자동으로 부여되는데, 행의 이름을 부여하고 싶으면, data.frame( ) 함수에 row.names 인수를 추가하여, 각 행의 이름을 지정해 줍니다. 다음과 같이 행의 이름이 부여된 것을 확인할 수 있습니다.

```
> df_2 <- data.frame(korea = c(80, 81, 83),
+                     english = c(75, 78, 79),
+                     math = c(76, 73, 75),
+                     row.names=c('A01','A02','A03'))
> df_2
    korea english math
A01    80      75   76
A02    81      78   73
A03    83      79   75
```

열의 이름을 변경하고자 할 때는 colnames( ) 함수를 사용합니다. colnames( ) 함수에 데이터 프레임 변수를 넣어 출력하면, 해당 데이터 프레임의 열 이름이 화면에 출력됩니다. 이 함수에 다음과 같이 변경하고자 하는 열의 이름을 벡터 형태로 구성하여 할당하면, 해당 데이터 프레임의 열 이름이 변경되는 것을 확인할 수 있습니다. 특정 열의 이름만 변경하고자 할 때는 인덱싱을 사용합니다. 변경하고자 하는 열의 인덱스 번호를 지정하여 새로운 이름을 할당하면 해당 열의 이름만 변경됩니다.

```
> colnames(df_2)
[1] "korea"   "english" "math"
> colnames(df_2) <- c("국어","영어","수학")
> df_2
    국어 영어 수학
A01   80   75   76
A02   81   78   73
A03   83   79   75

> colnames(df_2)[1]            #첫번째 열 이름 출력
[1] "국어"
> colnames(df_2)[2]            #두번째 열 이름 출력
[1] "영어"
> #세번째 열 이름 변경
> colnames(df_2)[3] <- "MATH"
> df_2
    국어 영어 MATH
A01   80   75   76
A02   81   78   73
A03   83   79   75
```

■ as.data.frame( )

앞에서 우리는 행렬과 리스트가 어떤 조건이 충족되면 데이터 프레임으로 변환시킬 수 있다고 언급했습니다. 이때 사용할 수 있는 함수가 바로 as.data.frame( ) 함수입니다. 다음 예를 통해 as.data.frame( ) 함수의 사용법을 익혀봅시다.

먼저, 행렬 m을 생성하였습니다.

```
> m <- matrix(c(80,75,76,81,78,73,83,79,75), ncol =3)
> m
     [,1] [,2] [,3]
[1,]   80   81   83
[2,]   75   78   79
[3,]   76   73   75
> str(m)
 num [1:3, 1:3] 80 75 76 81 78 73 83 79 75
> class(m)
[1] "matrix"
```

행렬 m을 as.data.frame( ) 함수로 형 변환하여 df_m에 할당하였습니다. df_m을 프린트 해보면 데이터 프레임 형태로 변경된 것을 볼 수 있으며, 열의 이름은 V1, V2, V3로 할당된 것을 알 수 있습니다. V1, V2등은 이름이 지정되지 않은 열의 기본(default) 제목입니다. colnames( ) 함수를 통해 각 열의 이름을 다시 지정합니다.

```
> df_m <- as.data.frame(m)
> df_m
  V1 V2 V3
1 80 81 83
2 75 78 79
3 76 73 75
> class(df_m)
[1] "data.frame"
> colnames(df_m) <- c("국어","영어","수학")
> df_m
  국어 영어 수학
1   80   81   83
2   75   78   79
3   76   73   75
```

리스트 역시 as.data.frame( ) 함수를 사용합니다.

```
> lst <- list(korea <- c(80,75,76),
+             english <- c(81,78,73),
+             math <- c(83,79,75))
> lst
```

```
[[1]]
[1] 80 75 76

[[2]]
[1] 81 78 73

[[3]]
[1] 83 79 75

> df_l <- as.data.frame(lst)
> colnames(df_l) <- c("국어","영어","수학")
> df_l
  국어 영어 수학
1   80   81   83
2   75   78   79
3   76   73   75
```

리스트를 데이터 프레임으로 변경할 때는 각 요소의 길이가 같아야 변경이 가능합니다. 각
요소의 길이가 다르면, 다음과 같이 오류가 발생합니다.

```
> lst <- list(korea <- c(80,75,76,71,68),
+             english <- c(81,78,73),
+             math <- c(83,79,75,90))
> lst
[[1]]
[1] 80 75 76 71 68

[[2]]
[1] 81 78 73

[[3]]
[1] 83 79 75 90

> df_l <- as.data.frame(lst)
Error in (function (..., row.names = NULL, check.rows = FALSE, check.names = TRU
E,  :
  arguments imply differing number of rows: 5, 3, 4
```

2 데이터 프레임 인덱싱

데이터 프레임의 각 원소에 접근하는 방법을 알아보자. 먼저 데이터 프레임 하나를 생성하
여 봅시다.

```
> korea <- c(90,71,83,77,98)
> english <- c(85,78,79,65,77)
> math <- c(96,73,85,88,90)
> df <- data.frame(korea, english, math)
> df
```

```
   korea english math
1     90      85   96
2     71      78   73
3     83      79   85
4     77      65   88
5     98      77   90
> str(df)
'data.frame':   5 obs. of  3 variables:
 $ korea  : num  90 71 83 77 98
 $ english: num  85 78 79 65 77
 $ math   : num  96 73 85 88 90
```

str( ) 함수를 써서 확인해 보면, 각 열의 이름 앞에 $ 표시가 있는 것을 볼 수 있습니다. '변수이름$열이름'의 형식으로 각 열의 값들에 접근할 수 있습니다. 앞에서 배웠던 인덱싱 방법을 사용하여 원하는 요소에 얼마든지 접근하는 것이 가능합니다.

```
> df$korea
[1] 90 71 83 77 98
> df$english
[1] 85 78 79 65 77
> df$math
[1] 96 73 85 88 90
> df$korea[1]
[1] 90
> df$korea[2:4]
[1] 71 83 77
> df$korea[c(1,2,5)]
[1] 90 71 98
```

인덱싱이 가능하다면, 선택한 요소의 값도 변경할 수 있습니다.

```
> df$korea[1] <- 10
> df
   korea english math
1     10      85   96
2     71      78   73
3     83      79   85
4     77      65   88
5     98      77   90
```

데이터 프레임은 행렬과 같이 2차원 구조를 가지며, 행렬의 인덱싱 방법을 그대로 따릅니다.

```
> df[2,]    #2 행
  korea english math
2   71      78   73
> df[3,]    #3 행
  korea english math
3   83      79   85
> df[,1]      #1번째 열
[1] 10 71 83 77 98
> df[,2]      #2번째 열
[1] 85 78 79 65 77
> df[,3]      #3번째 열
[1] 96 73 85 88 90
> df[1,1]    #1열의 1행
[1] 10
> df[3,3]    #3열의 3행
[1] 85
> df[1:3,]    #1~3열의 1~3행
  korea english math
1   10      85   96
2   71      78   73
3   83      79   85
> df[c(1,5),c(1,3)] #1과 3열의 1과 5행
  korea math
1   10   96
5   98   90
```

선택한 요소의 값을 변경하는 방법 역시 행렬과 동일합니다.

```
> df[c(1,5),c(1,3)] <- 0 #1과 3열의 1과 5행 값 0으로 변경
> df
  korea english math
1    0      85    0
2   71      78   73
3   83      79   85
4   77      65   88
5    0      77    0
> df[1:3,] <- 100   #1~3열의 1~3행 값 100으로 변경
> df
  korea english math
1  100     100  100
2  100     100  100
3  100     100  100
4   77      65   88
5    0      77    0
```

3 데이터 프레임 결합하기

여러 데이터를 하나의 데이터로 연결하여 분석하는 경우가 많이 존재합니다. 이번에는 데이터 프레임을 결합하는 방법에 대해 알아보려고 합니다. 먼저, 행렬에서 데이터를 이어 붙이는 cbind( ) 함수와 rbind( ) 함수에 대해 공부한 바 있었는데, 이 함수들은 데이터프레임에도 적용 가능합니다. cbind( ) 함수는 하나 이상의 데이터 프레임을 열 방향으로 이어 붙

입니다. 이때 서로 연결하고자 하는 데이터 프레임들의 행의 개수가 같아야 합니다.

```
> midterm <- data.frame(mid = c(86, 92, 88, 94))
> midterm
  mid
1  86
2  92
3  88
4  94
> final <- data.frame(fin = c(83, 96, 94, 91))
> final
  fin
1  83
2  96
3  94
4  91
> total <- cbind(midterm,final)  #열 결합
> total
  mid fin
1  86  83
2  92  96
3  88  94
4  94  91
```

rbind( ) 함수는 하나 이상의 데이터 프레임을 행에 이어 붙입니다. 이때 행방향으로 결합
하려고 하는 데이터 프레임들의 열의 이름과 데이터 타입, 개수가 같아야 합니다.

```
> mid_1 <- data.frame(id= c(1,2,3,4), mid = c(86, 92, 88, 94))
> mid_1
  id mid
1  1  86
2  2  92
3  3  88
4  4  94
> mid_2 <- data.frame(id= c(5,6,7,8), mid = c(90, 68, 83, 72))
> mid_2
  id mid
1  5  90
2  6  68
3  7  83
4  8  72
> midterm <- rbind(mid_1, mid_2)

> midterm <- rbind(mid_1, mid_2)  #행 결합
> midterm
  id mid
1  1  86
2  2  92
3  3  88
4  4  94
5  5  90
6  6  68
7  7  83
8  8  72
```

merge( ) 함수는 기준으로 하는 key 값이 존재할 때 사용하는 결합 방법입니다. key 값을 기준으로 정보를 모으며, 공통된 key가 있는 경우에만 데이터를 합쳐 줍니다.

```
> midterm <- data.frame(id = c(1, 2, 5, 8), mid = c(86, 92, 88, 94))
> midterm
  id mid
1  1  86
2  2  92
3  5  88
4  8  94
> final <- data.frame(id = c(1, 2, 3, 4), fin = c(83, 96, 94, 91))
> final
  id fin
1  1  83
2  2  96
3  3  94
4  4  91

> total <- merge(midterm, final, by = "id")    #key값에 의한 결합
> total
  id mid fin
1  1  86  83
2  2  92  96
```

4 데이터 프레임 함수

데이터 프레임 데이터를 다루는데 유용한 함수들에 대해 알아봅시다. 먼저, 앞에 행렬에서 사용했던 함수들 역시 데이터 프레임에서도 그대로 적용할 수 있습니다.

함수명	설명
colSums( )	행렬의 각 열 별 합계
rowSums( )	행렬의 각 행 별 합계
colMeans( )	행렬의 각 열 별 평균
rowMeans( )	행렬의 각 행 별 평균
dim( )	행과 열의 개수
nrow( )	행의 개수
ncol( )	열의 개수

```
> korea <- c(90,71,83,77,98)
> english <- c(85,78,79,65,77)
> math <- c(96,73,85,88,90)
> df <- data.frame(korea, english, math)
> df
  korea english math
1    90      85   96
2    71      78   73
3    83      79   85
4    77      65   88
5    98      77   90
> colSums(df)
  korea english    math
    419     384     432
> colMeans(df)
  korea english    math
   83.8    76.8    86.4
> rowSums(df)
[1] 271 222 247 230 265
> rowMeans(df)
[1] 90.33333 74.00000 82.33333 76.66667 88.33333
> dim(df)
[1] 5 3
> nrow(df)
[1] 5
> ncol(df)
[1] 3
```

데이터 프레임 형태의 데이터를 직접 만들어 사용할 수 있지만, 이번에는 R을 설치할 때 포함되어 있는 데이터를 불러와서 사용해 보겠습니다. R을 설치할 때 기본적으로 함께 설치되는 내장 데이터셋에는 어떤 것들이 있을까요? 콘솔창에 date( )를 실행시켜 봅니다.

다음과 같이 데이터셋의 목록이 스크립트창에 뜹니다. 100여개의 사용 가능한 데이터셋 목록이 뜨는 걸 볼 수 있습니다. R의 데이터 프레임을 공부할 때 이러한 데이터들을 활용하면 도움이 많이 됩니다. 100여개의 내장 데이터들 중에 먼저, iris 데이터를 사용해보려고 합니다.

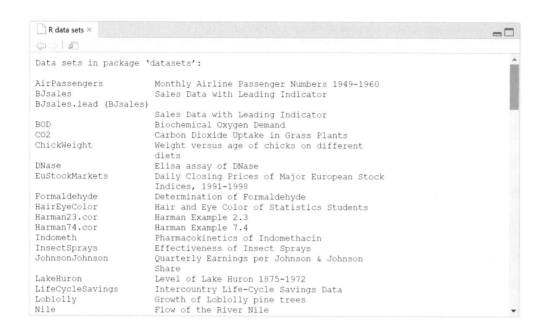

data( ) 함수를 사용하여 iris 데이터를 불러올 수 있습니다.

```
> data(iris)       #iris 데이터셋 블러오기
> str(iris)
'data.frame':   150 obs. of  5 variables:
 $ Sepal.Length: num  5.1 4.9 4.7 4.6 5 5.4 4.6 5 4.4 4.9 ...
 $ Sepal.Width : num  3.5 3 3.2 3.1 3.6 3.9 3.4 3.4 2.9 3.1 ...
 $ Petal.Length: num  1.4 1.4 1.3 1.5 1.4 1.7 1.4 1.5 1.4 1.5 ...
 $ Petal.Width : num  0.2 0.2 0.2 0.2 0.2 0.4 0.3 0.2 0.2 0.1 ...
 $ Species     : Factor w/ 3 levels "setosa","versicolor",..: 1 1 1 1 1 1 1 1 1
 1 ...
```

str( ) 함수는 데이터에 있는 변수들의 속성을 한눈에 파악하기 쉽게 보여주는 함수입니다.
str( ) 함수를 통해 iris 데이터셋은 데이터 프레임 형태이고, 150개의 행과 5개의 열로 구
성되어 있음을 알 수 있습니다. 또한 각 열의 이름은 Sepal.Length, Sepal.Width, Petal.
Length, Petal.Width, Species로 구성되어 있고, 마지막 Species 열은 Factor 형의 데이터
타입을 가지고 있음을 알 수 있습니다. 데이터의 구성만 봐서 어떤 데이터인지 감이 오지
않는 다면 R의 콘솔창에 다음과 같은 명령어를 입력하고 엔터를 쳐보세요. Help 창에 iris
데이터에 대한 설명을 볼 수 있습니다.

```
> ?iris
```

Iris는 setosa, versicolor, virginica 라는 붓꽃종에 속하는 3가지 종류에 대해 각 종류별로 50개씩 꽃받침의 길이와 너비, 꽃잎의 깊이와 너비를 측정하여 기록한 데이터입니다. Sepal.Length와 Sepal.Width는 꽃받침의 길이와 너비를, Petal.Length와 Petal.Width는 꽃잎의 길이와 너비를 나타냅니다. Species는 붓꽃의 종을 의미합니다.

---

iris {datasets}   R Documentation

Edgar Anderson's Iris Data

Description

This famous (Fisher's or Anderson's) iris data set gives the measurements in centimeters of the variables sepal length and width and petal length and width, respectively, for 50 flowers from each of 3 species of iris. The species are *Iris setosa*, *versicolor*, and *virginica*.

Usage

```
iris
iris3
```

Format

`iris` is a data frame with 150 cases (rows) and 5 variables (columns) named `Sepal.Length`, `Sepal.Width`, `Petal.Length`, `Petal.Width`, **and** `Species`.

다양한 함수들을 사용하여 iris 데이터를 다루어 봅시다. 먼저, 다음 표와 같이 데이터를 요약하는 함수들이 있습니다.

함수	기능
head( )	데이터 앞자리 출력
tail( )	데이터 뒷자리 출력
dim( )	데이터 크기(행과 열 수) 출력
names( )	데이터 항목(열) 이름 출력
str( )	데이터 속성 출력
summary( )	데이터 요약정보 출력
View( )	뷰어 창에서 데이터 확인

데이터 프레임의 크기가 큰 경우 많은 양의 정보가 출력되기 때문에 한눈에 내용을 알아보기 어렵습니다. head( ) 함수를 이용하면 데이터 앞에서부터 6개를 출력합니다. 데이터 프레임 명을 쓰고 숫자를 적어주면 원하는 만큼 출력 수를 정할 수 있습니다.

```
> head(iris)
  Sepal.Length Sepal.Width Petal.Length Petal.Width Species
1          5.1         3.5          1.4         0.2 setosa
2          4.9         3.0          1.4         0.2 setosa
3          4.7         3.2          1.3         0.2 setosa
4          4.6         3.1          1.5         0.2 setosa
5          5.0         3.6          1.4         0.2 setosa
6          5.4         3.9          1.7         0.4 setosa
> head(iris,3)
  Sepal.Length Sepal.Width Petal.Length Petal.Width Species
1          5.1         3.5          1.4         0.2 setosa
2          4.9         3.0          1.4         0.2 setosa
3          4.7         3.2          1.3         0.2 setosa
```

tail( ) 함수를 이용하면 데이터의 끝에서 여섯 개를 출력해 줍니다. 원하는 만큼 행 수를 지정 가능합니다.

```
> tail(iris)
    Sepal.Length Sepal.Width Petal.Length Petal.Width   Species
145          6.7         3.3          5.7         2.5 virginica
146          6.7         3.0          5.2         2.3 virginica
147          6.3         2.5          5.0         1.9 virginica
148          6.5         3.0          5.2         2.0 virginica
149          6.2         3.4          5.4         2.3 virginica
150          5.9         3.0          5.1         1.8 virginica
> tail(iris,4)
    Sepal.Length Sepal.Width Petal.Length Petal.Width   Species
147          6.3         2.5          5.0         1.9 virginica
148          6.5         3.0          5.2         2.0 virginica
149          6.2         3.4          5.4         2.3 virginica
150          5.9         3.0          5.1         1.8 virginica
```

dim( ) 함수은 데이터 프레임이 몇 행, 몇 열로 되어있는지 쉽게 알 수 있는 함수입니다. 첫 번째 숫자는 행을 의미하고, 두번째 숫자는 열을 의미합니다. names( ) 함수로 열의 이름을 확인할 수 있습니다.

```
> dim(iris)
[1] 150   5
> names(iris)
[1] "Sepal.Length" "Sepal.Width"  "Petal.Length" "Petal.Width"  "Species"
```

summary( ) 함수는 데이터의 기초 통계량을 계산하여 출력해줍니다.

```
> summary(iris)
  Sepal.Length    Sepal.Width    Petal.Length    Petal.Width
 Min.   :4.300   Min.   :2.000   Min.   :1.000   Min.   :0.100
 1st Qu.:5.100   1st Qu.:2.800   1st Qu.:1.600   1st Qu.:0.300
 Median :5.800   Median :3.000   Median :4.350   Median :1.300
 Mean   :5.843   Mean   :3.057   Mean   :3.758   Mean   :1.199
 3rd Qu.:6.400   3rd Qu.:3.300   3rd Qu.:5.100   3rd Qu.:1.800
 Max.   :7.900   Max.   :4.400   Max.   :6.900   Max.   :2.500
       Species
 setosa    :50
 versicolor:50
 virginica :50
```

요약 통계량	의미	설명
Min	Minimum(최솟값)	가장 작은 값
1st Qu	1st Quantile(1사분위수)	하위 25% 위치 값
Median	중앙값	중앙에 위치하는 값
Mean	평균	전체 합에서 전체 개수로 나눈 값
3rd Qu	3rd Quantile(3사분위수)	하위 75% 위치 값
Max	Maximum(최댓값)	가장 큰 값

view( ) 함수를 사용하면 데이터를 엑셀처럼 볼 수 있습니다.

	Sepal.Length	Sepal.Width	Petal.Length	Petal.Width	Species
1	5.1	3.5	1.4	0.2	setosa
2	4.9	3.0	1.4	0.2	setosa
3	4.7	3.2	1.3	0.2	setosa
4	4.6	3.1	1.5	0.2	setosa
5	5.0	3.6	1.4	0.2	setosa
6	5.4	3.9	1.7	0.4	setosa
7	4.6	3.4	1.4	0.3	setosa
8	5.0	3.4	1.5	0.2	setosa
9	4.4	2.9	1.4	0.2	setosa
10	4.9	3.1	1.5	0.1	setosa
11	5.4	3.7	1.5	0.2	setosa

Showing 1 to 11 of 150 entries, 5 total columns

9.2 데이터 읽고 쓰기

9.2.1 파일 저장하기

작업을 하다 보면 현재 작업하고 있는 데이터를 저장해야 할 때가 있습니다. 우리가 만든
데이터를 파일로 저장하려면 어떻게 해야 할까요? 이번 장에서는 데이터 프레임을 csv 파
일로 저장하는 방법에 대하여 알아봅시다. 먼저, 데이터 프레임을 하나 만들어 봅니다.

```
> df <- data.frame(class = c(1, 2, 3, 4),
+             korean = c(81, 79, 85, 83),
+             english = c(82, 86, 83, 87),
+             math = c(78, 79, 81, 80))
> df
  class korean english math
1     1     81      82   78
2     2     79      86   79
3     3     85      83   81
4     4     83      87   80
```

이렇게 생성한 데이터 프레임을 R의 내장 함수인 write.csv()를 사용하여 저장해 봅시다.
write.csv() 함수에는 첫번째 인수에는 데이터 이름을, 두번째 인수에는 파일이름을 지정
합니다. 파일이름은 자유롭게 작성하고 '.csv'라는 확장자를 붙입니다. 그리고 파일명은 따
옴표로 묶어서 기록합니다.

```
> write.csv(df,"class_mean.csv")
```

다음과 같이 폴더에 지정한 파일명으로 파일이 생성된 것을 볼 수 있습니다.

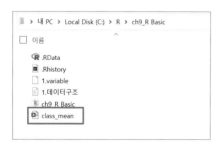

이번에는 앞에서 배웠던 내장 데이터 셋인 iris 데이터를 불러와서 내 폴더에 csv 파일로 저
장해 봅시다.

```
> data("iris")
> write.csv(iris,"iris.csv")
```

내 PC > Local Disk (C:) > R > ch9_R Basic

☐ 이름

  Ⓡ .RData
  ▣ .Rhistory
  ☐ 1.variable
  ▢ 1.데이터구조
  ⬚ ch9_R Basic
  Ⓧ class_mean
  Ⓧ iris

	A	B	C	D	E	F
1		Sepal.Length	Sepal.Width	Petal.Length	Petal.Width	Species
2	1	5.1	3.5	1.4	0.2	setosa
3	2	4.9	3	1.4	0.2	setosa
4	3	4.7	3.2	1.3	0.2	setosa
5	4	4.6	3.1	1.5	0.2	setosa
6	5	5	3.6	1.4	0.2	setosa
7	6	5.4	3.9	1.7	0.4	setosa
8	7	4.6	3.4	1.4	0.3	setosa
9	8	5	3.4	1.5	0.2	setosa
10	9	4.4	2.9	1.4	0.2	setosa
11	10	4.9	3.1	1.5	0.1	setosa

write.csv( ) 함수로 이렇게 간단하게 csv 파일을 생성하는 방법에 대해 배워 봤습니다.

9.2.2 파일 불러오기

1 csv 파일 불러오기

csv 파일을 불러올 때는 별도의 패키지 설치가 필요 없이 기본적으로 내장되어 있는 reas.csv( ) 함수를 사용하여 파일을 불러올 수 있습니다. 방금 저장한 csv 파일을 읽어보겠습니다.

RStudio의 Files 창에 csv 파일들이 보입니다. 먼저, 'class.mean.csv' 파일을 읽어보겠습니다. 파일을 읽어오는 방법도 파일을 저장하는 방법만큼 간단합니다. read.csv( ) 함수를 사용하며 인수로는 파일명이 필요합니다.

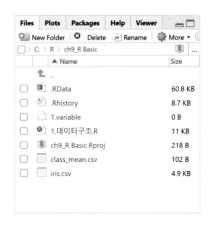

Files	Plots	Packages	Help	Viewer	
New Folder	Delete	Rename	More ▾		

☐ › C: › R › ch9_R Basic

	▲ Name	Size
	..	
☐	.RData	60.8 KB
☐	.Rhistory	8.7 KB
☐	1.variable	0 B
☐	1.데이터구조.R	11 KB
☐	ch9_R Basic.Rproj	218 B
☐	class_mean.csv	102 B
☐	iris.csv	4.9 KB

```
> read.csv("class_mean.csv")
  X class korean english math
1 1     1     81      82   78
2 2     2     79      86   79
3 3     3     85      83   81
4 4     4     83      87   80
```

이렇게 read.csv( ) 파일에 파일명을 넣고 호출하면 해당 파일의 내용을 읽어 들여 콘솔창에 출력되지만, 이렇게 사용하면 단순히 출력만 될 뿐입니다. 데이터를 읽어 들여서 데이터로 작업을 하기 위해서는 데이터를 담는 그릇에 데이터를 담아서 사용해야합니다. 이렇게 데이터를 담는 그릇이 바로 변수입니다. read.csv( ) 함수로 불러온 데이터를 변수에 할당합니다.

```
> data <- read.csv("class_mean.csv")
> str(data)
'data.frame':    4 obs. of  5 variables:
 $ X      : int  1 2 3 4
 $ class  : int  1 2 3 4
 $ korean : int  81 79 85 83
 $ english: int  82 86 83 87
 $ math   : int  78 79 81 80
```

str( ) 함수를 통해 데이터가 잘 들어온 것을 알 수 있습니다. 뿐만 아니라 RStudio 환경(Environment)창에 data가 포함되어 있는 것을 볼 수 있습니다. 클릭하면 데이터를 한눈에 볼 수도 있습니다.

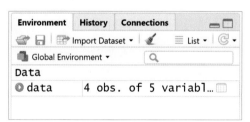

여기서 주의해야 할 것은 읽어오는 데이터가 첫 번째 행에 열의 이름이 없다면 첫 행의 데이터가 변수명으로 바뀌어 데이터 유실이 일어날 수 있습니다. 이럴 때는 read.csv( ) 함수에 header=F 인수를 설정해 주어야하는데, 이는 첫번째 행이 헤더(열 이름)가 아니라는 의미입니다.

만약 데이터에 문자형으로 이루어진 열을 포함하는 경우에, 파일에서 읽은 정보를 데이터 프레임으로 만들고 싶다면, stringsAsFactors = F 인수를 포함해야 합니다. 이 옵션은 파일을 읽을 때 문자형 데이터를 모두 factor 형으로 간주하지 않는 다는 것을 의미합니다. 이렇게 stringsAsFactors = F로 지정하면 변수를 factor형이 아닌 문자형으로 불러올 수 있습니다.

```
> data <- read.csv("class_mean.csv")
> str(data)
'data.frame':    4 obs. of  5 variables:
 $ x      : int  1 2 3 4
 $ class  : Factor w/ 4 levels "A","B","C","D": 1 2 3 4
 $ korean : int  81 79 85 83
 $ english: int  82 86 83 87
 $ math   : int  78 79 81 80
> data <- read.csv("class_mean.csv", stringsAsFactors = F)
> str(data)
'data.frame':    4 obs. of  5 variables:
 $ x      : int  1 2 3 4
 $ class  : chr  "A" "B" "C" "D"
 $ korean : int  81 79 85 83
 $ english: int  82 86 83 87
 $ math   : int  78 79 81 80
```

2 엑셀 파일 불러오기

우리는 일반적으로 엑셀을 통해 데이터를 정리하고, 엑셀파일 형태로 자료를 공유합니다. 이러한 엑셀 파일을 R에서도 불러와 작업을 할 수 있습니다.

R에서 엑셀 파일을 불러오기 위해서는 엑셀파일을 불러오는 기능을 제공하는 패키지를 사용해야 합니다. R에서 엑셀파일을 읽어오는 것을 도와주는 패키지에는 여러가지가 있습니다. 그중에 먼저 "readxl" 패키지를 사용해 보겠습니다. 표준 패키지가 아니기 때문에 install.package() 함수를 통해 설치해 주어야 합니다. "readxl" 패키지가 잘 설치되었다면, library() 함수를 통해 현재 작업 공간으로 패키지를 불러옵니다.

```
> install.packages('readxl')
> library('readxl')
```

엑셀 파일을 하나 만들어서 봅시다. 이전 만들었던 'class_mean.csv' 파일을 엑셀에서 열어서 다른 이름으로 저장하기를 선택하고, 다음과 같이 Excel 통합 문서 형태인 '.xlsx' 확장자로 저장해서 엑셀 파일을 만들었습니다.

readxl 패키지에서 제공하는 read_excel( ) 함수는 엑셀파일을 데이터 프레임으로 만들어 주는 함수입니다. read_excel( )을 이용하여 엑셀파일을 불러올 수 있으며, 파일명을 지정할 때는 항상 따옴표(")로 묶어주어야 합니다. read_excel( ) 함수로 불러들여 오는 데이터를 data_excel이라는 변수에 할당하도록 합시다.

```
> data_excel <- read_excel("class_mean.xlsx")

> data_excel
# A tibble: 4 x 5
   ...1 class korean english  math
  <dbl> <chr>  <dbl>   <dbl> <dbl>
1     1 A         81      82    78
2     2 B         79      86    79
3     3 C         85      83    81
4     4 D         83      87    80
```

data_excel( ) 함수는 데이터를 'tibble' 형태로 읽어옵니다. as.data.frame( ) 함수를 사용하여 데이터프레임 타입으로 변경할 수 있습니다.

```
> data_excel <- as.data.frame(data_excel)
> str(data_excel)
'data.frame':   4 obs. of  5 variables:
 $ ...1   : num  1 2 3 4
 $ class  : chr  "A" "B" "C" "D"
 $ korean : num  81 79 85 83
 $ english: num  82 86 83 87
 $ math   : num  78 79 81 80
```

엑셀 파일이 프로젝트 파일과 같은 폴더가 아닌 경우 파일 경로를 지정하여 파일을 불러올 수 있습니다. 이때 슬래시(/)를 사용하는 것에 주의하세요.

```
> data_excel <- read_excel("C:/R/ch9_R Basic/class_mean.xlsx")
```

엑셀파일은 첫 번째 행을 변수명으로 인식하여 데이터 프레임을 만들어 주기 때문에 데이터 유실을 방지하기 위해선 첫번째 행은 변수명으로 지정해주어야 합니다. 만약 첫 행이 변수명이 아니라면 col_names =F 인수를 read_excel( ) 함수에 포함시킵니다. 만약 엑셀파일에 여러 개의 시트가 존재할 경우, 어떤 시트를 가져올지 sheet 인수에 번호로 설정하여 주어야 합니다.

```
> data_excel <- read_excel("class_mean.xlsx", sheet=1)
```

9.2.3 R 내장 데이터 읽기

R은 학습자가 다양한 데이터셋을 쉽게 사용하여 연습할 수 있도록 데이터 프레임 형태의 데이터셋을 제공하고 있습니다. 이 데이터셋의 목록을 data( ) 함수를 통해 확인하고, 내장 데이터에 포함된 iris 데이터를 불러와 R의 기본 함수를 사용하여 확인하는 방법을 이전 장에서 학습한 바 있습니다.

한편 R에서는 다른 사람들이 개발한 함수들을 추가로 설치하여 사용하는 것이 가능합니다. 이를 추가 '패키지'라고 합니다. R을 처음 설치할 때 함께 설치되는 표준 패키지의 내장 데이터셋 뿐만 아니라 다양한 데이터셋과 함수들을 R에 새로 다운로드 받아 설치하여 사용할 수 있습니다. 이전 장에서는 R의 기본 함수들만을 사용하여 데이터를 살펴보았지만, 이번 장에서는 표준 패키지이외의 다른 패키지를 설치해보고, 새로 설치된 패키지에 포함되어 있는 데이터셋을 읽어오는 과정을 학습하고자 합니다.

gapminder이라는 패키지를 설치해 봅시다. 다음과 같이 Install.packages( ) 함수를 통해 패키지를 설치할 수 있습니다.

```
> install.packages('gapminder')
```

패키지를 설치하였다면, library( ) 함수를 통해 gapminder 패키지의 함수와 데이터들을 현재 작업 공간으로 불러들여야 합니다.

```
> library('gapminder')
```

gapminder 패키지 안에 있는 gapminder 데이터를 data( ) 함수를 통해 불러오고, str( ) 함수를 통해 gapminder 데이터셋을 살펴봅시다. 첫번째 행을 보면 1,704개 관측치와 6개의 변수로 구성되어 있으며, country, continent, year, lifeExp, pop, gdpPercap 6개의 열들로 구성되어 있는 것을 알 수 있습니다.

```
> data("gapminder")
> str(gapminder)
tibble [1,704 x 6] (S3: tbl_df/tbl/data.frame)
 $ country  : Factor w/ 142 levels "Afghanistan",..: 1 1 1 1 1 1 1 1 1 1
 ...
 $ continent: Factor w/ 5 levels "Africa","Americas",..: 3 3 3 3 3 3 3 3 3
 3 ...
 $ year     : int [1:1704] 1952 1957 1962 1967 1972 1977 1982 1987 1992 199
7 ...
 $ lifeExp  : num [1:1704] 28.8 30.3 32 34 36.1 ...
 $ pop      : int [1:1704] 8425333 9240934 10267083 11537966 13079460 14880
372 12881816 13867957 16317921 22227415 ...
 $ gdpPercap: num [1:1704] 779 821 853 836 740 ...
```

여전히 gapminder 데이터에 대해 모르는 부분이 더 많을 것입니다. Google 검색을 통해 R의 gapminder 데이터가 무엇인지를 알 수도 있지만, 콘솔창에 ?gapminder을 입력하여 gapminder 데이터에 대한 설명을 다음의 그림처럼 Help 창에서 확인할 수 있습니다.

```
> ?gapminder
```

gapminder 데이터는 142개 국가에 대한 1952부터 2007년까지의 인구수, 기대수명, 1인당 GDP 등의 정보를 담고 있는 데이터 셋임을 알 수 있습니다.

gapminder 데이터셋은 데이터 프레임 타입이 아니라 'tibble' 타입으로 되어 있습니다. 우리가 배우지 않은 데이터 구조입니다만 'tibble' 역시 2차원의 데이터 프레임과 거의 같은 데이터 구조입니다. as.data.frame( )을 이용하여 gapminder 데이터를 데이터 프레임으로 변환시킬 수 있습니다.

```
> gapminder <- as.data.frame(gapminder)
```

데이터 프레임 형태로 변환한 gapminder에 대해서 head( ), tail( ) 함수를 통해 어떤 데이터들로 구성되어 있는지 확인해 볼 수 있습니다.

```
> head(gapminder)
      country continent year lifeExp      pop gdpPercap
1 Afghanistan      Asia 1952  28.801  8425333  779.4453
2 Afghanistan      Asia 1957  30.332  9240934  820.8530
3 Afghanistan      Asia 1962  31.997 10267083  853.1007
4 Afghanistan      Asia 1967  34.020 11537966  836.1971
5 Afghanistan      Asia 1972  36.088 13079460  739.9811
6 Afghanistan      Asia 1977  38.438 14880372  786.1134
> tail(gapminder)
      country continent year lifeExp      pop gdpPercap
1699 Zimbabwe    Africa 1982  60.363  7636524  788.8550
1700 Zimbabwe    Africa 1987  62.351  9216418  706.1573
1701 Zimbabwe    Africa 1992  60.377 10704340  693.4208
1702 Zimbabwe    Africa 1997  46.809 11404948  792.4500
1703 Zimbabwe    Africa 2002  39.989 11926563  672.0386
1704 Zimbabwe    Africa 2007  43.487 12311143  469.7093
```

이렇게 표준 패키지의 내장 데이터셋이 아닌 다른 패키지를 다운받아 설치하고, 설치된 새로운 패키지에 포함되어 있는 데이터셋을 읽어오는 방법에 대해 알아보았습니다.

9.3 데이터 정제하기

데이터를 정제한다는 말은 무슨 뜻일까요? 분석해야 할 데이터를 만났을 때 데이터에는 누락된 값, 잘못 입력된 값, 등 수정이 필요한 경우가 많습니다. 이러한 데이터를 분석하게 되면 오류가 발생하기 쉽습니다. 또 데이터에서 분석에 필요한 부분과 없어도 되는 부분이 존재하기 때문에, 데이터를 분석하기 알맞은 형태로 정리하는 작업이 필요합니다. 이 작업을 바로 데이터 정제라고 합니다. 데이터 정제 작업은 데이터 전처리(pre-processing)라고 부르기도 하는데, 본격적인 데이터 분석 이전에 데이터를 미리 처리하는 작업이라는 뜻입니다. 그럼 이제부터 데이터 정제 작업에 필요한 구문과 함수에 대해 알아보겠습니다.

9.3.1 데이터 추출

분석에 필요한 데이터를 만났을 때, 분석 목적에 따라 전체 데이터셋 중에 데이터의 일부를 추출하여 분석 대상으로 삼는 경우가 종종 있게 됩니다. 우리는 iris 데이터를 활용하여 데이터를 추출하는 과정을 배워보겠습니다.

1 인덱싱

iris 데이터를 data( ) 함수를 통해 읽어옵니다. 총 150개의 행이 있고, 5개의 변수로 구성되어 있습니다.

```
> data(iris)
> str(iris)
'data.frame':   150 obs. of  5 variables:
 $ Sepal.Length: num  5.1 4.9 4.7 4.6 5 5.4 4.6 5 4.4 4.9 ...
 $ Sepal.Width : num  3.5 3 3.2 3.1 3.6 3.9 3.4 3.4 2.9 3.1 ...
 $ Petal.Length: num  1.4 1.4 1.3 1.5 1.4 1.7 1.4 1.5 1.4 1.5 ...
 $ Petal.Width : num  0.2 0.2 0.2 0.2 0.2 0.4 0.3 0.2 0.2 0.1 ...
 $ Species     : Factor w/ 3 levels "setosa","versicolor",..: 1 1 1 1 1
 1 1 1 1 ...
```

이중에 5번째 열인 Species에는 3개의 붓꽃종이 항목으로 있습니다. 이 전체 iris 데이터 중에서 붓꽃종이 "setosa"인 행만 추출해 봅시다. 어떻게 하면 될까요? 우리는 앞서 배운 비교연산자와 인덱싱 방법을 통해 간단하게 "setosa"의 데이터만을 추출할 수 있습니다. '=='연산자는 '같다'라는 의미입니다. 같으면 TRUE를 틀리면 FALSE를 출력합니다. 다음과 같이 iris의 "Species"열의 항목들이 "setosa"인지 비교 연산을 통해 결과를 출력해 볼 수 있습니다.

```
> iris["Species"]=="setosa"
      Species
 [1,]    TRUE
 [2,]    TRUE
 [3,]    TRUE
 [4,]    TRUE
 [5,]    TRUE
 [6,]    TRUE
```

위의 식을 다시 iris의 인덱싱에 활용합니다. 그러면 결과값이 TRUE인 위치의 행 정보 전체를 출력해 볼 수 있습니다.

```
> iris[iris["Species"]=="setosa", ]
  Sepal.Length Sepal.Width Petal.Length Petal.Width Species
1          5.1         3.5          1.4         0.2  setosa
2          4.9         3.0          1.4         0.2  setosa
3          4.7         3.2          1.3         0.2  setosa
4          4.6         3.1          1.5         0.2  setosa
5          5.0         3.6          1.4         0.2  setosa
6          5.4         3.9          1.7         0.4  setosa
```

다음과 같이 붓꽃종이 "setosa"인 데이터만 data라는 변수에 새로 할당합니다. summary 함수를 사용하여 data에 포함되어 있는 정보를 요약해보면 iris 데이터에서 붓꽃종이 "setosa"인 데이터 50개가 추출되어 있는 것을 볼 수 있습니다.

```
> data <- iris[iris["Species"]=="setosa", ]
> dim(data)
[1] 50  5
> summary(data)
  Sepal.Length    Sepal.Width     Petal.Length    Petal.Width
 Min.   :4.300   Min.   :2.300   Min.   :1.000   Min.   :0.100
 1st Qu.:4.800   1st Qu.:3.200   1st Qu.:1.400   1st Qu.:0.200
 Median :5.000   Median :3.400   Median :1.500   Median :0.200
 Mean   :5.006   Mean   :3.428   Mean   :1.462   Mean   :0.246
 3rd Qu.:5.200   3rd Qu.:3.675   3rd Qu.:1.575   3rd Qu.:0.300
 Max.   :5.800   Max.   :4.400   Max.   :1.900   Max.   :0.600
       Species
 setosa    :50
 versicolor: 0
 virginica : 0
```

Iris 데이터를 다시 봅시다. Petal.Length 열은 꽃잎의 길이 정보를 담고 있습니다. 가장 작은 값은 1.0 가장 긴 꽃잎의 길이는 6.9로 측정되었습니다.

```
> summary(iris)
  Sepal.Length    Sepal.Width     Petal.Length    Petal.Width
 Min.   :4.300   Min.   :2.000   Min.   :1.000   Min.   :0.100
 1st Qu.:5.100   1st Qu.:2.800   1st Qu.:1.600   1st Qu.:0.300
 Median :5.800   Median :3.000   Median :4.350   Median :1.300
 Mean   :5.843   Mean   :3.057   Mean   :3.758   Mean   :1.199
 3rd Qu.:6.400   3rd Qu.:3.300   3rd Qu.:5.100   3rd Qu.:1.800
 Max.   :7.900   Max.   :4.400   Max.   :6.900   Max.   :2.500
       Species
 setosa    :50
 versicolor:50
 virginica :50
```

이번에는 꽃잎의 길이가 평균값인 3.76보다 작은 행들만 추출하려고 합니다. 방법은 동일합니다. 이번에는 비교연산자 "<="를 사용하면 됩니다. 꽃잎의 길이가 3.76보다 작거나 같으면 TRUE가 출력될 것이고, 3.76보다 크면 FALSE값이 출력될 것입니다.

```
> iris$Petal.Length <= 3.76
  [1]  TRUE  TRUE  TRUE  TRUE  TRUE  TRUE  TRUE  TRUE  TRUE  TRUE
 [11]  TRUE  TRUE  TRUE  TRUE  TRUE  TRUE  TRUE  TRUE  TRUE  TRUE
 [21]  TRUE  TRUE  TRUE  TRUE  TRUE  TRUE  TRUE  TRUE  TRUE  TRUE
 [31]  TRUE  TRUE  TRUE  TRUE  TRUE  TRUE  TRUE  TRUE  TRUE  TRUE
 [41]  TRUE  TRUE  TRUE  TRUE  TRUE  TRUE  TRUE  TRUE  TRUE  TRUE
 [51] FALSE FALSE FALSE FALSE FALSE FALSE FALSE  TRUE FALSE FALSE
 [61]  TRUE FALSE FALSE FALSE  TRUE FALSE FALSE FALSE FALSE FALSE
 [71] FALSE FALSE FALSE FALSE FALSE FALSE FALSE FALSE FALSE  TRUE
 [81] FALSE  TRUE FALSE FALSE FALSE FALSE FALSE FALSE FALSE FALSE
 [91] FALSE FALSE FALSE  TRUE FALSE FALSE FALSE FALSE  TRUE FALSE
[101] FALSE FALSE FALSE FALSE FALSE FALSE FALSE FALSE FALSE FALSE
[111] FALSE FALSE FALSE FALSE FALSE FALSE FALSE FALSE FALSE FALSE
[121] FALSE FALSE FALSE FALSE FALSE FALSE FALSE FALSE FALSE FALSE
[131] FALSE FALSE FALSE FALSE FALSE FALSE FALSE FALSE FALSE FALSE
[141] FALSE FALSE FALSE FALSE FALSE FALSE FALSE FALSE FALSE FALSE
```

위의 비교연산식을 인덱싱에 활용하여 데이터를 추출합니다.

```
> data_1 <- iris[iris$Petal.Length <= 3.76, ]
> dim(data_1)
[1] 57  5
> summary(data_1)
  Sepal.Length    Sepal.Width     Petal.Length    Petal.Width
 Min.   :4.300   Min.   :2.000   Min.   :1.000   Min.   :0.1000
 1st Qu.:4.800   1st Qu.:3.000   1st Qu.:1.400   1st Qu.:0.2000
 Median :5.000   Median :3.400   Median :1.500   Median :0.2000
 Mean   :5.037   Mean   :3.307   Mean   :1.702   Mean   :0.3456
 3rd Qu.:5.200   3rd Qu.:3.600   3rd Qu.:1.600   3rd Qu.:0.4000
 Max.   :5.800   Max.   :4.400   Max.   :3.700   Max.   :1.3000
       Species
 setosa    :50
 versicolor: 7
 virginica : 0
```

꽃잎의 길이가 3.76보다 작거나 같은 행들만 추출하여 살펴보니, 재미있는 결과가 나왔습니다. "setosa" 종이 전부 추출되었고, "versicolor"종의 일부가 추출된 것을 볼 수 있습니다.

2 subset( ) 함수

이번에는 subset( ) 함수를 통해 데이터를 추출하는 방법을 배워보려고 합니다. subset( ) 함수는 위의 인덱싱 방법과 동일한 목적을 가지지만, 함수를 사용한다는 점에 차이가 있습니다. subset( ) 함수는 특정한 조건에 부합되는 데이터를 추출해주는 함수입니다.
subset( ) 함수의 첫번째 인수에는 데이터가, 두번째 인수에는 조건식이, 세번째 인수에는
선택하려는 열의 이름을 지정해주면 됩니다. 다음의 코드를 통해 알아봅시다.

```
> subset(iris,
+        Species=="setosa",
+        c("Sepal.Length","Sepal.Width","Petal.Length","Petal.Width"))
  Sepal.Length Sepal.Width Petal.Length Petal.Width
1          5.1         3.5          1.4         0.2
2          4.9         3.0          1.4         0.2
3          4.7         3.2          1.3         0.2
4          4.6         3.1          1.5         0.2
5          5.0         3.6          1.4         0.2
6          5.4         3.9          1.7         0.4
```

세번째 열의 이름을 지정하지 않으면 전체 열이 default로 설정됩니다.

```
> subset(iris, Petal.Length<=3.76, c("Species"))
    Species
1    setosa
2    setosa
3    setosa
4    setosa
5    setosa
6    setosa
> subset(iris, Petal.Length<=3.76)
  Sepal.Length Sepal.Width Petal.Length Petal.Width    Species
1          5.1         3.5          1.4         0.2     setosa
2          4.9         3.0          1.4         0.2     setosa
3          4.7         3.2          1.3         0.2     setosa
4          4.6         3.1          1.5         0.2     setosa
5          5.0         3.6          1.4         0.2     setosa
6          5.4         3.9          1.7         0.4     setosa
```

9.3.2 일괄 처리하기

R은 벡터 연산을 지원하는 다양한 함수들로 인해 데이터 처리를 한 줄의 명령어로 일괄 처
리할 수 있습니다. 여기에서는 데이터 전처리 작업에 유용한 몇 가지 함수들에 대해 소개
하겠습니다.

1 ifelse( ) 함수

ifelse( ) 함수는 벡터의 각 원소에 대한 조건 연산을 수행하고, 그 결과에 따라 명령이 수
행되도록 해줍니다. ifelse( ) 함수는 첫번째 인수에는 조건식을 담습니다. 첫번째 조건식이

TRUE이면 두번째 인수에 지정된 명령어가 수행됩니다. 첫번째 조건식이 FALSE이면, 세번째 인수에 지정된 명령어가 실행됩니다.

코드를 통해 ifelse의 사용 방법을 알아봅시다. 다음과 같이 벡터 x가 있습니다.

```
> x <- c(1:10)
> x
 [1]  1  2  3  4  5  6  7  8  9 10
> ifelse(x%%2==1,TRUE,FALSE)
 [1]  TRUE FALSE  TRUE FALSE  TRUE FALSE  TRUE FALSE  TRUE FALSE

> ifelse(x%%2==1,TRUE,FALSE)
 [1]  TRUE FALSE  TRUE FALSE  TRUE FALSE  TRUE FALSE  TRUE FALSE
```

ifelse( ) 함수 안에 첫번째 인수에 비교연산식 x%%2==1이 포함되었습니다. x를 2로 나눈 나머지가 1인지 비교하는 연산식입니다. 벡터의 각 원소마다 비교연산식을 수행하여 결과가 TRUE이면, 두번째 인수인 TRUE가 출력됩니다. 비교연산 결과가 FALSE이면, 세번째 인수에 지정되어 있는 FALSE이 출력됩니다. X가 벡터이기 때문에 벡터의 모든 원소가 차례로 조건식에 대입되고, 그 결과에 따라 TRUE 또는 FALSE가 출력됩니다. 다음과 같이 ifelse( ) 함수를 벡터의 인덱싱에도 사용할 수 있습니다. ifelse( ) 결과값이 TRUE가 되는 위치의 값들만 출력되게 할 수 있습니다.

```
> x[ifelse(x%%2==1,TRUE,FALSE)]
[1] 1 3 5 7 9
```

ifelse( ) 함수를 활용하여 새로운 열을 만드는 데 사용하기도 합니다. Iris 데이터에는 5개의 열이 있습니다. 여기에 6번째 열 "Petal.Mean"을 만들려고 합니다. 6번째 열에는 꽃잎의 길이가 평균 이상이면 "above"라는 값을, 평균 미만이면 "below"라는 값을 할당하려고 합니다. 열을 생성하는 방법은 다음과 같습니다. 단지 새로운 열 이름에 단순히 값을 할당하는 것만으로도 새로운 열이 생성됩니다.

```
> iris$"Petal.Mean" <-ifelse(iris$Petal.Length >= 3.76,"above","below")
> head(iris)
  Sepal.Length Sepal.Width Petal.Length Petal.Width Species Petal.Mean
1          5.1         3.5          1.4         0.2  setosa      below
2          4.9         3.0          1.4         0.2  setosa      below
3          4.7         3.2          1.3         0.2  setosa      below
4          4.6         3.1          1.5         0.2  setosa      below
5          5.0         3.6          1.4         0.2  setosa      below
6          5.4         3.9          1.7         0.4  setosa      below
```

2 apply 함수

apply() 함수는 어떤 함수를 여러 데이터에 대해 단번에 처리해 주는 함수입니다. 결과를 출력하는 데이터 구조 형태에 따라 apply(), lapply(), sapply() 등을 사용할 수 있습니다. 코드를 통해 apply() 함수의 사용 방법을 읽혀 봅시다.

먼저, apply() 함수를 활용할 수 있는 데이터 프레임 하나를 생성하여 연습해 봅시다. 다음 코드에 등장한 sample() 함수는 랜덤으로 지정된 범위 안에 있는 수를 생성해 주는 함수입니다. sample() 함수는 샘플 데이터를 생성할 때 편리합니다. sample() 함수에서 x 인수는 선택할 데이터의 범위이고, size 인수는 해당 범위에서 선택할 숫자의 갯수입니다. set.seed()는 코드를 실행할 때마다 같은 랜덤 숫자가 나오도록 합니다. 이 함수 없이 랜덤 함수를 사용하면 코드를 실행할 때마다 다른 값이 선택되니, 상황에 따라 set.seed() 함수의 사용을 선택하도록 합니다. 다음의 코드로 ID 1번부터 10번까지의 학생의 5개의 시험 점수를 담고 있는 데이터 프레임이 생성됩니다.

```
> set.seed(1)
> exams <- data.frame(ID=c(1:10),
+                     ex1=sample(x=60:100,size=10),
+                     ex2=sample(x=50:95,size=10),
+                     ex3=sample(x=70:99,size=10),
+                     ex4=sample(x=63:90,size=10),
+                     ex5=sample(x=70:90,size=10))
> exams
   ID ex1 ex2 ex3 ex4 ex5
1   1  63  91  71  72  76
2   2  98  59  79  68  88
3   3  60  56  94  77  79
4   4  93  58  81  82  75
5   5  82  64  84  87  83
6   6  73  70  70  74  71
7   7  77  86  89  89  82
8   8  92  74  72  70  85
9   9  80  89  75  85  87
10 10  97  87  98  84  84
```

각 학생마다, 5차례의 시험성적에 대한 평균값을 새로운 열을 생성하여 기록하고자 합니다.

각 행마다 mean() 함수를 사용하면 되지만 한 번에 처리하는 방법이 있습니다. 바로 apply() 함수입니다.

```
> exams$mean<-apply(exams[2:6],1,mean)
> exams
   ID ex1 ex2 ex3 ex4 ex5 mean
1   1  63  91  71  72  76 74.6
2   2  98  59  79  68  88 78.4
```

```
 3  3  60  56  94  77  79 73.2
 4  4  93  58  81  82  75 77.8
 5  5  82  64  84  87  83 80.0
 6  6  73  70  70  74  71 71.6
 7  7  77  86  89  89  82 84.6
 8  8  92  74  72  70  85 78.6
 9  9  80  89  75  85  87 83.2
10 10  97  87  98  84  84 90.0
```

apply() 함수에는 3개의 인수가 지정되어야 합니다. 첫번째는 연산에 참여하는 데이터를 지정합니다. 행에 대해 연산할 것인지, 열에 대해 연산할 것인지를 지정하는 값입니다. 행에 대해 연산하려면 1을, 열에 대해 연산하려면 2을 설정합니다. 세번째 인수에는 사용할 함수의 이름을 지정합니다. 행이 많으면 많을수록 이 apply() 함수의 강점이 드러납니다.

apply() 함수는 다음과 같이 첫 번째 열에 있는 각 원소들의 데이터 타입을 factor 형으로 변환하는데에도 사용할 수 있습니다.

```
> exams$ID <-apply(exams[1],1,as.factor)
> str(exams)
'data.frame':   10 obs. of  7 variables:
 $ ID  : Factor w/ 10 levels "1","2","3","4",..: 1 2 3 4 5 6 7 8 9 1
0
 $ ex1 : int  63 98 60 93 82 73 77 92 80 97
 $ ex2 : int  91 59 56 58 64 70 86 74 89 87
 $ ex3 : int  71 79 94 81 84 70 89 72 75 98
 $ ex4 : int  72 68 77 82 87 74 89 70 85 84
 $ ex5 : int  76 88 79 75 83 71 82 85 87 84
 $ mean: num  74.6 78.4 73.2 77.8 80 71.6 84.6 78.6 83.2 90
```

apply 함수의 두번째 인수를 2로 지정하면 열에 대해 함수가 실행됩니다. 다음 코드처럼 각 열마다 최대값과 최소값을 apply() 함수를 통해 쉽게 결과를 도출하였습니다.

```
> apply(exams[2:6],2,max)
ex1 ex2 ex3 ex4 ex5
 98  91  98  89  88
> apply(exams[2:6],2,min)
ex1 ex2 ex3 ex4 ex5
 60  56  70  68  71
```

apply() 함수의 세번째 인수에는 연산에 수행되는 함수 이름이 들어갑니다. 사용자가 직접 만든 함수를 사용할 수도 있습니다. 먼저, 사용자 정의 함수를 만드는 법을 배우고 직접 만든 함수를 apply() 함수에 적용해 봅시다.

3 사용자 정의 함수

함수는 명령어들의 집합입니다. 우리는 지금까지 여러가지 함수의 사용방법을 배웠습니다. R은 데이터 분석에 유용한 많은 함수들을 지원합니다. 함수의 특징은 함수이름 다음에 ()를 붙이고, ()안 필요한 인수를 지정하여 실행하면, 해당 인수를 기반으로 함수에 미리 구성되어 있는 명령어들이 실행되어 결과가 도출된다는 것입니다. 함수는 사용자가 직접 만들 수도 있는데, 이러한 함수를 사용자 정의 함수라고 합니다. 사용자 정의 함수를 만들어 놓으면, 필요할 때마다 만들어 놓은 함수를 호출해서 사용하면 되기 때문에 또 코드를 작성할 필요가 없어 편리합니다. 그럼 사용자 정의 함수는 어떻게 만들 수 있을까요? 다음과 같은 구조로 함수를 생성할 수 있습니다.

■ 사용자 정의 함수 구조

```
함수이름  <- function (인자1, 인자2, ... ){
    함수 동작 시 수행할 코드
    return(반환값)
}
```

사용자 정의 함수를 작성하려면 먼저, 함수의 이름이 필요합니다. 그리고 R에 함수임을 알리기 위해 function()을 함수이름에 할당합니다. 함수에 값을 넣어 계산해야 하는 경우 function()의 괄호안에 인자를 지정합니다. 함수를 호출하면 실행될 코드들을 중괄호 { } 안에 작성합니다. 이때, 함수 안의 코드를 실행한 결과를 다시 반환하고 싶다면, return 함수에 반환 값을 지정합니다. 다음 코드를 통해 사용자 정의 함수를 만들어 봅시다.

```
myfunc <- function(x){

    result <- ifelse(x>=70,"Pass","Fail")
    return(result)

}
```

먼저, myfunc라는 함수 이름을 정하고, function()을 할당하였습니다. 괄호 안에는 x라는 인자를 하나 갖도록 하였습니다. 함수를 호출할 때 인자에 값을 할당하면, 해당하는 값을 가지고, 함수의 중괄호 안에 작성되어 있는 코드들이 실행됩니다. 중괄호 안의 명령어를 보면, 인자로 받은 x를 70과 비교하여, 70보다 크거나 같으면 "Pass"를 result에 할당하고,

70보다 작으면, "Fail"을 result에 할당합니다. 그리고 결과값을 갖는 result는 return 함수에 의해 반환됩니다. 함수 myfunc를 실행해 봅시다.

```
> myfunc <- function(x){
+
+     result <- ifelse(x>=70,"Pass","Fail")
+     return(result)
+
+ }
```

스크립트 창에 작성된 myfunc 함수를 선택하여 ctrl+enter로 실행시키면 아무 결과도 나타나지 않습니다. 함수는 호출되어야 실행됩니다. 함수이름과 ( )를 통해 호출하고, 괄호안에 값을 넣어 다음과 같이 호출합니다. 80이라는 인자를 넣어 myfunc 함수를 호출하니 함수안에 명령어들이 실행되어 다음과 같이 결과가 반환되는 것을 알 수 있습니다. 그 다음에는 65을 인자로 설정하여 함수를 호출했습니다. 70보다 작은 값이기 때문에 "Fail"이 반환되었습니다.

```
> myfunc(80)
[1] "Pass"
> myfunc(65)
[1] "Fail"
```

앞에서 구성한 데이터 프레임에 apply( ) 함수를 사용하여 방금 만든 myfunc 함수를 적용해 봅시다.

```
> set.seed(1)
> exams <- data.frame(ID=c(1:10),
+                     ex1=sample(x=60:100,size=10),
+                     ex2=sample(x=50:95,size=10),
+                     ex3=sample(x=70:99,size=10),
+                     ex4=sample(x=63:90,size=10),
+                     ex5=sample(x=70:90,size=10))
> exams
   ID ex1 ex2 ex3 ex4 ex5
1   1  63  91  71  72  76
2   2  98  59  79  68  88
3   3  60  56  94  77  79
4   4  93  58  81  82  75
5   5  82  64  84  87  83
6   6  73  70  70  74  71
7   7  77  86  89  89  82
8   8  92  74  72  70  85
9   9  80  89  75  85  87
10 10  97  87  98  84  84
```

```
> apply(exams,2,myfunc)
        ID     ex1     ex2     ex3     ex4     ex5
 [1,] "Fail" "Fail" "Pass" "Pass" "Pass" "Pass"
 [2,] "Fail" "Pass" "Fail" "Pass" "Fail" "Pass"
 [3,] "Fail" "Fail" "Fail" "Pass" "Pass" "Pass"
 [4,] "Fail" "Pass" "Fail" "Pass" "Pass" "Pass"
 [5,] "Fail" "Pass" "Fail" "Pass" "Pass" "Pass"
 [6,] "Fail" "Pass" "Pass" "Pass" "Pass" "Pass"
 [7,] "Fail" "Pass" "Pass" "Pass" "Pass" "Pass"
 [8,] "Fail" "Pass" "Pass" "Pass" "Pass" "Pass"
 [9,] "Fail" "Pass" "Pass" "Pass" "Pass" "Pass"
[10,] "Fail" "Pass" "Pass" "Pass" "Pass" "Pass"
```

데이터 프레임의 각 열에 사용자 정의 함수인 myfunc( ) 가 적용되어 위와 같은 결과를 얻었습니다. 이처럼 사용자 정의 함수를 apply( ) 함수와 함께 활용하면 다양한 연산을 한번에 처리 할 수 있어 유용합니다.

9.3.3 NA 처리하기

데이터에 값이 누락되는 경우가 종종 있습니다. 이렇게 비어 있는 값을 결측치(Missing Value)라고 합니다. 결측치를 따로 처리해주지 않으면 잘못된 결과를 도출할 수 있기 때문에 결측치 처리는 중요합니다. R에서는 결측치를 NA로 표시하며, 다음과 같이 결측치 NA 값을 확인하고 처리하는데 유용한 함수들이 있습니다. 함수들의 사용 방법을 익혀봅시다.

종류	의미	설명
is.na( )	결측치 확인 및 대체	각 데이터가 NA(결측치)면 T, 아니면 F
anyNA( )	결측치 확인	데이터 전체를 대상으로 확인
na.rm	결측치 제외	na.rm = TRUE로 설정하면 결측치는 제외하고 분석
na.omit( )	결측치 제거	NA(결측치)가 있는 행은 제외

이전에 만들었던 class_mean.csv 파일에 일부 값을 지우고 저장하였습니다.

	A	B	C	D
1	class	korean	english	math
2	A	81	82	78
3	B		86	
4	C	85		81
5	D	83	87	80

read.csv( ) 함수를 통해 파일을 읽어 옵니다. 다음과 같이 data에 담아, 읽어온 데이터를 확인해 봅니다.

```
> data <- read.csv("class_mean.csv")
> data
  class korean english math
1     A     81      82   78
2     B     NA      86   NA
3     C     85      NA   81
4     D     83      87   80
```

빈공간으로 저장한 부분이 NA로 표시된 것을 알 수 있습니다. is.na( ) 함수를 사용해 봅시다. 결측치가 있는 곳에 TRUE 값이 출력되는 것을 볼 수 있습니다.

```
> is.na(data)    #결측치 확인
     class korean english  math
[1,] FALSE  FALSE   FALSE FALSE
[2,] FALSE   TRUE   FALSE  TRUE
[3,] FALSE  FALSE    TRUE FALSE
[4,] FALSE  FALSE   FALSE FALSE
```

결측치가 있는 상태에서 국어 과목의 평균값을 구한다면 다음과 같이 NA라는 결과를 출력합니다. mean( ) 함수에 na.rm라는 인수을 TRUE 설정하여 실행하면 NA을 제외한 나머지 값들에 대해 평균을 구하여 출력합니다.

```
> mean(data$korean)
[1] NA
>
> mean(data$korean, na.rm = TRUE)
[1] 83
```

결측치가 있는 데이터는 두가지 방법으로 처리합니다. 첫번째는 결측치가 있는 행을 제외하는 방법입니다. 두번째는 결측치를 적당한 값으로 채워주는 방법입니다. 데이터가 충분하다면 첫번째 방법을 주로 사용합니다. 만약 데이터가 충분하지 않다면 결측치에 중앙값이나 평균값 등 적합한 방법에 의해 값을 채워 넣고 분석을 진행합니다.

결측치를 제거하는 데 na.omit( ) 함수를 사용할 수 있습니다. na.omit( ) 함수를 사용하면 다음과 같이 결측치가 없는 행만이 남게 되는 것을 볼 수 있습니다.

```
> data_1 <- na.omit(data)  #결측치 제거거
> data_1
  class korean english math
1     A     81      82   78
4     D     83      87   80
```

두번째 결측치에 적합한 값을 채워 넣는 작업은 굉장히 조심해야 합니다. 오히려 더 잘못된 결과를 얻을 수 있기 때문입니다. 데이터에 대한 많은 사전 조사를 통해, 또 통계적 방법 등을 활용하여 적절한 방법을 찾아야 할 것입니다.

9.3.4 이상치 정제하기

논리적 또는 통계학적으로 정상 범주에서 크게 벗어난 데이터를 이상치(outlier)이라 합니다. 이상치도 결측치와 마찬가지로 따로 처리해주지 않으면 잘못된 결과를 도출할 수 있기 때문에 이상치를 처리하는 작업 역시 매우 중요한 작업입니다

```
> outlier <- data.frame(sex = c(1,2,2,3,1), class=c("A","B","A","C","A"))
> outlier
  sex class
1   1     A
2   2     B
3   2     A
4   3     C
5   1     A
```

이상치를 확인했다면 이상치를 NA로 표현하여 결측치로 변환합니다.

```
> outlier$sex <- ifelse(outlier$sex==3,NA,outlier$sex)
> outlier
  sex class
1   1     A
2   2     B
3   2     A
4  NA     C
5   1     A
```

이상치를 NA로 변환하면, na.omit( ) 함수로 NA를 제거할 수 있습니다.

```
> outlier<-na.omit(outlier)
> outlier
  sex class
1   1     A
2   2     B
3   2     A
5   1     A
```

CHAPTER **10**

데이터 시각화해 봤니?

10.1 데이터 시각화란?

데이터 시각화는 탐색적인 데이터 분석 과정 중의 하나로서, 차트와 같은 시각적 표현을 사용하여 데이터를 명확하고 쉽게 이해할 수 있도록 만들어주는 것을 말합니다. 여기서 탐색적 데이터 분석이라는 말은 데이터의 특성을 들여다 보는 작업을 말합니다. 탐색적 데이터 분석은 데이터 사이언스의 기초가 됩니다. 차트는 데이터를 그래프로 표현한 것을 말합니다. 차트에는 연속형 차트와 이산형 차트가 있습니다. 연속형 차트는 키, 시간, 길이 등과 같이 연속형 데이터를 다룹니다. 연속형 데이터를 표현하는 차트의 종류는 히스토그램, 밀도도표, 산포도(산점도), 상자도표 등이 있습니다.

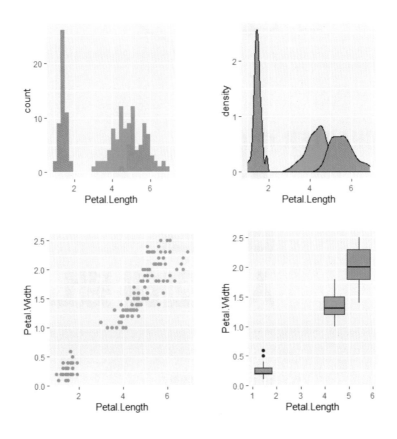

이산형 차트는 연속되지 않는 값을 가지는 발생빈도, 개수 등과 같은 데이터를 다룹니다. 이산형 데이터를 표현하는 차트의 종류에는 막대 차트, 파이차트, 점 차트 등이 있습니다.

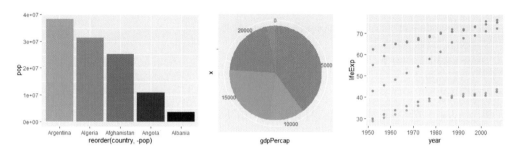

데이터의 특성이 잘 드러나도록 시각화하기 위해서는 데이터의 종류와 비교하려는 변수들의 특성에 따라 차트의 종류를 잘 선택해야 합니다. 먼저, R로 그래프를 다루는 기본적인 문법에 대해 알아본 후, 몇몇 그래프들의 특징과 해당 그래프의 표현 방법에 대해 배워 보겠습니다.

10.2 ggplot2 사용하기

R은 데이터 시각화에 강점을 가지고 있는 프로그래밍 언어입니다. R에는 데이터 시각화를 위한 다양한 함수들과 패키지가 존재합니다. 이 책에서는 R의 그래픽 작업을 위한 패키지 ggplot2를 사용하여 데이터 시각화를 배워 보려고 합니다. ggplot2는 그래프를 직관적이고 효율적으로 만들어 주기 때문에 그래프를 만들 때 많이 사용하는 패키지입니다. ggplot2는 표준 패키지가 아니기 때문에 추가로 설치해야 합니다. install.packages() 함수로 ggplot2를 설치하고, library() 함수를 통해 작업공간으로 ggplot2 패키지의 함수들을 불러옵니다.

```
> install.packages("ggplot2")
> library("ggplot2")
```

ggplot2는 레이어를 추가하는 방식의 기본 문법을 사용하여 그래프를 표현합니다. ggplot2는 다음과 같은 레이어 구조로 구성되는데, 1층은 x축, y축을 설정합니다. 2층은 그래프의 종류를 설정합니다. 막대그래프, 점 그래프, 선 그래프 등, 어떤 종류의 그래프로 표현할지를 지정합니다. 3층은 상세설정으로 축의 범위, 색상, 제목 등을 추가 설정하여 그래프를 꾸며줍니다. 그리고 각각의 층은 (+) 기호로 연결시켜줍니다.

① ggplot(data = 데이터셋 이름, aes(x = x축 변수, y = y축 변수) +
② geom_그래프 유형(옵션) +
③ labs(옵션) #상세설정

①의 ggplot( ) 함수의 첫 인수는 사용할 데이터셋의 이름입니다. ggplot( ) 함수 안에는 aes( ) 함수가 포함되어 사용되는데, 이 aes( ) 함수에는 변수가 그래프에서 맡는 역할을 지정하게 됩니다. 먼저, x축과 y축으로 사용할 변수 이름을 설정해 주고, 그래프를 그룹별로 표현하려 할 때는 aes( ) 안에 fill이나 color 인수를 추가하여 그래프를 설정할 수 있습니다.

②에서 산점도 그래프를 그릴 경우에는 geom_point( )를 사용하고, 막대그래프를 그릴 경우에는 geom_bar( )를 사용하며, 선 그래프를 그릴 경우에는 geom_line( )를 사용합니다. 각 그래프를 표현하는 함수에 인수들을 추가하여 여러가지 설정을 할 수 있습니다.

함수 이름	기능
geom_point( )	점 그래프, 산점도
geom_bar( )	바 차트
geom_boxplot( )	상자 도표
geom_density( )	밀도 도표
geom_histogram( )	히스토그램
geom_line( )	라인 차트
geom_violin( )	바이올린 차트
geom_hline( )	그래프 상에 수평선 추가
geom_vline( )	그래프 상에 수직선 추가
geom_text( )	그래프 상에 텍스트 추가

③에서는 labs( ) 또는 theme( ) 등 여러 함수들에 인수를 설정하여 그래프 제목이나 축 이름 등 그래프의 외관을 변경할 수 있습니다.

10.3 히스토그램

히스토그램은 연속형 변수의 데이터 분포를 한눈에 볼 수 있는 그래프입니다. 표현하고자 하는 연속형 변수의 범위를 일정 구간으로 나누어 각 구간에 해당하는 값들의 빈도를 그래프로 표현합니다. 다시 말해 히스토그램의 x축은 변수의 범위를 동일한 크기로 나눈 구간을 나타내고, y축에는 각 구간에 포함되는 값의 개수가 표현됩니다. 이러한 구성을 통해 특정 변수의 값이 어떻게 분포되어 있는지 한눈에 볼 수 있습니다.

히스토그램을 그려봅시다. 여기서는 iris 데이터를 사용하겠습니다.

```
> library("ggplot2")
> data("iris")
> head(iris)
  Sepal.Length Sepal.Width Petal.Length Petal.Width Species
1          5.1         3.5          1.4         0.2  setosa
2          4.9         3.0          1.4         0.2  setosa
3          4.7         3.2          1.3         0.2  setosa
4          4.6         3.1          1.5         0.2  setosa
5          5.0         3.6          1.4         0.2  setosa
6          5.4         3.9          1.7         0.4  setosa
```

먼저, 다음과 같이 ggplot( ) 함수에는 데이터셋의 이름과 데이터의 분포 형태를 보고자 하는 변수 이름을 x축에 지정합니다. 먼저, iris 데이터의 Petal.Length 변수의 분포를 알아보고자 합니다. 그리고 히스토그램을 그리기 위해 geom_histogram( ) 함수를 사용하여 다음과 같이 구성하여 실행합니다. iris 데이터의 Petal.Length 변수의 값들이 다음과 같은 분포를 가지고 있음을 알 수 있습니다.

```
> ggplot(iris,aes(x=Petal.Length)) + geom_histogram()
```

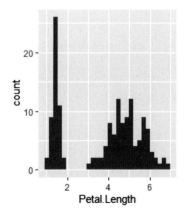

ggplot( ) 함수 안의 aes( )에 fill이라는 인자를 넣어 붓꽃 종의 정보를 담고 있는 Species 변수를 지정해 봅시다. fill 인수에 변수를 지정하여 추가하면, 해당 변수를 기준으로 그래프의 색이 채워집니다. 이 Species 변수는 iris의 종을 담은 범주형 변수입니다. 즉, iris의 종에 따라 그래프의 색이 채워지게 됩니다.

```
> ggplot(iris,aes(x=Petal.Length, fill=Species)) + geom_histogram()
```

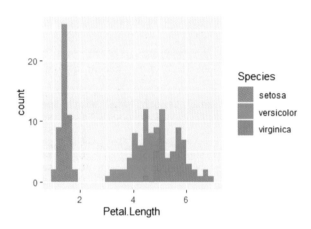

이렇게 Petal.Length 변수를 통해 iris의 꽃잎의 길이는 iris의 종류에 따라 차이가 남을 알 수 있게 됩니다. R에서 히스토그램은 연속형 변수의 전반적인 데이터 분포를 표현해주며, 해당 데이터의 범주형 변수를 통해 그룹으로 표현하여 비교할 수 있도록 시각화 할 수 있습니다.

10.4 밀도 도표

밀도 도표는 데이터의 분포를 밀도 추정 방식에 의해 연속된 선으로 표현한 그래프입니다. 즉, 히스토그램을 부드러운 곡선으로 표현한 것이라 할 수 있습니다. 밀도 도표를 그리려면, 히스토그램과 같이 ggplot( ) 함수를 설정하고, 그래프 표현 방식만 geom_density( ) 함수를 지정하면 됩니다.

```
> ggplot(iris,aes(x=Petal.Length)) + geom_density()
```

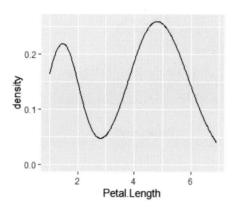

데이터 분포를 붓꽃 종별로 구분하고자 한다면 fill의 인자에 붓꽃 종의 정보를 담고 있는 변수 이름을 지정합니다.

```
> ggplot(iris,aes(x=Petal.Length, fill=Species)) + geom_density()
```

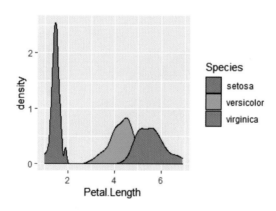

이제 Iris 데이터를 구성하는 다른 변수 Sepal.Length의 데이터 분포를 봅시다.

```
> ggplot(iris,aes(x=Sepal.Length, fill=Species)) + geom_density()
```

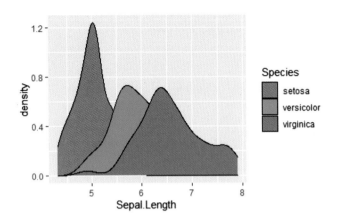

Petal.Length의 분포는 분꽃 종에 따라 구분이 잘 되었습니다. Sepal.Length 꽃받침의 길이는 데이터의 분포가 겹쳐져 있어 어떻게 구분되는지 확인하기가 어렵습니다. alpha 라는 인수를 geom_density( ) 함수에 포함하여 투명도를 다음과 같이 조정할 수 있습니다.

```
> ggplot(iris,aes(x=Sepal.Length, fill=Species)) + geom_density(alpha=0.5)
```

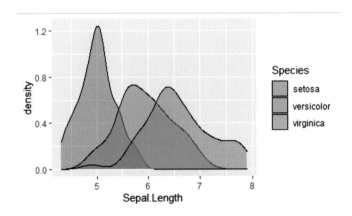

10.5 상자 도표

데이터 분포를 표현해주는 또 다른 그래프 표현 방식인 상자 도표에 대해 알아봅시다. 이 상자 도표는 데이터를 정렬하여 25번째, 50번째, 75번째 위치에 있는 레코드의 값을 상자 형태로 표현합니다. 상자 그래프에서는 상자 안에 굵은 선으로 표시된 부분이 바로 전체 데이터를 정렬하였을 때 한 가운데에 있는 값을 나타냅니다. 바로 50번째 위치에 있는 값인 중앙값에 해당됩니다. 그리고 상자의 위아래로 선이 표시되는데 이 선은 데이터의 범위를 나타냅니다. 간혹 이 선 양 끝에 점으로 표시되는 부분이 존재합니다. 이 점들은 이상치라고 판단되는 부분입니다. 상자 도표에서 이상치로 판단하는 기준은 사분위범위(IQR)의 1.5배 이상 더 떨어져 있는 데이터를 말합니다. 여기서 사분위범위란 정렬된 값들의 25% 지점과 75% 지점 사이의 거리를 말합니다. 이렇게 상자 도표는 데이터를 정렬하여 데이터의 흩어진 정도를 볼 수 있을 뿐만 아니라, 25% 지점, 중앙값, 75% 지점, 그리고 이상치에 대한 정보도 얻을 수 있다는 장점이 있습니다. ggplot2에서는 geom_boxplot( ) 함수를 통해 상자 도표를 그릴 수 있습니다.

상자도표의 x축에는 분꽃 종별로 y축에는 꽃잎의 길이를 표현할 수 있도록 ggplot( ) 함수 안의 aes( )를 다음과 같이 설정해 줍니다.

```
> ggplot(iris,aes(x=Species, y=Petal.Length)) + geom_boxplot()
```

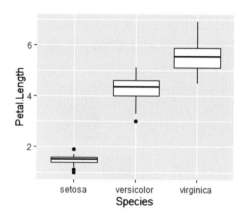

각 종별로 꽃잎 길이의 범위가 상자 도표를 통해 표현되었고, 쉽게 비교할 수 있도록 구성되었습니다. 꽃받침의 길이 변수 역시 상자 도표로 표현하여 각 종별로 비교해 봅니다.

```
> ggplot(iris,aes(x=Species, y=Sepal.Length)) + geom_boxplot()
```

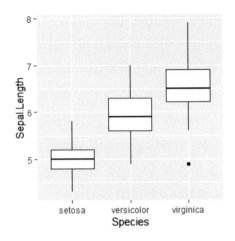

상자 도표를 사용하면 두 변수 간의 비교가 가능합니다. 위의 경우 x축에는 범주형 변수를 y축에는 수치형 변수를 두어 각 범주의 항목별로 y축의 수치형 변수의 범위를 비교할 수 있습니다. 이제, x축과 y축 모두 수치형의 변수를 배치하여 비교해 봅니다.

```
> ggplot(iris,aes(x=Petal.Length, y=Petal.Width, fill=Species))
  + geom_boxplot()
```

fill 인자에 Species 변수를 지정하면 각 종별 통계도 확인해 볼 수 있습니다.

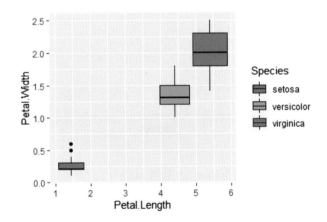

```
> ggplot(iris,aes(x=Sepal.Length, y=Petal.Length, fill=Species))
  + geom_boxplot()
```

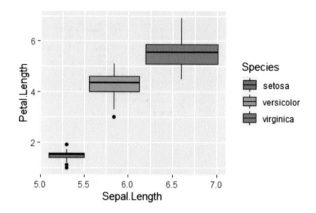

이렇게 수치형 변수 간의 데이터의 범위와 분포를 볼 수 있도록 상자 도표로 표현하는 방법에 대해 알아보았습니다.

10.6 산점도

산점도는 두개의 연속형 변수를 각각 x축과 y축에 배치하고, 각각에 대응하는 레코드들을 점으로 표현한 그래프입니다. 산점도를 통해 데이터 분포와 흩어짐 정도, 그리고 두 변수 간의 상관 관계 등을 파악할 수 있습니다. 여기서 상관관계는 x값이 증가하면 y값도 증가하는 형태인지, 아니면 x값이 증가하면 y값은 감소하는지, 아니면 관계가 없는지를 등을 파악하는 것을 말합니다.

Iris 데이터를 사용하여 산점도 그래프를 그리는 방법에 대해 알아봅시다. 산점도는 geom_point( ) 함수로 그릴 수 있습니다. ggplot( ) 함수에는 데이터셋의 이름을, aes( )에는 x축, y축에 해당하는 변수를 지정합니다. 그리고 geom_point( ) 함수를 연결합니다.

```
> ggplot(iris,aes(x=Petal.Length, y=Petal.Width)) + geom_point()
```

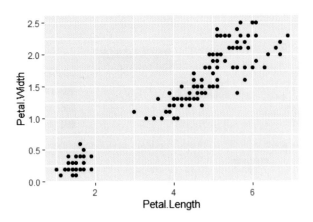

세부 설정을 이용해 좀 더 세밀하게 정리하여 그래프를 보기 쉽게 만들어 줄 수 있습니다. 그룹별로 색상이 다르게 표현해 봅시다. 다음과 같이 aes( ) 안의 color 인수에 붓꽃 종 별로 색이 다르게 표현되도록 Species를 지정합니다.

```
> ggplot(iris,aes(x=Petal.Length,y=Petal.Width,color= Species)) +
  geom_point()
```

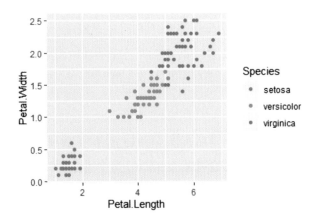

이렇게 데이터의 흩어진 정도를 표현해주는 산점도를 표현하는 방법에 대해 알아보았습니다. 산점도를 통해 데이터를 시각화하면 표현된 데이터의 특성을 알게 되어, 다양한 추가적인 분석 아이디어를 얻을 수 있게 됩니다.

10.7 바 차트(Bar Chart)

이번에는 gapminder 데이터를 사용하여 이산형 데이터를 표현하는 바 차트에 대해 배워 보겠습니다. gapminder 데이터를 작업 공간으로 불러옵니다. gapminder 데이터는 5개 대륙의 142개국 인구수와 기대수명 정보를 담고 있는 데이터 셋입니다.

```
> library(gapminder)
> data(gapminder)
> gapminder <-as.data.frame(gapminder)
> str(gapminder)
'data.frame':    1704 obs. of  6 variables:
 $ country  : Factor w/ 142 levels "Afghanistan",..: 1 1 1 1 1 1 1 1 1 1 ...
 $ continent: Factor w/ 5 levels "Africa","Americas",..: 3 3 3 3 3 3 3 3 3 3 ...
 $ year     : int  1952 1957 1962 1967 1972 1977 1982 1987 1992 1997 ...
 $ lifeExp  : num  28.8 30.3 32 34 36.1 ...
 $ pop      : int  8425333 9240934 10267083 11537966 13079460 14880372 12881816
 13867957 16317921 22227415 ...
 $ gdpPercap: num  779 821 853 836 740 ...
```

gapminder 데이터 셋에는 범주형 변수 country와 continent 변수가 있습니다. 변수 year 은 1952년부터 5년 단위로 데이터의 측정 년도를 담고 있기 때문에 정수형이나 이산형 데 이터로 표현할 수 있습니다. lifeExp, pop, gdpPercap은 각각 기대수명, 인구수, 1인당 GDP 연속적인 수치형 데이터를 담고 있습니다.

2007년을 기준으로 데이터를 추출하여 사용하겠습니다.

```
> gapminder_2007 <- gapminder[gapminder$year==2007,]
> head(gapminder_2007)
        country continent year lifeExp      pop gdpPercap
12  Afghanistan      Asia 2007  43.828 31889923  974.5803
24      Albania    Europe 2007  76.423  3600523 5937.0295
36      Algeria    Africa 2007  72.301 33333216 6223.3675
48       Angola    Africa 2007  42.731 12420476 4797.2313
60    Argentina  Americas 2007  75.320 40301927 12779.3796
72    Australia   Oceania 2007  81.235 20434176 34435.3674
```

2007년 기준으로 대륙별로 레코드들을 카운트하여 바 차트로 표현해 봅시다. 바 차트는 geom_bar( ) 함수를 사용하여 그릴 수 있습니다.

```
> ggplot(gapminder_2007, aes(x=continent)) + geom_bar()
```

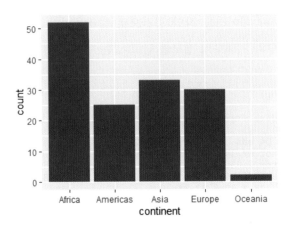

x축에는 대륙의 이름이, y축에는 각 대륙별 국가 수가 표현되었으며, 이 차트를 통해서
Africa 대륙에 가장 많은 국가의 정보들이 포함되었음을 알 수 있습니다. fill 인수를 통해
막대 그래프에 색을 채워봅니다. 이때 범례가 나타나는데 이미 x축에 대륙의 이름이 있기
때문에 따로 범례를 표시되지 않도록 geom_bar() 함수에 show.legend 인자를 FALSE로
지정합니다.

```
> ggplot(gapminder_2007, aes(x=continent, fill=continent))
  + geom_bar(show.legend =FALSE)
```

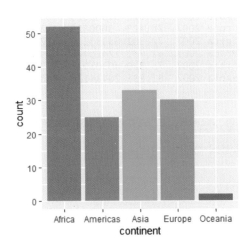

이렇게 이산형 데이터의 각 항목을 자동으로 카운트하여 바 차트가 구성됩니다. y축에 변수의 값이 그대로 표현되도록 하려면 y축에 표현하고자 하는 변수를 지정하고, geom_bar( ) 함수에 stat 인수를 포함한 후, "identity"를 지정해야 합니다.

gapminder 다른 변수들을 활용하여 다양한 차트를 구성해 봅시다.

CHAPTER 11

누가
생존했을까?

11.1 Kaggle?

캐글(Kaggle)은 최대 데이터과학 커뮤니티 사이트입니다. 여러 기업과 단체들이 등록한 데이터로 온라인 상에서 competition을 개최합니다. 이와 함께 데이터 분석 코드와 분석 방법들을 공유하며, 전세계의 데이터 과학자들의 정보의 장이 되고 있습니다.(위키백과-캐글).

11.2 Titanic Dataset

타이타닉 데이터는 캐글 데이터 분석 입문자라면 한번씩 경험해 보는 데이터입니다. 타이타닉 데이터는 1912년 영국의 사우샘프턴에서 출항해 미국 뉴욕으로 가던 타이타닉 호 선박이 빙산과 충돌하여 침몰하였을 당시 생존자와 사망자 정보를 담고 있습니다.

우리는 타이타닉 데이터를 통해 앞서 배운 R의 여러 함수들을 실제로 적용해 보고, 시각화하여 데이터가 어떤 정보를 담고 있는지 확인해 보려고 합니다.

11.3 데이터 수집

캐글에서 제공하는 타이타닉 데이터셋을 다운로드 받아 봅시다. www.kaggle.com 에 접속하여 titanic을 검색하면 데이터셋을 찾을 수 있습니다. 또는 https://www.kaggle.com/c/titanic/data 에서 데이터셋을 다운 받을 수 있습니다. 데이터를 다운 받기 전에 로그인 작업이 필요합니다.

해당 페이지에서 스크롤을 내리면 📥 Download All 버튼을 찾을 수 있습니다. 버튼을 클릭하면 titanic.zip 파일이 다운로드 됩니다.

압축을 풀면 3개의 파일(train.csv, test.csv, gender_submission.csv)이 다운로드 된 것을 확인할 수 있습니다. 우리는 여기서 train.csv파일만을 사용할 것입니다. 앞서 배운 R의 여러 함수들을 실제로 적용해 보고, 시각화 하여 데이터가 어떤 정보를 담고 있는지 확인해 봅시다.

11.4 데이터 살펴보기

RStudio를 실행시켜봅시다.

11.4.1 새 프로젝트 생성

데이터를 불러오기 전에 먼저 새로운 프로젝트를 생성합니다. 상단 메뉴에서 File – New Project를 선택하면 Create project 창이 뜹니다. 선택창에서 New Project를 선택합니다.

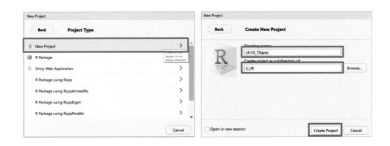

새로 생성할 디렉토리를 선택합니다. 디렉토리의 생성 위치를 설정하고, 새 디렉토리 이름을 작성합니다. 캐글에서 다운받은 train.csv 파일을 새로 생성된 프로젝트가 있는 디렉토리로 이동시킵니다. 같은 디렉토리에 파일이 없으면 파일을 불러올 때 파일경로도 함께 작성해야 합니다. 같은 디렉토리 안에 파일이 있으면 파일이름만으로 파일을 불러올 수 있습니다.

11.4.2 새 스크립트 파일 생성

상단 메뉴바에서 File – New File – R Script를 선택하여 새 스크립트 파일을 엽니다. 상단 메뉴바의 File – Save를 통해 파일을 저장합니다. 상단의 💾 버튼을 클릭해도 파일을 저장할 수 있습니다. 새 스크립트 파일의 파일이름을 작성하고 저장합니다.

11.4.3 파일 불러오기

우리가 다루고자 하는 train.csv을 RStudio 상에 불러옵시다. csv 파일을 불러오기 위해서 read.csv( ) 함수를 사용합니다. read.csv( ) 함수에는 먼저 "파일이름"이 인수로 들어가야 합니다. stringsAsFactors = FALSE라는 인수를 추가합니다. stringsAsFactors = FALSE를 추가하지 않으면 데이터를 불러올 때 문자 형태의 데이터는 모두 factor 타입으로 변환됩니다.

read.csv( )를 통해 불러들인 train.csv 파일의 데이터를 data라는 변수에 할당합니다. 콘솔 창에서 뿐만 아니라 스크립트 창에서도 코드를 작성한 후 Ctrl+Enter키를 눌러 한 줄씩 실행한 결과를 콘솔창에서 확인할 수 있습니다. 다음의 코드처럼 작성하고 실행시켜봅시다.

```
> data <- read.csv("train.csv", stringsAsFactors = FALSE)
```

11.4.4 데이터 살펴보기

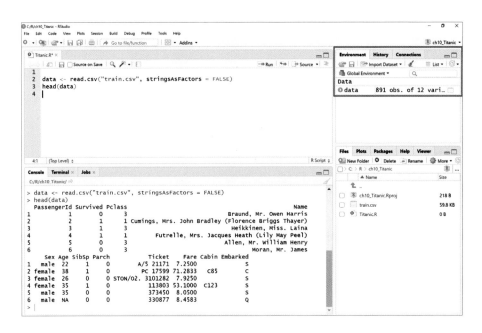

환경창에 data라는 변수가 생성된 것을 확인할 수 있습니다. 타이타닉 데이터셋은 891개의 행과 12개의 열로 구성되어 있음을 알 수 있습니다. 콘솔창에서 head() 함수와 tail() 함수를 실행시켜 처음 5행과 끝 5행의 데이터만 확인해 볼 수 있으며, RStudio의 환경창에 data 변수이름을 클릭하면, 스크립트 창에서 전체 데이터 셋을 확인할 수 있습니다.

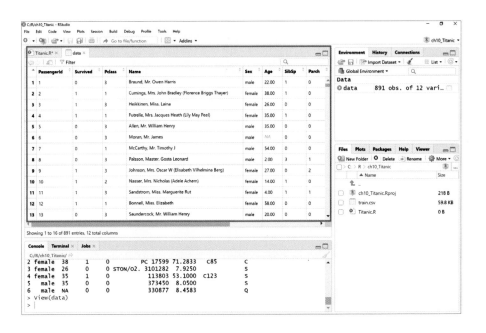

nrow( ) 함수는 train.csv 데이터의 전체 행의 개수를 알려줍니다. dim( ) 함수은 행과 열의 개수를 알려줍니다. colnames( ) 함수로 각 열의 이름을 확인할 수 있습니다.

```
> nrow(data)
[1] 891
> dim(data)
[1] 891  12
> colnames(data)
 [1] "PassengerId" "Survived"    "Pclass"      "Name"        "Sex"
 [6] "Age"         "SibSp"       "Parch"       "Ticket"      "Fare"
[11] "Cabin"       "Embarked"
```

캐글에서 타이타닉 데이터 셋에 대해 설명하고 있는 부분을 참고하여 데이터셋의 각 열이 어떤 정보를 담고 있는지 알아봅시다. 먼저, "Survived"는 생존여부를 나타내는 값으로 1은 '생존하였음'을 0은 '사망하였음'을 나타냅니다. "Pclass"는 티켓 등급으로 1은 First class를 2는 Second class, 3은 Third class를 의미합니다. "Sex"는 성별을 나타내며, 여성과 남성으로 구분됩니다. "Sibsp"는 타이타닉에 함께 탑승한 형제, 자매 수를 나타내며, "Parch"는 타이타닉에 탑승한 부모/자녀 수를 나타냅니다. "Ticket"은 티켓 번호 정보를 담고 있으며, "Fare"은 여객 요금, "Cabin"은 선실을, "Embared"는 승선항을 나타냅니다. "Embared"의 항목 C는 쉘부르(Cherbourg) 항, Q는 퀸스타운(Queenstown) 항, S는 사우샘프턴(Southampton) 항을 나타냅니다.

Data Dictionary

Variable	Definition	Key
survival	Survival	0 = No, 1 = Yes
pclass	Ticket class	1 = 1st, 2 = 2nd, 3 = 3rd
sex	Sex	
Age	Age in years	
sibsp	# of siblings / spouses aboard the Titanic	
parch	# of parents / children aboard the Titanic	
ticket	Ticket number	
fare	Passenger fare	
cabin	Cabin number	
embarked	Port of Embarkation	C = Cherbourg, Q = Queenstown, S = Southampton

11.4.5 데이터 요약

```
Console  Terminal ×  Jobs ×
C:/R/titanic/
> str(data)
'data.frame':    891 obs. of  12 variables:
 $ PassengerId: int  1 2 3 4 5 6 7 8 9 10 ...
 $ Survived   : int  0 1 1 1 0 0 0 0 1 1 ...
 $ Pclass     : int  3 1 3 1 3 3 1 3 3 2 ...
 $ Name       : chr  "Braund, Mr. Owen Harris" "Cumings, Mrs. John Bradley (Florence
 Briggs Thayer)" "Heikkinen, Miss. Laina" "Futrelle, Mrs. Jacques Heath (Lily May Pee
 l)" ...
 $ Sex        : chr  "male" "female" "female" "female" ...
 $ Age        : num  22 38 26 35 35 NA 54 2 27 14 ...
 $ SibSp      : int  1 1 0 1 0 0 0 3 0 1 ...
 $ Parch      : int  0 0 0 0 0 0 0 1 2 0 ...
 $ Ticket     : chr  "A/5 21171" "PC 17599" "STON/O2. 3101282" "113803" ...
 $ Fare       : num  7.25 71.28 7.92 53.1 8.05 ...
 $ Cabin      : chr  "" "C85" "" "C123" ...
 $ Embarked   : chr  "S" "C" "S" "S" ...
>
```

str( ) 함수를 통해 타이타닉 데이터가 어떤 열들로 구성되어 있는지, 또 각 열은 어떤 데이터 타입으로 구성되어 있는지를 알 수 있습니다. "Survived", "Pclass", "Sex", "Embarked"가 int형으로 되어 있습니다. 이러한 변수들은 factor형으로 데이터 형 변환이 필요할 것으로 보입니다. "Age" 변수에는 NA 값이 있는 것을 볼 수 있습니다. NA는 결측치를 뜻하며, NA 값에 대한 결측치 처리 과정이 필요합니다. "Cabin"과 "Embarked"에서는 NA라고 표현되어 있지는 않지만, "" 표시가 눈에 띕니다. ""는 공백문자로 역시 결측치라 할 수 있습니다. 숫자형 데이터에서는 결측치가 NA로 문자형 데이터에서는 결측치가 공백문자로 표현됩니다. 이러한 공백문자에 대한 처리도 필요합니다.

11.5 데이터 정제하기

1 데이터형 변환

summary( ) 함수는 각 열마다 기초 통계량을 보여줍니다. "Sex" 변수는 탑승자의 성별을 나타내는 변수로, Length가 891이라는 것은 전체 행의 개수가 891개임을 의미합니다. 이 변수는 문자형으로 되어 있기 때문에 적합한 통계량이 계산되지 않았습니다. Age, SibSp 등의 변수들에 대해서는 다양한 통계량이 계산되어 있는 것을 볼 수 있습니다.

```
Console  Terminal ×  Jobs ×
C:/R/ch10_Titanic/
> summary(data)
  PassengerId       Survived         Pclass          Name               Sex                 Age            SibSp            Parch
 Min.   :  1.0   Min.   :0.0000   Min.   :1.000   Length:891         Length:891         Min.   : 0.42   Min.   :0.000   Min.   :0.0000
 1st Qu.:223.5   1st Qu.:0.0000   1st Qu.:2.000   Class :character   Class :character   1st Qu.:20.12   1st Qu.:0.000   1st Qu.:0.0000
 Median :446.0   Median :0.0000   Median :3.000   Mode  :character   Mode  :character   Median :28.00   Median :0.000   Median :0.0000
 Mean   :446.0   Mean   :0.3838   Mean   :2.309                                         Mean   :29.70   Mean   :0.523   Mean   :0.3816
 3rd Qu.:668.5   3rd Qu.:1.0000   3rd Qu.:3.000                                         3rd Qu.:38.00   3rd Qu.:1.000   3rd Qu.:0.0000
 Max.   :891.0   Max.   :1.0000   Max.   :3.000                                         Max.   :80.00   Max.   :8.000   Max.   :6.0000
                                                                                        NA's   :177
   Ticket               Fare            Cabin             Embarked
 Length:891         Min.   :  0.00   Length:891         Length:891
 Class :character   1st Qu.:  7.91   Class :character   Class :character
 Mode  :character   Median : 14.45   Mode  :character   Mode  :character
                    Mean   : 32.20
                    3rd Qu.: 31.00
                    Max.   :512.33
```

"Survived", "Pclass", "Sex", "Embarked"는 factor형으로의 변환이 필요합니다. 변수들에 접근하는 방법은 data$열이름으로 접근할 수 있으며, as.factor( ) 함수를 통해 factor형으로 변환 할 수 있습니다. 다음과 같이 factor형으로 데이터형을 변환한 후에 summary( ) 함수를 실행하면, 각 열에 대한 기초 통계량이 더 의미 있는 형태로 표현되는 것을 확인할 수 있습니다.

```
> data$Survived <- as.factor(data$Survived)
> data$Pclass <- as.factor(data$Pclass)
> data$Sex <- as.factor(data$Sex)
> data$Embarked <-as.factor(data$Embarked)
> str(data)
```

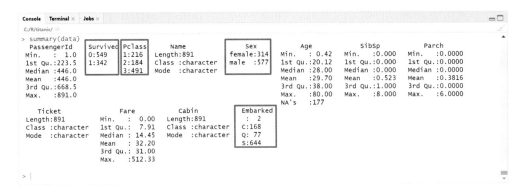

"Survived"를 통해 총 891행의 타이타닉 데이터에서 생존자는 342명, 사망자는 549명인 것을 확인할 수 있습니다. "Pclass"로 각 class별 승객 수를 알 수 있게 되었고, "Sex" 변수를 통해 남성과 여성의 수도 알 수 있게 되었습니다. 또한, "Age"에 NA가 177개가 있다는 것이 눈에 띕니다. 결측값 처리가 필요하며, "Embarked"에 C, Q, S 이외에 2건의 데이터가 공백으로 채워져 있는 것을 확인 할 수 있습니다.

2 결측치 처리

데이터셋에는 결측치(Missing Value)가 존재할 수 있습니다. 결측치를 따로 처리해주지 않으면 잘못된 결과가 도출될 수 있기 때문에 결측치 처리는 중요합니다.

```
> colSums(is.na(data))
PassengerId    Survived      Pclass        Name         Sex         Age       SibSp
          0           0           0           0           0         177           0
       Parch      Ticket        Fare       Cabin    Embarked
          0           0           0           0           0
```

is.na( ) 함수는 NA가 있으면 TRUE 값을 반환합니다. colSums( ) 함수는 열 별 합산을 해줍니다. is.na(data)를 colSums( ) 함수에 담아서 실행시키면 각 열에 NA의 개수를 합한 결과값을 출력해줍니다. 앞서 확인했듯이, "Age"에는 177개의 NA 값이 있습니다. 결측치를 처리하는 방법은 크게 두가지가 있다고 할 수 있습니다. 첫번째는 결측값이 있는 행을 분석 대상에서 제외하는 방법입니다. 두번째는 적절한 값으로 채워 넣는 것입니다. 여기서는 결측치가 있는 데이터를 제거함으로 데이터를 정제하고자 합니다.

```
> data<-data[!is.na(data$Age),]
```

data$Age에서 NA가 아닌 부분만 다시 data변수에 넣는다는 뜻입니다. 이 코드를 통해 결측치를 가진 행들을 모두 제거할 수 있습니다. 이로서 결측값이 있는 행들을 삭제하는 결과를 만들었습니다. 다시 colSums( ) 함수로 Age의 NA가 없는 것을 확인할 수 있으며, 동시에 분석 대상이 되는 데이터셋이 714개의 행으로 줄어든 것을 확인할 수 있습니다.

다음은 "Cabin"과 "Embarked"의 값이 공백 문자("")인 행을 제거하고자 합니다.

```
> nrow(data[data$Cabin=="",])
[1] 529
```

먼저 "Cabin"에서 공백문자로 채워진 행의 개수를 출력해봅시다. Cabin 항목이 공백문자인 행이 529개로, 대부분의 행에서 해당 항목의 값이 없다는 것을 알 수 있습니다. "Cabin"에 반이상의 데이터가 비어 있어, 열을 통째로 삭제하려고 합니다. 해당 열은 전체 데이터 프레임에서 11번째 열로 (−) 연산자를 통해 제거합니다. colnames( ) 함수를 통해 열의 이름을 프린트해보니 바르게 삭제된 것을 확인할 수 있습니다.

```
> data<-data[-11]
> colnames(data)
 [1] "PassengerId" "Survived"    "Pclass"      "Name"        "Sex"
 [6] "Age"         "SibSp"       "Parch"       "Ticket"      "Fare"
[11] "Embarked"
```

"Embarked"는 공백문자로 채워져 있는 행이 2개입니다. != 연산자를 사용하여, data의 "Embarked"변수에 공백이 아닌 행들만 다시 data에 할당하는 방식으로 공백행들을 제거합니다.

```
> data<-data[data$Embarked!="", ]
>
> nrow(data)
[1] 712
```

이로써, 결측치와 공백을 제거하고 712행의 데이터를 분석 대상으로 삼고자 합니다.

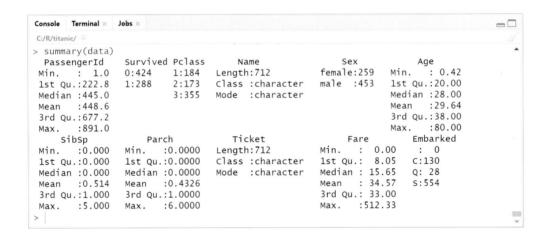

11.6 데이터 시각화하기

데이터셋을 그래프로 표현하여 시각화 하고자 합니다. 다음과 같은 library( ) 함수로 ggplot2 패키지를 작업공간으로 불러옵니다.

```
> library(ggplot2)
```

1 바 차트

바 차트를 구성해봅시다. ggplot2을 통해 그래프를 구성할 때는 ggplot( ) 함수에 분석할 데이터셋과 x축, y축에 사용할 열의 이름을 설정해줍니다. 바 차트를 구성할 때에는 geom_bar( ) 함수를 (+) 기호로 연결해줍니다. 그러면 기본적인 바 차트가 생성됩니다. 그래프의 색, 모양 등 그래프의 디자인을 변경하고 싶을 때는 geom_bar( ) 함수에 인수를 추가하면 됩니다. geom_bar( ) 함수에 포함시킬 수 있는 인자는 ?geom_bar( )를 실행시켜 help 창에서 정보를 얻을 수 있습니다. 그래프의 제목, 부제목, x축, y축 이름 등을 설정해 주고자 할 때는 labs 함수에 인자를 추가하여 (+) 기호로 연결해줍니다. data에서 Survived 변수를 x축으로 설정하여, 0과 1에 해당되는 값에 대한 count 값을 막대그래프로 표현하고, 그래프 제목을 labs( ) 함수를 통해 추가합니다.

```
> ggplot(data, aes(x=Survived)) +
+   geom_bar() +
+   labs(title="Titanic Survival")
```

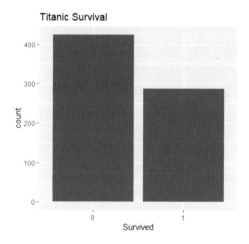

위의 코드에서 fill 값을 "Sex"로 설정하여 aes( ) 안에 인자로 추가해 봅시다.

```
> ggplot(data, aes(x=Survived, fill=Sex)) +
+   geom_bar() +
+   labs(title="Titanic Survival by Sex")
```

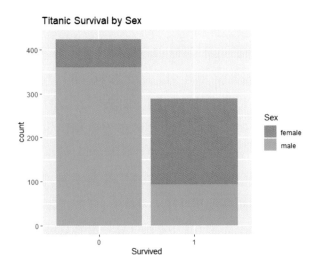

생존 여부를 나타내는 막대 그래프의 색이 성별에 따라 각각 칠해진 것을 볼 수 있습니다. 직관적으로 생존자에 여성이 더 많을 것을 볼 수 있습니다. 이번에는 위에서 구성했던 바 차트에 인수를 조정하여 생존자와 사망자 사이에 성별 구성 비율을 알아보고자 바 차트를 재구성하겠습니다. 전체 생존자를 1로 하였을 때 생존자 중에 남성과 여성의 비율, 그리고 사망자를 1로 하였을 때 사망자 중에 남성과 여성의 비율을 표현하고자 합니다. geom_bar( ) 함수 안에 position이라는 인수를 포함합니다. 그리고 "fill"이라고 값을 줍니다. aes( ) 함수에서 fill 인수에 적용했던 변수를 비율로 나타낸다는 의미입니다. 바 차트는 비율 차트로 표현되기 때문에 Y축을 Count가 아닌 Proportion으로 바꿉니다.

```
> ggplot(data, aes(x=Survived, fill=Sex)) +
+   geom_bar(position="fill") +
+   labs(title="Titanic Survival (Proportion) by Sex", y="Proportion")
```

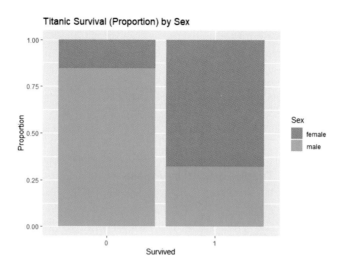

생존자 중에서 여성이 남성보다 더 많은 비율로 생존하였고 반대로 사망자 중에서는 남성이 여성보다 더 많은 비율로 사망하였음을 알 수 있습니다.

이번에는 x축의 생존 여부는 그대로 두고 Pclass(티켓 클래스)에 따라 색으로 구분해보겠습니다.

```
> ggplot(data, aes(x=Survived, fill=Pclass)) +
+   geom_bar() +
+   labs(title="Titanic Survival by Pclass")
```

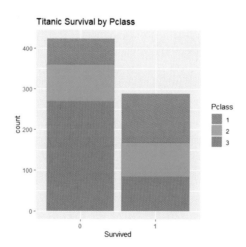

이번에는 position에 "dodge"를 값으로 설정해봅시다. 다음과 같이 그래프가 Pclass 종류에 따라 옆으로 나란히 표현됩니다. 이때 비율 값이 아닌 count값임을 주의합시다.

```
> ggplot(data, aes(x=Survived, fill=Pclass)) +
+   geom_bar(position = "dodge") +
+   labs(title="Titanic Survival by Pclass")
```

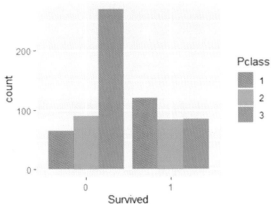

Ticket class가 3인 탑승객들이 많이 사망하였음을 알 수 있습니다. 또 생존자 그룹에서는 Ticket class가 1인 탑승객이 다른 class보다 좀 더 많이 생존하였음을 알 수 있습니다.

바차트를 그릴 때 사용하는 geom_bar( ) 함수에 사용 방법 및 인수 설정 방법들은 ?gemo_bar( )를 콘솔창에 실행시켜 확인 할 수 있습니다. 도움창에 나타난 설명을 통해 추가 정보들을 얻을 수 있습니다.

```
> ?geom_bar
```

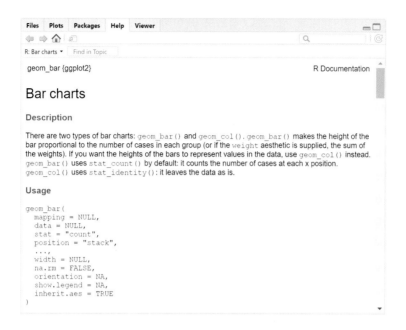

2 히스토그램

Age는 수치형 변수에 해당됩니다. 데이터는 크게 범주형 데이터와 수치형 데이터로 나눌 수 있습니다. 범주형 데이터는 성별, 학점, 등이 포함됩니다. 수치형 데이터는 연속적인 수치 형태의 데이터로 나이, 몸무게, 가격 등이 해당됩니다. 수치형 데이터는 히스토그램으로 표현할 수 있습니다. 히스토그램은 연속형 변수를 일정 구간으로 나누어 집계한 값을 표현합니다. ggplot2에서 히스토그램을 그리기 위해서는 geom_histogram() 함수를 사용합니다.

```
> ggplot(data, aes(x=Age)) +
+   geom_histogram() +
+   labs(title ="Titanic Age Histogram")
```

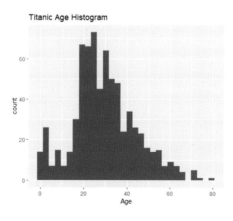

전체 탑승객의 나이에 대해 히스토그램으로 표현하면 20에서 30대의 사람들이 많이 분포되어 있는 것을 볼 수 있습니다. 바 차트와 마찬가지로 ggplot() 함수의 aes 안에 fill 인수를 사용하여 특정 변수에 따라 히스토그램을 나누어 표현할 수 있습니다. Fill에 "Survived"를 값으로 할당하였습니다.

```
> ggplot(data, aes(x=Age, fill=Survived)) +
+   geom_histogram() +
+   labs(title ="Titanic Age Histogram by Survived")
```

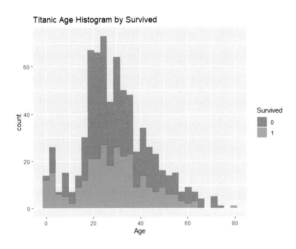

나이에 대한 분포를 표현하는 히스토그램이 생존여부에 의해 나누어진 것을 볼 수 있습니다. 좀 더 나눠보고자 합니다. facet_grid() 함수를 통해 그리드 형태로 그래프가 분할하여 표현되도록 할 수 있습니다.

콘솔창에 다음과 같이 입력하면, Help 창에 facet_grid() 함수에 대한 설명과 함수안에 포함될 수 있는 인자와 사용방법들을 볼 수 있습니다.

```
> ?facet_grid()
```

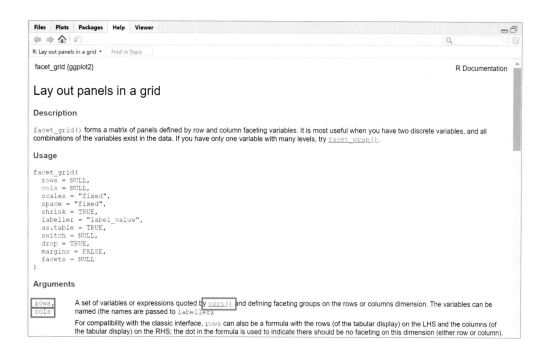

Facet_grid( ) 함수에 어떤 변수로 데이터를 나눌 것인지, 또 행 별로 표현할 것인지, 열 별로 표현할 것인지를 설정할 수 있습니다. 다음 코드에서 rows라는 인자에 Sex 변수를 vars( ) 함수에 담아 값으로 할당하였습니다. 다음 코드를 실행시켜봅시다.

```
> ggplot(data, aes(x=Age, fill=Survived)) +
+   geom_histogram() +
+   facet_grid(rows=vars(Sex))+
+   labs(title ="Titanic Age Histogram by Survived & Sex")
```

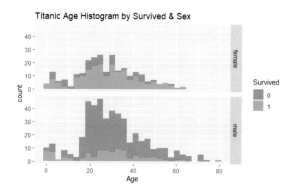

첫번째 열은 여성의 나이 분포를 나타내는 그래프, 두번째 열은 남성의 나이 분포를 나타내는 그래프로 분할되었으며, 생존여부에 따라 색으로 구분되었습니다. 표현된 그래프를

통해 20~40대 남성들이 많이 사망하였다는 것을 알 수 있습니다. 그래프를 조금 더 나누어
표현해 보겠습니다. Facet_grid( )에 cols 인자에 Pclass 값을 추가하였습니다. 그래프는 성별
과 티켓 등급에 따라 분할되며, 행은 성별에 따라, 열은 티켓 등급에 따라 나누어집니다.

```
> ggplot(data, aes(x=Age, fill=Survived)) +
+   geom_histogram() +
+   facet_grid(rows=vars(Sex), cols = vars(Pclass))+
+   labs(title ="Titanic Age Histogram by Survived, Sex, and Pclass")
```

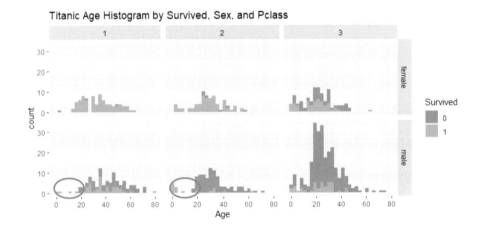

티켓등급이 first class와 second class 그룹의 여성은 많이 생존한 것을 볼 수 있습니다.
third class의 여성도 남성에 비해 많이 생존하였습니다. 남성의 경우는 티켓 등급별로 보
면 first class의 남성들이 다른 class의 사람들보다 생존비율이 높고, first, second class의
10대 아이들이 생존한 것을 볼 수 있습니다. 그러나 second, third class의 대다수의 남성
들은 사망한 것을 그래프를 통해 읽을 수 있습니다.

CHAPTER 12

사람들은 어디로 많이 갔을까?

12.1 SK Data Hub

SK 텔레콤은 2013년에 국내에서 첫 민간 빅데이터 공유 플랫폼을 오픈하였습니다. 고객 통화량을 기반으로 배달업종, 유동인구, 음성통화 이용 데이터 등을 제공하고 있으며, SK 텔레콤의 빅데이터는 지자체 및 공공 데이터를 결합하여 활용되고 있습니다. 이번 장에서 우리는 SK Data Hub에서 제공하고 있는 서울시 유동인구 데이터를 활용하고자 합니다.

https://www.bigdatahub.co.kr/index.do

12.2 데이터 수집

서울시 유동인구 데이터를 얻기 위해서는 먼저 SK Data Hub 사이트에 가입하고 로그인을 해야 합니다. 여기서는 2019년 3월의 서울시 유동인구 데이터를 활용하려고 합니다. 해당 월의 유동 인구 데이터를 엑셀(xlsx) 파일로 다운로드 받아봅시다. 데이터는 FLT_SEOUL_03MONTH.xlsx의 이름으로 다운로드 됩니다.

12.3 데이터 살펴보기

1 새 프로젝트 생성

RStudio를 열고, 새 프로젝트(ch12_Floating Population)를 생성하고, 새 스크립트 파일을 열어 파일(floating_population.R)을 저장합니다. 새로운 작업을 위해 구성된 floating_population 디렉토리에 SK Data Hub으로부터 다운로드 받은 엑셀파일(FLT_SEOUL_03MONTH.xlsx)을 이동시킵니다.

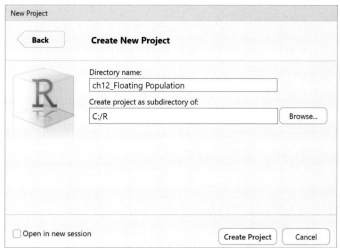

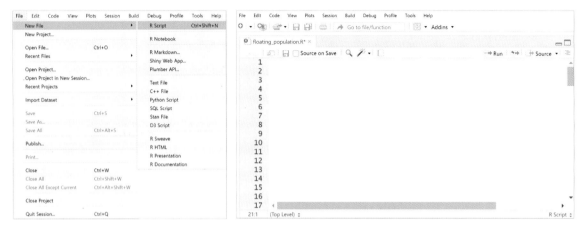

2 데이터 불러오기

다운로드 받은 엑셀파일을 RStudio에 읽어 들여 봅시다. R에서 엑셀 파일을 읽어 올 수 있도록 지원되는 다양한 종류의 라이브러리들이 있습니다. 이번 장에서는 openxlsx라는 패키지를 사용합니다. 표준 라이브러리가 아니므로 패키지를 다운받아 설치해야 합니다. 새로운 패키지를 설치하기 위해서는 install.packages( ) 함수를 사용하면 됩니다.

```
> install.packages('openxlsx')
```

library( ) 함수를 통해 openxlsx 라이브러리를 불러오고, 엑셀파일을 읽어오기 위해 read. xlsx( ) 함수를 사용합니다. read.xlsx( ) 함수의 첫번째 인수는 SK Data Hub에서 다운받은 2019년 3월의 서울시 유동인구 데이터 파일이름입니다. 두번째 인수 colNames는 첫번째 줄이 열의 이름으로 사용할지를 설정하는 것입니다. 세번째 인수에서 sheet은 엑셀파일에서 불러들인 sheet 번호로 설정합니다.

```
> library(openxlsx)
> data<-read.xlsx("FLT_SEOUL_03MONTH.xlsx",colNames = TRUE, sheet= 1)
```

환경창에 data를 클릭하면 스크립트 창에 다음과 같은 데이터가 들어온 것을 확인할 수 있습니다.

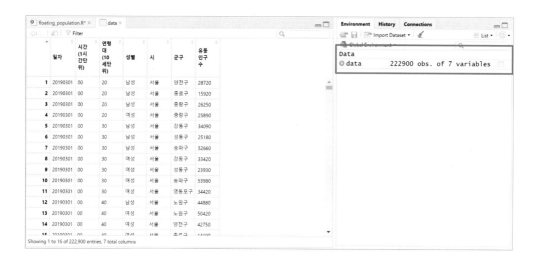

3 데이터 요약하기

데이터를 살펴봅시다. 2019년 3월의 서울시 유동인구 데이터는 dim( ) 함수를 통해 222,900개의 행과 7개의 열로 구성되어 있는 것을 알 수 있습니다. head( )와 tail( ) 함수로 첫 5개의 행과 끝에 위치한 5개의 행을 프린트해봅시다. 일자, 시간, 연령대, 성별, 시, 군구, 유동 인구수의 열로 구성되어 있는 것을 확인할 수 있습니다.

```
> dim(data)
[1] 222900        7
> head(data)
      일자 시간(1시간단위) 연령대(10세단위) 성별    시   군구 유동인구수
1 20190301           00            20 남성 서울 양천구     28720
2 20190301           00            20 남성 서울 종로구     15920
3 20190301           00            20 남성 서울 중랑구     26250
4 20190301           00            20 여성 서울 중랑구     25890
5 20190301           00            30 남성 서울 강동구     34090
6 20190301           00            30 남성 서울 성동구     25180

> tail(data)
           일자 시간(1시간단위) 연령대(10세단위) 성별    시   군구 유동인구수
222895 20190331           23            60 남성 서울 관악구     24660
222896 20190331           23            60 남성 서울 관악구     28770
222897 20190331           23            60 여성 서울 도봉구     18870
222898 20190331           23            70 남성 서울 강서구     16210
222899 20190331           23            70 여성 서울 강북구     18340
222900 20190331           23            70 여성 서울 성북구     22670
```

str( ) 함수를 통해 각 열의 값이 어떻게 구성되어 있는지 확인해 봅시다.

```
> str(data)
'data.frame':   222900 obs. of  7 variables:
 $ 일자            : chr  "20190301" "20190301" "20190301" "20190301" ...
 $ 시간(1시간단위) : chr  "00" "00" "00" "00" ...
 $ 연령대(10세단위): chr  "20" "20" "20" "20" ...
 $ 성별            : chr  "남성" "남성" "남성" "여성" ...
 $ 시              : chr  "서울" "서울" "서울" "서울" ...
 $ 군구            : chr  "양천구" "종로구" "중랑구" "중랑구" ...
 $ 유동인구수      : chr  "28720" "15920" "26250" "25890" ...
```

먼저 data$일자는 "20190301" 형태의 문자형으로 인식되어 있습니다. 시각화를 위해서 Date 타입의 형변환이 필요합니다. data$시간, data$연령대, data$성별, data$군구, 모두 문자형으로 구성되어 있어, factor형으로의 형변환이 필요합니다. data$시의 경우 table( ) 함수를 통해 항목별 빈도수를 출력해보면, 각 행의 값이 전부 "서울"로 구성되어 있다는 것을 볼 수 있습니다. 데이터 자체가 서울시 유동인구 데이터이기 때문에 삭제해도 무방합니다. data$유동인구수 역시 문자형으로 인식되었습니다. 수치형으로의 형변환이 필요합니다.

```
> table(data$시)

   서울
222900
```

12.4 데이터 정제하기

1 열 삭제

분석에 필요 없는 열을 삭제해 봅시다. 열을 삭제하는 방법은 간단합니다. (−) 연산자와 삭제할 열의 번호를 사용하여 삭제할 수 있습니다.

```
> data<-data[-5]
```

2 열 이름 변경

데이터의 형 변환 작업을 하기 전에 열의 이름이 비교적 길어 열의 이름을 새로 설정해보

고자 합니다. colnames( ) 함수에 data를 인수로 담고, 새로 변경하고자 하는 열의 이름을
벡터의 형태로 구성하여 할당해주면 열의 이름이 변경됩니다. colnames( ) 함수를 다시 실
행하여 변경된 열의 이름을 확인해봅시다.

```
> colnames(data)
[1] "일자"              "시간(1시간단위)"  "연령대(10세단위)" "성별"
[5] "군구"              "유동인구수"
> colnames(data)<-c("Date","Time","Age","Sex","District","FLT_Popul")
> colnames(data)
[1] "Date"        "Time"        "Age"        "Sex"        "District"  "FLT_Popul"
> |
```

3 데이터 형 변환

데이터의 형 변환을 해봅시다. Factor형 변환을 위해서는 as.factor( ) 함수를 사용하며, 수치
형 변수로 변경하기 위해서는 as.numeric( ) 함수를 사용하여 데이터 타입을 변경합니다.

```
> data$Time<-as.factor(data$Time)
> data$Age<-as.factor(data$Age)
> data$Sex<-as.factor(data$Sex)
> data$District<-as.factor(data$District)
> data$FLT_Popul<-as.numeric(data$FLT_Popul)
```

데이터의 형 변환 과정이 바르게 수행되었는지 확인하기 위해 str( ) 함수로 확인해봅시다.

```
> str(data)
'data.frame':    222900 obs. of  6 variables:
 $ Date     : chr  "20190301" "20190301" "20190301" "20190301" ...
 $ Time     : Factor w/ 24 levels "00","01","02",..: 1 1 1 1 1 1 1 1 1 1 ...
 $ Age      : Factor w/ 6 levels "20","30","40",..: 1 1 1 1 2 2 2 2 2 2 ...
 $ Sex      : Factor w/ 2 levels "남성","여성": 1 1 1 2 1 1 1 2 2 2 ...
 $ District : Factor w/ 25 levels "강남구","강동구",..: 19 23 25 25 2 16 18 2 16 18 ...
 $ FLT_Popul: num  28720 15920 26250 25890 34090 ...
```

4 Date 타입 변환

날짜 데이터를 Date 형의 데이터 타입으로 변경하고자 합니다. as.Date( ) 함수를 통해 날
짜 형식의 데이터 타입으로 변경이 가능합니다. as.Date( ) 함수의 쓰임새와 사용방법, 인
수 설정 방법 등을 알기 위해 ?as.Date( )를 콘솔창에 실행해봅시다.

```
> ?as.Date
```

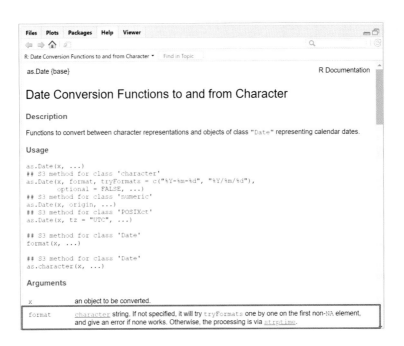

as.Date( )는 문자형태의 변수를 Date 형태로 변환시키는 함수입니다. as.Date( ) 함수로 데이터 타입을 변경할 때는 format이라는 인수에 현재 문자형 데이터가 어떤 부분이 년, 월, 일을 나타내는지 정보를 표시해주어야 합니다. format에 인수 값을 어떻게 설정하는지 알아보기 위해 다음과 같은 코드를 실행시켜봅시다.

```
> ?strptime
```

요약하자면 다음 표와 같습니다.

%a	: 축약된 요일 이름, ex, 월, 화, …
%A	: 요일 이름, ex, 월요일, 화요일, …
%d	: 일, ex, 01 ~ 31
%m	: 월, ex, 01 ~ 12
%Y	: 네 글자 년도, ex, 1998
%y	: 두 글자 년도, ex, 00−99

현재 Date 열의 데이터가 "20190301"의 형태로 되어 있기 때문에 format은 "%Y%m%d"
로 지정합니다. 만일 파일에 작성되어 있는 날짜의 포맷이 "20/03/01"일 경우 format
="%y/%m/%d"로 작성되어야 합니다.

```
> data$Date<-as.Date(data$Date, format="%Y%m%d")
> str(data)
'data.frame':    222900 obs. of  6 variables:
 $ Date     : Date, format: "2019-03-01" "2019-03-01" "2019-03-01" ...
 $ Time     : Factor w/ 24 levels "00","01","02",..: 1 1 1 1 1 1 1 1 1 1 ...
 $ Age      : Factor w/ 6 levels "20","30","40",..: 1 1 1 1 2 2 2 2 2 2 ...
 $ Sex      : Factor w/ 2 levels "남성","여성": 1 1 1 2 1 1 1 2 2 2 ...
 $ District : Factor w/ 25 levels "강남구","강동구",..: 19 23 25 25 2 16 18 2 16 18 ...
 $ FLT_Popul: num  28720 15920 26250 25890 34090 ...
> head(data)
        Date Time Age  Sex District FLT_Popul
1 2019-03-01   00  20 남성     양천구     28720
2 2019-03-01   00  20 남성     종로구     15920
3 2019-03-01   00  20 남성     중랑구     26250
4 2019-03-01   00  20 여성     중랑구     25890
5 2019-03-01   00  30 남성     강동구     34090
6 2019-03-01   00  30 남성     성동구     25180
>
```

str() 함수를 통해 Date 형으로 바르게 형변환이 이루어 진 것을 볼 수 있습니다. 데이터셋
에서 Date열의 값이 2019-03-01 형태로 변경되어 있는 것도 볼 수 있습니다.

데이터의 정제 작업을 마치고 summary() 함수를 통해 각 열에 대한 기초적인 통계량을
확인해봅시다. 각 열에 대한 기초 통계량 값이 적절하게 표현되어 있는 것도 확인할 수 있
습니다.

```
> summary(data)
      Date                Time          Age          Sex        District       FLT_Popul
 Min.   :2019-03-01   00     : 9300   20:37150   남성:111450   강남구 :  8916   Min.   :  4420
 1st Qu.:2019-03-08   01     : 9300   30:37150   여성:111450   강동구 :  8916   1st Qu.: 18080
 Median :2019-03-16   02     : 9300   40:37150                강북구 :  8916   Median : 25370
 Mean   :2019-03-16   03     : 9300   50:37150                강서구 :  8916   Mean   : 27256
 3rd Qu.:2019-03-24   04     : 9300   60:37150                관악구 :  8916   3rd Qu.: 33860
 Max.   :2019-03-31   05     : 9300   70:37150                광진구 :  8916   Max.   :124430
                      (Other):167100                         (Other):169404
```

12.5 데이터 시각화하기

우리가 분석에 사용하고 있는 데이터는 20만개가 넘는 행을 가진 데이터로 숫자만으로 정
보를 확인하기가 어렵습니다. 데이터를 여러가지 그래프의 형태로 표현하여 데이터셋이

가지고 있는 정보를 확인해 봅시다.

데이터 시각화를 위해 ggplot2 라이브러리를 불러옵니다.

```
> library(ggplot2)
```

1 바 차트

먼저, 서울시의 각 행정구역별로 유동 인구수를 나타내는 막대그래프로 표현해봅시다. 다음과 같이 ggplot( ) 함수의 aes( ) 함수에 x축에는 행정구역 정보를 가지고 있는 District를, y축에는 유동인구수를 담은 FLT_Popul를 할당하였습니다. 막대그래프를 그리기 때문에 geom_bar( ) 함수를 추가합니다. 이때 y에 설정된 유동인구수 값에 따라 y축이 표현되어야 하기 때문에 stat에 "identity"로 설정하여야 합니다. 기본적으로 geom_bar( )에 stat에는 "count"가 default로 설정되어 있습니다. "count"로 설정되면, x의 항목별로 빈도를 계산하여 y축을 표현합니다. 그러나, stat를 "identity"로 두면 ggplot( )의 aes에 할당한 y값에 의해 y축의 값이 표현됩니다.

```
> library(ggplot2)
> ggplot(data, aes(x=District, y=FLT_Popul)) +
+   geom_bar(stat="identity") +
+   labs(title="서울시 행정구역별 유동인구 수",
+        x="행정구역 (서울시)", y="유동인구 (합계)")
```

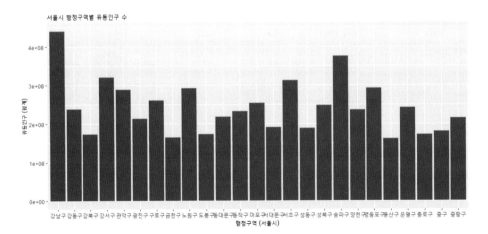

2 막대그래프의 내림차순 정렬

몇 가지 코드를 추가해봅시다. 유동인구수가 큰 순서대로 내림차순으로 정렬하여 표현하고 싶습니다. 그리고 막대 그래프의 막대별로 색을 넣는 것이 좋을 것 같습니다. x축의 행정구역의 이름의 길이가 길고, 담고 있는 항목의 수가 많기 때문에 x축 레이블이 사선으로 표현되도록 조정을 할 필요가 있어 보입니다. 이러한 작업을 하기 위해서 다음과 같이 코드를 추가하였습니다.

```
> ggplot(data, aes(x=reorder(District, -FLT_Popul), y=FLT_Popul, fill=District)) +
+    geom_bar(stat="identity", show.legend = FALSE) +
+    labs(title="서울시 행정구역별 유동인구 수",
+        x="행정구역 (서울시)", y="유동인구 (합계)") +
+    theme(axis.text.x = element_text(angle=45, size=8))
```

ggplot( ) 함수 안에 aes에는 먼저, x축을 reorder( ) 함수를 사용하여 행정구역별 유동인구 수가 큰 순서대로 정렬하여 표현되도록 코드를 추가하였습니다. reorder( ) 함수의 첫번째 인수에는 범주형 변수를 포함시킬 수 있습니다. 두번째 인수에는 첫번째 범부형 변수를 어떤 변수값에 의해 정렬할 것인지 설정하며, (–)연산자와 함께 작성되면 내림차순으로 정렬하게 합니다.

앞서 그려진 막대그래프에서 행정구역별로 색을 구분하기 위해 aes안에 fill을 District로 할당하였습니다. 그러나 행정구역이 전부 25개이므로 각 행정구역별로 색정보에 대한 범례가 함께 나타나면 그래프가 복잡해지기 때문에 geom_bar( ) 함수 안에 show.legend=FALSE라는 인수를 추가하였습니다.

3 그래프 테마

x축에 행정구역의 수와 행정구역 이름이 비교적 많아 그래프내에 이름이 겹치는 결과가 생깁니다. 이를 해결하기 위해 x축 레이블을 사선으로 배치하고자 합니다. X축 레이블을 변경하기 위해서는 theme( )라는 함수를 추가해야 합니다. theme( ) 함수의 사용 방법을 보려면 다음과 같은 코드를 콘솔창에서 실행시켜봅시다.

```
> ?theme()
```

theme() 함수는 그래프를 생성하고 그래프의 테마를 변경하는데 사용할 수 있는 유용한 함수입니다. Theme() 함수를 통해 그래프의 제목, 레이블, 폰트, 배경색, 범례 등을 꾸며줄 수 있습니다. 추가적인 정보를 도움창에서 확인할 수 있습니다.

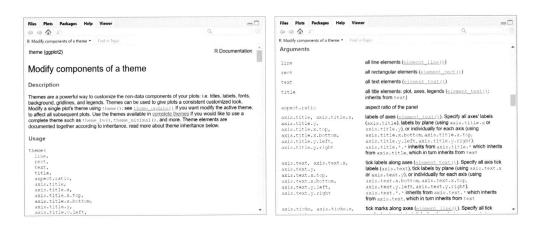

우리는 x축의 텍스트를 변경하고자 합니다. 따라서, theme() 함수 안에는 axis.text.x 인수를 element_text() 함수로 지정해주면 됩니다. element_text() 함수 안에는 텍스트의 색, 사이즈, 각도, 텍스트의 굵기, 여백 등을 설정할 수 있습니다. 다음의 코드를 콘솔창에 실행시켜 인수 설정 방법 및 사용방법들을 확인할 수 있습니다.

```
> ?element_text()

element_text(
    family = NULL,
    face = NULL,
    colour = NULL,
    size = NULL,
    hjust = NULL,
    vjust = NULL,
    angle = NULL,
    lineheight = NULL,
    color = NULL,
    margin = NULL,
    debug = NULL,
    inherit.blank = FALSE
)
```

x축 레이블이 사선으로 표현되도록 조정하기 위해 element_text() 함수 안에는 angle 인수에 각도 45를 지정하였고, 글의 크기를 조정하기 위해 size 인수를 추가하여 지정하였습니다.

```
> ggplot(data, aes(x=reorder(District, -FLT_Popul), y=FLT_Popul, fill=District)) +
+   geom_bar(stat="identity", show.legend = FALSE) +
+   labs(title="서울시 행정구역별 유동인구 수",
+       x="행정구역 (서울시)", y="유동인구 (합계)") +
+       theme(axis.text.x = element_text(angle=45, size=8))
```

코드를 실행시키면 다음과 같은 그래프가 생성됩니다.

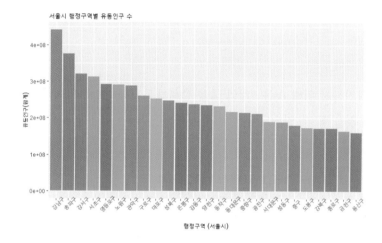

그래프를 통해 서울시에서 강남구의 유동인구 수가 가장 많은 것을 알 수 있습니다. 송파구가 두번째로 유동인구수가 많은 것으로 나타났습니다. 강서구, 서초구, 영등포구, 노원구 등이 그 뒤를 잇고 있습니다. 이 중 서울시에서 가장 유동인구수가 많은 강남구와 송파구를 뽑아서 2019년 3월 유동 인구 수에 어떤 정보가 숨어 있는지를 확인해 보고자 합니다.

4 점 그래프

우리가 사용하고 있는 데이터셋의 행정구역은 모두 25개입니다. 이 중 유동인구수가 가장 많은 '강남구'와 '송파구' 두 행정구역을 중심으로 2019년 3월 한달 간의 유동 인구 수를 비교해보려고 합니다. 데이터셋에서 '강남구'와 '송파구'의 데이터만 추출하여 data.new라는 새로운 데이터셋을 구성해봅시다.

```
> data.new <- data[data$District==c("강남구","송파구"),]
```

x축을 일별로 구성하기 위해 포맷을 바꿉니다. 현재 Date열은 '2019-03-01'의 형식으로 되어 있는데, Date열의 정보를 x축의 레이블로 사용할 때 길이가 길어 서로 겹치게 됩니다. 그리고, '2019-03'은 반복되기 때문에 년과 월을 지우고, 일과 요일로만 표현되도록 Date의 포맷을 변경해봅시다. Date의 포맷의 변경은 format( ) 함수를 통해 할 수 있습니다. format( ) 함수에 변경할 데이터와 변경할 포맷의 방식을 인자로 넣어주면 됩니다. 일은 %d로, 한글자로 축약된 요일은 %a로 표현할 수 있습니다.

```
> data.new$Date <-format(data.new$Date,"%d - %a")
```

변경된 값을 확인하기 위해 처음 5개의 줄을 출력해봅시다. Date 열의 값들이 '01 - 금'의 형태로 변환된 것을 볼 수 있습니다.

```
> head(data.new)
         Date Time Age  Sex District FLT_Popul
10   01 - 금   00   30 여성    송파구      53980
32   01 - 금   01   20 여성    송파구      43380
131  01 - 금   04   70 여성    강남구      18730
157  01 - 금   05   60 여성    강남구      26470
185  01 - 금   06   50 여성    강남구      40780
200  01 - 금   06   70 여성    송파구      21760
```

현재 데이터의 구조를 보면 1일 금요일의 유동인구 수가 연령별로 나누어져 있음을 볼 수 있습니다. 이 연령을 나타내는 Age 열로 데이터를 분할하여 그래프를 표현하고자 합니다. ggplot( ) 함수 안에 aes( ) 함수에 x축에는 Date를 설정하고, y축에는 유동인구수 정보를 담고 있는 FLT_Popul 변수를 설정하였습니다. 연령별로 나누어 색을 표현하도록 구성하기 위해 fill에 Age 변수를 설정하였습니다. 그리고 geom_point( ) 함수로 항목별로 해당하는 부분을 점으로 표현하도록 구성하였습니다. 그리고 facet_grid( ) 함수를 통해 '강남구'와 '송파구' 행정구역별로 그래프가 분할되어 나란히 생성되도록 하였습니다. theme( ) 함수를 통해 x축의 레이블이 서로 겹쳐지지 않도록 글씨 크기와 각도를 조정하였습니다. 다음의 코드를 작성하여 실행해봅시다.

```
> ggplot(data.new, aes(x=Date, y=FLT_Popul, color=Age))+
+    geom_point(size=2, alpha=0.7) +
+    facet_grid(cols=vars(District)) +
+    labs(title="강남구, 송파구 유동인구 변화", x="2019년 3월",y="유동인구 수") +
+    theme(axis.text.x = element_text(angle = 45, size=8))
```

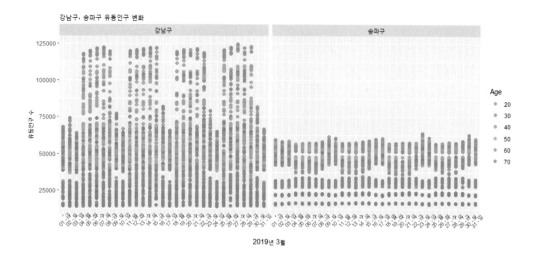

강남구는 평일에 유동인구가 많습니다. 특히 30대의 유동인구가 가장 많으며 40대와 20대가 그 뒤를 잇습니다. 송파구는 강남구와 다르게 평일, 주말 큰 폭의 변화가 없습니다. 유동인구의 구성 연령대도 30~50대가 가장 많습니다. 이러한 그래프를 통해 우리는 강남구의 경우 회사를 출퇴근하는 유동인구의 수가 많고, 송파구의 경우는 유동인구 수가 거주민들이 대다수 차지하고 있습니다고 유추해볼 수 있습니다. 시간대별로도 그래프를 표현하여 추가 정보를 얻어봅시다. ggplot() 함수 내의 aes() 함수에서 x축을 Time으로도 바꾸고, 그래프의 제목과 x축 이름을 바꾸어 다시 코드를 실행해 봅시다.

```
> ggplot(data.new, aes(x=Time, y=FLT_Popul, color=Age))+
+   geom_point(size=2, alpha=0.7) +
+   facet_grid(cols=vars(District)) +
+   labs(title="강남구, 송파구 유동인구 변화", x="시간대별",y="유동인구 수") +
+   theme(axis.text.x = element_text(size=8))
```

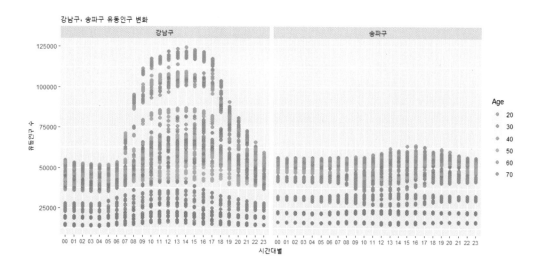

강남구는 송파구에 비해 09시부터 18시에 유동인구 수가 크게 증가하는 것을 볼 수 있습니다. 이처럼 22만여개의 데이터에서 숨어있는 정보들을 찾을 수 있다는 것이 데이터 시각화를 통한 유익이라 할 수 있습니다.

CHAPTER 13

우리나라 인구는
어떻게 변했을까?

13.1 공공데이터

공공데이터는 정부 및 지방자치단체, 공공기관이 보유하는 정보를 이용자가 자유롭게 활용할 수 있도록 개방한 데이터들을 말합니다. 공공 데이터는 누구나 자유롭게 이용할 수 있으며, 각 공공기간의 홈페이지에서 파일 데이터, 오픈 API 등 다양한 형식으로 제공하고 있습니다. 대표적으로 공공 데이터 포털(www.data.go.kr), 서울 열린데이터 광장(http://data.seoul.go.kr/), 통계청에서 제공하는 국가 통계 포털(https://kosis.kr/) 등이 있습니다. 이번장에서는 공공데이터를 활용하여 대한민국의 인구 분포를 한눈에 알아볼 수 있는 인구 피라미드를 구성해보고자 합니다. 이와 함께, R에서는 연속적인 그래프를 동적으로 표현하여 애니메이션 형태로 구성할 수 있도록 지원합니다. 먼저 ggplot2 패키지를 통하여 인구 피라미드 그래프를 구성해보고, 년도별로 변하는 인구분포의 모습을 동적인 애니메이션으로 구성하여 한눈에 그 차이를 볼 수 있도록 만들어보고자 합니다.

13.2 데이터 수집

통합 지리정보서비스(https://sgis.kostat.go.kr/)는 통계청에서 생산한 통계정보와 지리정보를 융합하여 데이터와 시각화 서비스를 제공하고 있습니다. 통합 지리 정보서비스에서

는 우리나라 인구분포를 인구 피라미드 형태로 볼 수 있는데, 이와 함께 데이터도 다운로드 받을 수 있습니다.

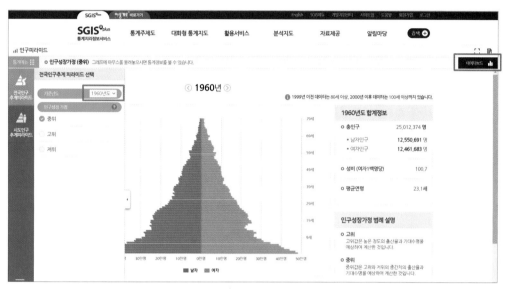

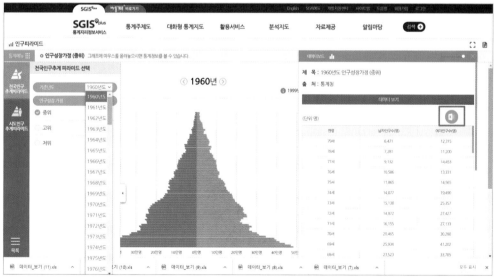

다음의 절차로 데이터를 수집하여 봅시다.

통합지리정보서비스(https://sgis.kostat.go.kr/jsp/pyramid/pyramid1.jsp)에서 인구피라미드 정보를 제공하는 주소에 접속합니다. 기준년도 [기준년도] [1960년도 ∨] 를 선택하고, 데이터보드 [데이터보드 ▮▮] 를 클릭하면, 해당년도에 따른 데이터를 테이블 형태로 볼 수 있습니다.

테이블 상단에 ⊞ 아이콘을 클릭하면 엑셀파일이 다운로드 됩니다. 다운받은 엑셀파일은
구분하기 쉽도록 해당 년도로 파일이름을 바꾸어 둡시다. 수집한 데이터셋을 통해 인구 피
라미드를 구성하고 년도별로 변하는 인구 피라미드를 애니메이션 형태로 구성하기 위해
년도별 데이터가 필요합니다. 실습을 위해 1960년부터 2020년까지 10년 단위로 데이터를
다운로드 받아봅시다.

13.3 데이터 살펴보기

1 새로운 프로젝트 생성

RStudio를 열고 새로운 프로젝트를 생성하고, 새 스크립트 파일을 생성합니다.

생성된 디렉토리에 다운받은 엑셀파일을 이동시킵니다.

2 데이터 불러오기

readxl 패키지를 사용하여 엑셀파일을 읽어봅시다. readxl 패키지가 설치되어 있지 않다면
install.package( ) 함수로 설치할 수 있습니다. 현재 작업환경으로 readxl 패키지를 불러들
이기 위해 library( ) 함수를 사용합니다.

```
> library(readxl)
```

파일을 불러오기 전에 현재 작업 디렉토리에 다운로드 받은 엑셀파일들이 존재하는지 확
인해 봅시다. dir( ) 함수는 현재 디렉토리 안에 있는 파일이름을 출력해줍니다.

```
> dir()
[1] "1960.xls"                    "1970.xls"                    "1980.xls"
[4] "1990.xls"                    "2000.xls"                    "2010.xls"
[7] "2020.xls"                    "ch13_kor_population.Rproj"   "kor_population.R"
```

readxl 패키지에서 엑셀 파일을 읽어오려면 read_excel( ) 함수를 사용합니다. 먼저, 1960
년도 데이터를 불러옵니다.

```
> d1960<-read_excel("1960.xls")

> dim(d1960)
[1] 80   3
> head(d1960)
# A tibble: 6 x 3
  연령   `남자인구수(명)`  `여자인구수(명)`
  <chr> <chr>              <chr>
1 79세  6471               12315
2 78세  7281               11200
3 77세  9132               14453
4 76세  10586              13331
5 75세  11865              14565
6 74세  14077              19490
```

수집한 인구 데이터는 년도별로 80개의 행과 3개의 열로 구성되어 있습니다. 열에는 연령,
남자 인구수, 여자 인구수로 구성되어 있습니다. 다른 년도의 데이터들도 읽어 들여봅시다.

```
> d1970<-read_excel("1970.xls")
> d1980<-read_excel("1980.xls")
> d1990<-read_excel("1990.xls")
> d2000<-read_excel("2000.xls")
> d2010<-read_excel("2010.xls")
> d2020<-read_excel("2020.xls")
```

이들 데이터를 하나로 합쳐서 하나의 데이터셋으로 구성하려고 합니다. 하나의 데이터셋
으로 합치면 몇 년도의 정보인지를 알 수 없기 때문에 각 데이터셋의 4번째열에 년도 정보
를 추가합니다.

```
> d1960[4]<-1960
> d1970[4]<-1970
> d1980[4]<-1980
> d1990[4]<-1990
> d2000[4]<-2000
> d2010[4]<-2010
> d2020[4]<-2020
```

각 년도별 데이터 프레임을 이어 붙이려고 합니다. 벡터, 행렬, 데이터 프레임을 이어붙이는 함수는 cbind( )와 rbind( ) 함수가 있습니다. cbind( )는 데이터 프레임을 열로 이어 붙입니다. cbind( ) 함수를 사용하면 가로로 긴 데이터셋이 됩니다. 반면 rbind( )는 행으로 이어 붙이는 함수입니다. rbind( ) 함수를 사용하면 세로로 긴 데이터셋이 됩니다. 여기서는 각 데이터 프레임마다 열의 구성이 같기 때문에 행으로 길게 이어 붙이도록 합니다.

```
> data<-rbind(d1960,d1970,d1980,d1990,d2000,d2010,d2020)
```

행의 길이가 총 623개가 되었습니다. 첫 5행과 마지막 5개의 행을 출력해보니 년도별로 차곡차곡 이어 붙이진 것으로 보입니다.

```
> nrow(data)
[1] 623
> head(data)
# A tibble: 6 x 4
  연령  `남자인구수(명)`  `여자인구수(명)`  ...4
  <chr> <chr>           <chr>           <dbl>
1 79세  6471            12315           1960
2 78세  7281            11200           1960
3 77세  9132            14453           1960
4 76세  10586           13331           1960
5 75세  11865           14565           1960
6 74세  14077           19490           1960
> tail(data)
# A tibble: 6 x 4.
  연령  `남자인구수(명)`  `여자인구수(명)`  ...4
  <chr> <chr>           <chr>           <dbl>
1 5세   225463          214846          2020
2 4세   218474          208662          2020
3 3세   196157          186064          2020
4 2세   176250          167153          2020
5 1세   165273          156631          2020
6 0세   157492          149216          2020
```

table( ) 함수를 사용하여 4번째 열이 각 년도별로 몇 개의 행으로 구성되어 있는지 확인해 볼 수 있습니다.

```
> table(data[4])

1960 1970 1980 1990 2000 2010 2020
  80   80   80   80  101  101  101
```

각 열에 접근하기 쉽도록 열의 이름을 변경하도록 합시다.

```
> colnames(data)<-c("Age","Male","Female","Year")
> str(data)
tibble [623 x 4] (S3: tbl_df/tbl/data.frame)
 $ Age   : chr [1:623] "79세" "78세" "77세" "76세" ...
 $ Male  : chr [1:623] "6471" "7281" "9132" "10586" ...
 $ Female: chr [1:623] "12315" "11200" "14453" "13331" ...
 $ Year  : num [1:623] 1960 1960 1960 1960 1960 1960 1960 1960 1960 1960 ...
> summary(data)
     Age                Male               Female               Year
 Length:623         Length:623         Length:623         Min.   :1960
 Class :character   Class :character   Class :character   1st Qu.:1970
 Mode  :character   Mode  :character   Mode  :character   Median :1990
                                                          Mean   :1992
                                                          3rd Qu.:2010
                                                          Max.   :2020
```

str( ) 함수와 summary( ) 함수를 호출하여 데이터를 요약해 봅시다. 데이터 정제가 필요한 요소들을 확인해 볼 수 있습니다. 먼저, Age는 문자형 데이터타입으로 '79세' 형태의 값을 가지고 있습니다. '세'를 지우고 수치형으로 변경합시다. Male과 Female 항목은 모두 인구 수를 나타냅니다. 남자와 여자의 열이 따로 분리되어 있는데, 데이터 시각화 작업을 위해 두 열을 하나의 열로 합치는 작업이 필요합니다.

13.4 데이터 정제하기

1 문자열 제거

데이터셋에서 Age열이 어떤 항목으로 구성되어 있는지를 알아보기 위해 table( ) 함수를 실행하였습니다. Age열에는 나이를 나타내는 숫자 다음에 '세' 또는 '세 이상'이라는 문자열이 연결되어 있습니다. 이 문자열을 제거하고자 합니다.

```
> table(data$Age)

   0세  100세 이상   10세     11세     12세     13세     14세
    7         3       7        7        7        7        7
   15세     16세     17세     18세     19세      1세     20세
    7         7       7        7        7        7        7
   21세     22세     23세     24세     25세     26세     27세
    7         7       7        7        7        7        7
```

R에서 base 패키지는 표준 라이브러리로 따로 설치가 필요하지 않고, library( ) 함수로 불러들일 필요가 없습니다. base 패키지에는 문자열을 매칭하고 다른 문자열로 치환하는 함

수들을 제공합니다. 이 패키지에서 제공하는 함수들 중에 sub( ) 함수를 사용하여 Age열의
필요 없어 보이는 문자들을 제거하고자 합니다. sub( ) 함수에 대한 설명과 사용 예를 알기
위해 콘솔창에 다음과 같은 코드를 실행시켜봅시다. 그러면 도움창에 base 패키지에 대한
설명문을 확인할 수 있습니다.

```
> ?sub()
```

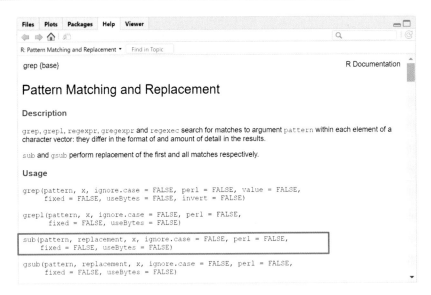

sub( ) 함수에 필수로 지정해 주어야 하는 인수는 ①변경하고자 하는 패턴, ②대체할 패턴,
③변경하고자 하는 데이터입니다. 다음 코드는 data의 Age 열을 대상으로 "세"라는 문자
를 ""으로 대체하여 다시 data의 Age에 할당하라는 내용입니다.

```
> data$Age<-sub("세", "", data$Age)
```

앞서 100세일 경우 "100세 이상"으로 표현되어 있는 것을 보았습니다. 방금 sub( ) 함수를
통해 "세"를 삭제하였기 때문에 " 이상"도 추가로 삭제하고자 합니다. 여기서 "이상"이라는
글자 앞에 띄어쓰기가 되어 있음을 유의하십시오. 한 칸 띄어 있는 정보도 함께 추가해 주
어야 합니다.

```
> data$Age<-sub(" 이상", "", data$Age)
```

table( ) 함수로 data의 Age열의 항목을 다시 살펴봅시다. 문자열이 깨끗이 제거된 것을 확인할 수 있습니다.

```
> table(data$Age)

   0   1  10 100  11  12  13  14  15  16  17  18  19   2  20  21  22  23  24  25  26  27  28  29
   7   7   7   3   7   7   7   7   7   7   7   7   7   7   7   7   7   7   7   7   7   7   7   7
   3  30  31  32  33  34  35  36  37  38  39   4  40  41  42  43  44  45  46  47  48  49   5  50
   7   7   7   7   7   7   7   7   7   7   7   7   7   7   7   7   7   7   7   7   7   7   7   7
  51  52  53  54  55  56  57  58  59   6  60  61  62  63  64  65  66  67  68  69   7  70  71  72
   7   7   7   7   7   7   7   7   7   7   7   7   7   7   7   7   7   7   7   7   7   7   7   7
  73  74  75  76  77  78  79   8  80  81  82  83  84  85  86  87  88  89   9  90  91  92  93  94
   7   7   7   7   7   7   7   7   3   3   3   3   3   3   3   3   3   3   7   3   3   3   3   3
  95  96  97  98  99
   3   3   3   3   3
```

문자열을 제거한 Age 열의 값을 as.numeric( ) 함수를 통해 수치형 데이터 타입으로 변경합시다. 수치형 타입으로 변경되었는지 확인하기 위해 class( ) 함수로 Age의 데이터 타입을 출력해 봅니다.

```
> data$Age <-as.numeric(data$Age)
> class(data$Age)
[1] "numeric"
```

2 열 변경

```
> str(data)
tibble [623 x 4] (S3: tbl_df/tbl/data.frame)
 $ Age   : num [1:623] 79 78 77 76 75 74 73 72 71 70 ...
 $ Male  : chr [1:623] "6471" "7281" "9132" "10586" ...
 $ Female: chr [1:623] "12315" "11200" "14453" "13331" ...
 $ Year  : num [1:623] 1960 1960 1960 1960 1960 1960 1960 1960 1960 1960 ...
```

str( ) 함수로 데이터셋을 다시 확인해 봅시다. Age열이 수치형태로 변경되어 있습니다. 이번에는 Male와 Female을 하나의 열로 합치고 열의 이름을 Population로 변경하고자 합니다.

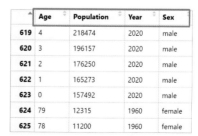

Male와 Female은 인구수를 포함하고 있습니다. 두 열을 하나로 합쳐 인구수를 나타내는 Population이라는 열로 바꾸고, male 과 female의 항목 값을 담는 Sex라는 이름의 열을 추가합니다.

```
> data.male <- data[,c("Age","Male","Year")]
> data.male[4]<-"male"
> colnames(data.male)<-c("Age","Population","Year","Sex")
> head(data.male)
# A tibble: 6 x 4
    Age Population  Year Sex
  <dbl> <chr>      <dbl> <chr>
1    79 6471        1960 male
2    78 7281        1960 male
3    77 9132        1960 male
4    76 10586       1960 male
5    75 11865       1960 male
6    74 14077       1960 male
```

먼저, Age, Male, Year 열만 뽑아 data.male에 담습니다. 그리고 4번째 열에 male을 할당 하므로 4번째 열을 생성합니다. 그리고 열의 이름을 접근하기 편하도록 Age, Population, Year, Sex로 변경합니다. 여성의 인구수 정보도 다음과 같은 동일한 과정을 거쳐 추출하여 새로운 데이터 프레임을 생성합니다.

```
> data.female[4]<-"female"
> colnames(data.female)<-c("Age","Population","Year","Sex")
> head(data.female)
# A tibble: 6 x 4
    Age Population  Year Sex
  <dbl> <chr>      <dbl> <chr>
1    79 12315       1960 female
2    78 11200       1960 female
3    77 14453       1960 female
4    76 13331       1960 female
5    75 14565       1960 female
6    74 19490       1960 female
```

여성의 정보를 담고있는 데이터프레임과 남성의 정보를 담고 있는 데이터프레임을 rbind( ) 함수를 통해 행으로 합쳐서 새로운 데이터프레임을 생성합니다.

```
> data.new <-rbind(data.male,data.female)
```

tail( ) 함수로 데이터셋의 맨 마지막 행 5개를 출력해보고, table( ) 함수로 새로운 데이터 셋의 Sex열에 여성과 남성 항목의 개수를 확인해 봅시다.

```
> tail(data.new)
# A tibble: 6 x 4
    Age Population  Year Sex
  <dbl> <chr>      <dbl> <chr>
1     5 214846      2020 female
2     4 208662      2020 female
3     3 186064      2020 female
4     2 167153      2020 female
5     1 156631      2020 female
6     0 149216      2020 female
> table(data.new$Sex)

female    male
   623     623
```

여전히 추가적인 작업이 남아 있습니다. 성별과 년도를 나타내는 열을 factor 형의 데이터 타입으로 변환하고, 인구수를 나타내는 열을 수치형으로 변환합니다. 그리고 str( ) 함수와 summary( ) 함수로 데이터를 요약하여 바르게 데이터 타입이 변경되었는지 확인해봅시다.

```
> data.new$Sex <-as.factor(data.new$Sex)
> data.new$Year <-as.factor(data.new$Year)
> data.new$Population <-as.numeric(data.new$Population)
> str(data.new)
tibble [1,246 x 4] (S3: tbl_df/tbl/data.frame)
 $ Age       : num [1:1246] 79 78 77 76 75 74 73 72 71 70 ...
 $ Population: num [1:1246] 6471 7281 9132 10586 11865 ...
 $ Year      : Factor w/ 7 levels "1960","1970",..: 1 1 1 1 1 1 1 1 1 1 ...
 $ Sex       : Factor w/ 2 levels "female","male": 2 2 2 2 2 2 2 2 2 2 ...
```

인구 피라미드는 나이대별 인구 분포를 성별로 구분하여 구성한 그래프입니다.

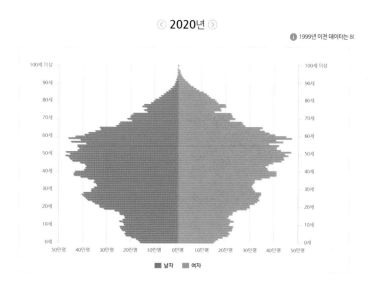

그림에서 보는 것과 같이 x축은 0을 기준으로 우측에는 여성이 좌측에 남성의 인구수가 표현되어 있습니다. 이러한 구성을 위해 Population의 값이 조정되어야 합니다. 먼저 단위를 10000으로 나눕니다.

```
> data.new$Population <- data.new$Population/10000
```

남성의 인구수는 음수로 표현합시다. ifelse문을 사용하면 각 행마다 조건식을 수행하여 그 결과가 참이면, 두번째 인수에 지정된 값이 해당 Population의 행에 할당되고, 거짓이면 세 번째 인수에 지정된 값이 해당 Population의 행에 할당됩니다.

```
> data.new$Population<-ifelse(data.new$Sex=="male",-data.new$Population,data.new$Population)
> summary(data.new)
      Age            Population            Year          Sex
 Min.   :  0.00   Min.   :-52.19860   1960:160   female:623
 1st Qu.: 22.00   1st Qu.:-22.98998   1970:160   male  :623
 Median : 44.00   Median :  0.02035   1980:160
 Mean   : 44.61   Mean   : -0.16102   1990:160
 3rd Qu.: 66.00   3rd Qu.: 22.04695   2000:202
 Max.   :100.00   Max.   : 48.40320   2010:202
                                      2020:202
```

이렇게 데이터셋을 요약하면 Population의 중앙값이 0이 되는 것을 볼 수 있습니다. 이제 데이터셋의 전처리 과정이 끝났습니다. 이제부터 인구 피라미드 그래프를 위한 데이터 시각화 작업을 수행해 봅시다.

13.5 데이터 시각화하기

인구 피라미드를 그래프로 표현하기 위해 먼저 ggplot2 패키지를 불러옵니다.

```
> library(ggplot2)
```

1 피라미드 형태의 그래프

먼저는 1960년대의 인구 피라미드를 구성해 봅시다. 직관적으로 x축에 Population을 y축에 Age를 지정하고 색 구분을 Sex로 할 수 있습니다. 하지만 다음과 같이 구성하면 결과를 얻을 수 없습니다.

```
> ggplot(data.new[data.new$Year=='1960',],aes(x=Population,y=Age, fill=Sex)) +
+   geom_bar(stat="identity")+
+    labs(title="대한민국 인구 피라미드(1960년)", x= "인구 수", y="연령")
```

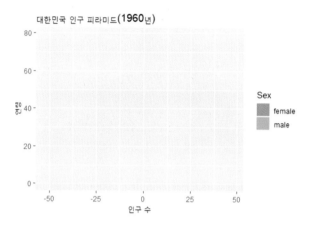

x축과 y축의 값을 반대로 지정하여 다시 그래프를 그려봅시다.

```
> ggplot(data.new[data.new$Year=='1960',], aes(y=Population, x=Age, fill=Sex)) +
+   geom_bar(stat="identity") +
+    labs(title="대한민국 인구 피라미드(1960년)", x= "인구 수", y="연령")
```

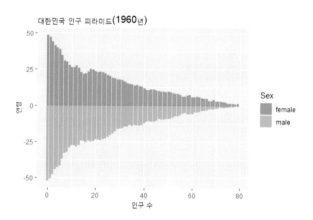

그래프가 그려졌지만 회전이 필요합니다. coord_flip( ) 함수를 추가하여 축을 바꿉니다.

```
> ggplot(data.new[data.new$Year=='1960',], aes(y=Population, x=Age, fill=Sex)) +
+   geom_bar(stat="identity") +
+    coord_flip()+
+    labs(title="대한민국 인구 피라미드(1960년)", x= "인구 수", y="연령")
```

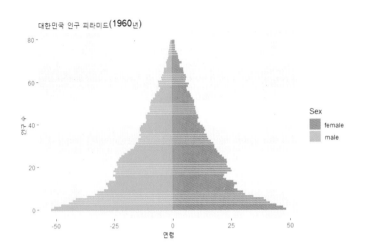

1960년대의 인구 피라미드 그래프가 그려졌습니다. 1960년부터 2020년까지 10년마다 우리나라 인구 피라미드의 변화를 비교하여 볼 수 있도록 나란히 그래프를 구성해보려고 합니다. 앞장에서 다루었던 facet_grid( ) 함수를 추가하여 봅시다. 그래프가 옆으로 나란히 년도별로 배치되게 하기 위해 facet_grid( ) 함수에 cols 인수는 Year 변수를 지정합니다. 범례는 하단으로 배치시키도록 합니다. 범례의 위치는 theme( ) 함수에 legend.posion인수를 "bottom"으로 지정하여 변경할 수 있습니다.

```
> ggplot(data.new, aes(y=Population, x=Age, fill=Sex)) +
+   geom_bar(stat="identity") +
+   coord_flip()+
+   facet_grid(cols=vars(Year)) +
+   labs(title="대한민국 인구 피라미드", x= "인구 수", y="연령") +
+   theme(legend.position = "bottom")
```

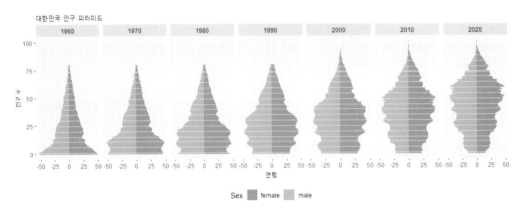

우리나라의 인구 피라미드를 10년 단위로 나란히 배치하여 인구분포의 변화와 차이를 비교하기 쉬워졌습니다. 1960년대 인구 피라미드의 모습과 2020년의 모습은 많은 차이가 있

음을 볼 수 있습니다. 점점 출산율이 줄고, 고령화가 심화되고 있는 모습을 볼 수 있습니다. 또한 1960년대에 비해 2020년대에 이르러서는 70세 이상의 인구들도 많이 증가하고 있는 모습을 확인할 수 있습니다.

2 애니메이션

R에서는 연속적은 그래프들을 연결하여 애니메이션으로 구성할 수 있습니다. 애니메이션 구성을 위해서 gganimate 패키지를 설치해야 합니다. 새로운 패키지는 install.package() 함수를 통해 설치할 수 있습니다. 설치가 끝나면 library() 함수를 통해 현재 작업 공간으로 불러옵니다.

```
> library(gganimate)
```

gganimate 패키지에 있는 transmition_time() 함수를 사용하여, 연속되는 그래프에 대해 애니메이션을 구성할 수 있습니다. 기존의 ggplot2에 의해 구성한 그래프에 transmition_time() 함수를 추가하고, 시간을 나타내는 정보를 인수로 지정하면 애니메이션이 구성됩니다. gganimate 패키지의 transition_time() 함수에 대한 설명과 인수 지정 방법을 알고 싶다면 다음과 같은 코드를 통해 도움을 받을 수 있습니다.

```
> ?gganimate::transition_time
```

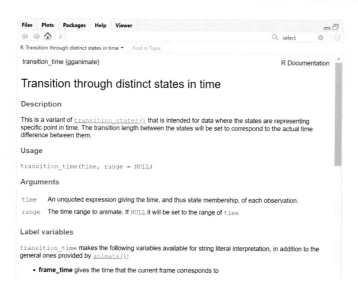

애니메이션을 구성해 봅시다. 먼저 앞에서 구성한 인구 피라미드 그래프를 ggplot2 패키지의 함수들을 통해 구성합니다. 이렇게 구성한 그래프는 p라는 변수에 담았습니다.

```
> p<-ggplot(data.new, aes(y=Population, x=Age, fill=Sex)) +
+    geom_bar(stat="identity") +
+    coord_flip()
```

P 변수에 gganimate 패키지의 transition_time( ) 함수를 추가하면 됩니다. 이때 enter_fade( )를 추가하면 그래프와 그래프 사이의 간격을 자연스럽게 연결해 줍니다.

```
> p + transition_time(Year)+
+    enter_fade() +
+    labs(title="대한민국 인구 피라미드: :{floor(frame_time)}", y= "인구 수", x="연령")
```

위의 코드를 실행시켜봅시다. rendering 하는데 잠시 기다리면 plot창에 년도별로 변화되는 애니메이션이 생성된 것을 확인할 수 있습니다.

```
Rendering [================>---------------------------------] at 6.8 fps ~ eta: 10s

Frame 100 (100%)
Finalizing encoding... done!
```

또 다음의 코드를 작성하여 실행시키면 생성된 애니메이션이 파일로 저장됩니다. 작업 디렉토리에서 생성된 gif 파일을 확인할 수 있습니다.

```
> anim_save('population.gif')
```

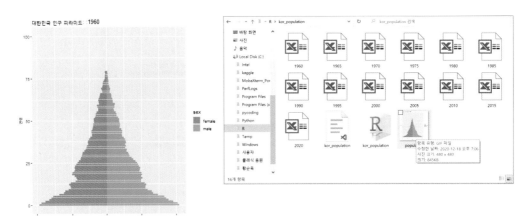

CHAPTER **14**

어떤 단어들이
많이 등장했을까?

14.1 비정형 데이터

데이터는 크게 정형 데이터와 비정형 데이터로 나눌 수 있습니다. 정형 데이터는 데이터 프레임 형태로 구성되어 있는 데이터입니다. 비정형 데이터는 텍스트, 이미지, 음성 데이터들이 속합니다. 웹사이트, 신문기사, 스마트폰 등에서 접하는 대부분의 데이터는 비정형 데이터라고 할 수 있습니다. 이번 장에서는 비정형 데이터들 중에 텍스트 데이터를 다루어 봅니다. 빅카인즈를 통해 비정형 신문기사 데이터를 수집하여, 자주 등장하는 단어를 워드 클라우드 형태로 시각화하는 방법을 소개하려고 합니다.

14.2 데이터 수집

빅카인즈(https://www.bigkinds.or.kr)는 한국언론진흥재단에서 관리하고 지원하는 신문기사 빅데이터 서비스 플랫폼입니다. 우리나라 신문 기사들을 모아 트렌드, 주요인물, 분야별 키워드 등과 같은 주요 이슈를 한눈에 볼 수 있으며, 원하는 신문가사 데이터를 쉽게 다운로드 받을 수 있도록 서비스를 제공하고 있습니다. 신문기사 데이터를 다운받기 위해서는 로그인 작업이 선행되어야 합니다.

로그인 작업을 마치고, 빅카인즈에서 '코로나19'에 관한 신문기사들을 수집하고자 합니다. 검색창에 '코로나19'를 기입하면 추천검색어가 나타납니다. 해당 검색어를 선택하면 코로나19에 대한 검색식이 자동으로 삽입이 됩니다.

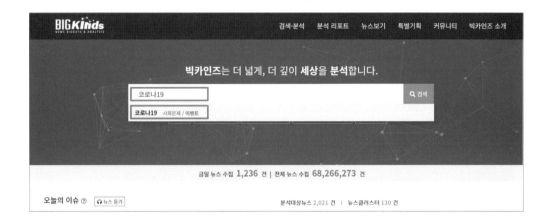

기간을 2020-01-01부터 2020-01-31까지로 설정하여 한달간의 신문기사를 검색합니다.

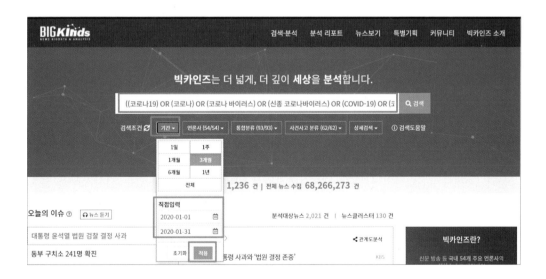

또한, 언론사를 주요 언론지로 한정하여 수집하고자, 검색조건에 언론사를 중앙지로만 설정하였습니다.

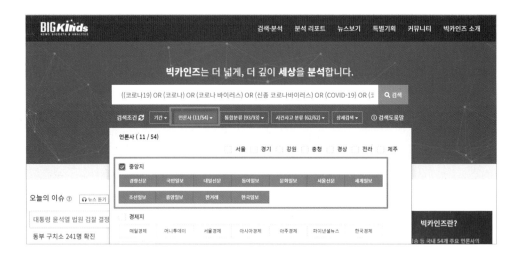

이렇게 검색어, 검색기간, 언론사의 설정을 마치고, 검색 버튼을 클릭합니다.

다음과 같이 총 4,832건의 신문기사가 검색결과로 나타납니다. 관심 있는 기사제목을 클릭하면 해당 신문기사를 확인할 수 있습니다. 스크롤을 아래로 내리면 Step 03. 분석결과 및 시각화 파트가 나옵니다. 해당 버튼을 클릭합니다. 그러면 데이터 다운로드 버튼을 찾을 수 있습니다.

다운로드 버튼을 클릭하면 엑셀파일이 다운로드 됩니다. NewsResult_20200101_
20201231.xlsx 이름으로 다운로드 된 파일을 살펴보면 일자, 언론사명, 제목, 기사 분류,
키워드, 본문 등 다양한 열들이 포함되어 있는 것을 볼 수 있습니다. 본문 열에는 해당 기

사의 전문이 포함되어 있으나, 키워드 열에는 해당 본문의 단어만을 추출하여 담고 있습니다. 이러한 정보들 중에서 우리는 필요한 정보만을 선택하여 사용하면 됩니다.

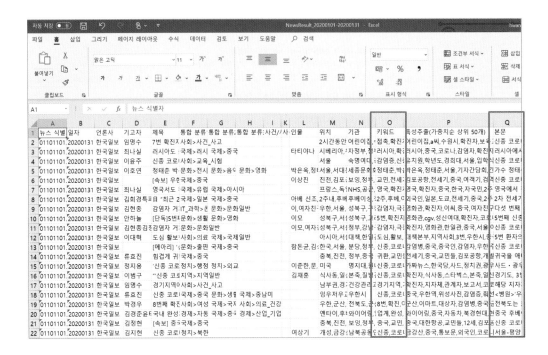

다양한 열들이 있지만, 이번장에서는 키워드열의 내용만을 사용하고자 합니다. 키워드 열을 선택하여 다른 문서에 복사하여 붙여 넣고 새로운 파일을 생성합니다. 파일을 저장할 때, csv 파일로 지정하여 저장합니다.

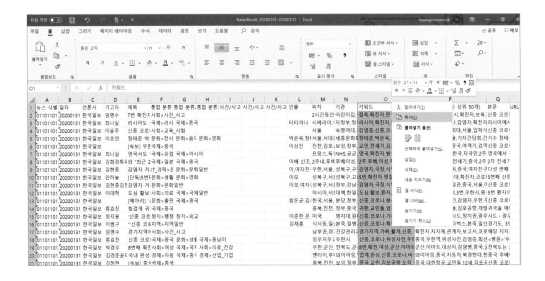

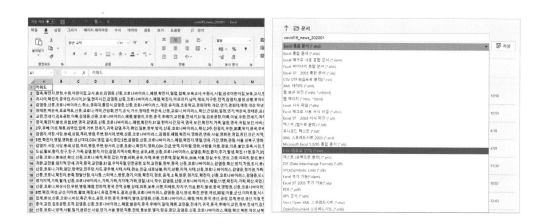

14.3 데이터 살펴보기

RStudio를 실행시켜봅니다.

1 새 프로젝트 생성

새로운 프로젝트를 생성하고, 새 스크립트 파일을 저장합니다. 그리고 생성된 새 디렉토리에 코로나19 뉴스 키워드만 추출하여 구성한 csv 파일을 이동시킵니다.

■ 데이터 불러오기

보통 csv 파일은 read.csv( ) 함수를 통해 읽어옵니다. 데이터프레임 형식을 지닌 데이터를 불러오는 것은 문제가 되지 않습니다. 그러나 지금 우리가 불러오려 하는 신문기사의 키워드들로 구성된 파일의 경우 각 라인별로 키워드의 수가 각양각색이고 정형화된 프레임 형식을 지니고 있지 않습니다. 이럴 경우에는 readLines( ) 함수를 통해 라인별로 데이터를 읽어오면 됩니다. readLines( ) 함수에 대한 설명은 다음 코드를 통해 확인할 수 있습니다.

```
> ?readLines()
```

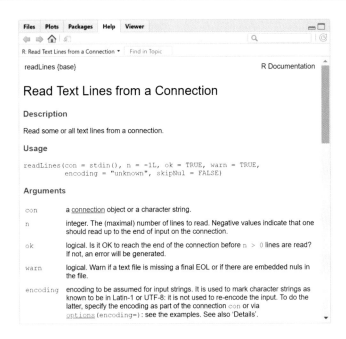

readLines( ) 함수는 파일이름이나 파일이 저장되어 있는 경로 또는 url 주소에 있는 문서 등 여러소스로부터 텍스트를 읽어오도록 지원합니다. 작업 디렉토리 안에 옮겨 놓은 코로나 신문기사 파일을 읽어옵시다. readLines( ) 함수에 파일이름을 지정하여 호출하고 data 에 파일로부터 읽어 들인 데이터를 담습니다.

```
> data <- readLines("covid19_news_202001.csv")

> class(data)
[1] "character"
```

데이터는 문자열 벡터의 형태로 data에 저장되어 있습니다. 벡터 타입이기 때문에 인덱싱을 통해 한 문서씩 확인해 볼 수 있습니다.

```
> data[2]
[1]  "\"접촉,확진자,판정,수원,어린이집,교사,음성,감염증,신종,코로나바이러스,폐렴,확진자,밀접,접촉,보육
교사,수원시,시립,금호어린이집,보육,교사,정밀검사,음성,판정,확인,수원시,이날,보육,교사,음정판정,검체,검
사,결과,음정,판정,A씨,24일,8시,10시,2시간,확진자,저녁식사,주거지,의왕시,확진자,A씨,사촌지간,확인,질
별관리본부,이날,A씨,어머니,밀접접촉,사실,연락,A씨,어린이집,원장,수원시,보고,수원시,어린이집,조치,잠정,
폐쇄,어린이들,귀가,방역,상태,의왕시보건소,A씨,검체,채취,경기도보건환경연구원,검사,의뢰,A씨,어린이집,영
아,0세,어린이집,유아,재원,영아,6명,교사,원장,포함,9명,어린이집,원아,보육교사,상태,확인,자체적,밀착,관
리,안양시,A씨,확진자,자리,A씨,언니,정황,포착,언니,근무,안양시,석수동,위치,B어린이집,휴원,조치,상태,A
씨,언니,실제,별도,확인\""

> head(data)
[1]  "키워드"
```

head( ) 함수를 통해 첫 5줄의 문서를 살펴봅니다. 첫번째 줄은 열의 제목으로 삭제하고자
합니다. 쉼표를 공백문자로 변경하고 필요 없어 보이는 문자들에 대해서는 정리하는 것이
필요합니다.

14.4 데이터 정제하기

먼저, 불필요한 첫번째 벡터를 삭제합니다. 다음과 같은 (−)연산으로 삭제할 수 있습니다.
head( ) 함수로 삭제가 제대로 이루어진 것을 확인해 볼 수 있습니다.

```
> data<-data[-1]
> head(data)
[1]  "\"접촉,확진자,판정,수원,어린이집,교사,음성,감염증,신종,코로나바이러스,폐렴,확진자,밀접,접촉,보육
교사,수원시,시립,금호어린이집,보육,교사,정밀검사,음성,판정,확인,수원시,이날,보육,교사,음정판정,검체,검
사,결과,음정,판정,A씨,24일,8시,10시,2시간,확진자,저녁식사,주거지,의왕시,확진자,A씨,사촌지간,확인,질
별관리본부,이날,A씨,어머니,밀접접촉,사실,연락,A씨,어린이집,원장,수원시,보고,수원시,어린이집,조치,잠정,
폐쇄,어린이들,귀가,방역,상태,의왕시보건소,A씨,검체,채취,경기도보건환경연구원,검사,의뢰,A씨,어린이집,영
아,0세,어린이집,유아,재원,영아,6명,교사,원장,포함,9명,어린이집,원아,보육교사,상태,확인,자체적,밀착,관
리,안양시,A씨,확진자,자리,A씨,언니,정황,포착,언니,근무,안양시,석수동,위치,B어린이집,휴원,조치,상태,A
씨,언니,실제,별도,확인\""
[2]  "\"러시아,확진자,중국인,러시아,31일,현지시간,감염증,신종,코로나바이러스,폐렴,확진자,아프리카,남
미,제외,지구촌,전역,감염자,발생,상황,로이터,AFP통신,이날,타티야,부총리,골리코바,러시아,2명,이날,신종,
코로나,감염자,자바이칼주,동부,시베리아,튜멘주,우랄산맥,인근,2명,중국인,철저,관찰,격리,의료,지원,골리코
바,부총리,이날,신종,코로나,유입,방지,추가,조치,러시아,몽골,국경,차단,자정부,중국,정기,항공,노선,잠정,
```

단어와 단어 사이의 쉼표를 공백문자로 바꾸고, 불필요한 문자들을 제거하고자 합니다. R
에서 기본적으로 문자열 패턴 매칭과 치환 작업을 돕는 함수들이 있습니다. 여기서 사용할
gsub( )이라는 함수가 그러합니다. gsub( ) 함수에 대한 설명과 사용방법을 확인하기 위해
다음과 같은 코드를 실행시켜봅니다.

```
> ?gsub()
```

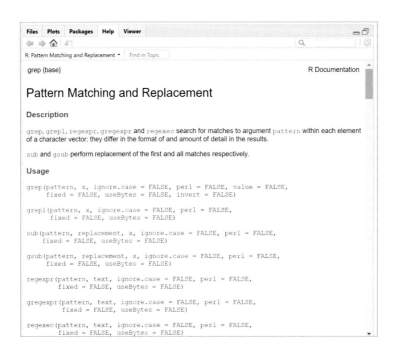

함수 이름	기능
grep( )	지정된 패턴과 매칭되는 인덱스를 반환하는 함수
grepl( )	지정된 패턴과 매칭되지를 전체 벡터에 대한 TRUE or FALSE 값을 반환함
sub( )	처음 만나는 패턴에 대해서만 변경할 패턴으로 치환하는 함수
gsub( )	지정한 패턴과 매칭되는 모든 패턴에 대해서 변경할 패턴으로 치환하는 함수
regexpr( )	첫번째 만나는 패턴 매칭의 시작 위치와 매칭되는 문자열의 길이 반환하는 함수
gregexpr( )	지정한 패턴과 매칭되는 모든 패턴에 대한 위치와 길이 정보를 반환하는 함수

단어와 단어 사이의 쉼표를 공백문자로 바꾸기 위해 gsub( ) 함수를 사용합니다. gsub( ) 함수는 지정된 패턴과 매칭되는 곳을 변경하고자 하는 패턴으로 전부 치환해준다. gsub( ) 함수에 필수적으로 포함되어야 하는 인수는 pattern, replacement, x입니다. pattern은 문장내에 변경하고자 하는 패턴을 의미하고, replacement는 변경하고자 하는 패턴을 의미합니다. x는 함수를 수행할 데이터를 지정합니다. 쉼표를 공백 문자로 치환하기 위해 다음과 같은 코드를 작성하여 실행시켜 봅니다.

```
> data<-gsub(pattern=",",replacement =" ",x = data)
```

다음과 같이 쉼표가 공백 문자로 치환된 것을 확인할 수 있습니다.

```
> head(data)
[1] "\"접촉 확진자 판정 수원 어린이집 교사 음성 감염증 신종 코로나바이러스 폐렴 확진자 밀접 접촉 보육교사 수원시
    시립 금호어린이집 보육 교사 정밀검사 음성 판정 확인 수원시 이날 보육 교사 음정판정 검체 검사 결과 음정 판정 A씨 2
    4일 8시 10시 2시간 확진자 저녁식사 주거지 의왕시 확진자 A씨 사촌지간 확인 질별관리본부 이날 A씨 어머니 밀접접촉 사
    실 연락 A씨 어린이집 원장 수원시 보고 수원시 어린이집 조치 잠정 폐쇄 어린들 귀가 방역 상태 의왕시보건소 A씨 검체
    채취 경기도보건환경연구원 검사 의뢰 A씨 어린이집 영아 0세 어린이집 유아 재원 영아 6명 교사 원장 포함 9명 어린이집
    원아 보육교사 상태 확인 자체적 밀착 관리 안양시 A씨 확진자 자리 A씨 언니 정황 포착 언니 근무 안양시 석수동 위치 E
    어린이집 휴원 조치 상태 A씨 언니 실제 별도 확인\""
[2] "\"러시아 확진자 중국인 러시아 31일 현지시간 감염증 신종 코로나바이러스 폐렴 확진자 아프리카 남미 제외 지구촌
    전역 감염자 발생 상황 로이터 AFP통신 이날 타티야 부총리 골리코바 러시아 2명 이날 신종 코로나 감염자 자바이칼주 동
    부 시베리아 튜멘주 우랄산맥 인근 2명 중국인 철저 관찰 격리 의료 지원 골리코바 부총리 이날 신종 코로나 유입 방지 추
    가 조치 러시아 몽골 국경 차단 자정부 중국 정기 항공 노선 잠정 폐쇄 화물 운송 우편 운송 중단 골리코바 부총리 발원지
```

대부분 영문자와 숫자는 큰 정보를 제공하지 못합니다. 따라서 해당 문자열을 제거하고자 합니다. R에서 영문자와 숫자를 포함한 특정 문자열들을 지칭하는 미리 지정되어 있는 문자클래스가 존재합니다.

문자 클래스	의미
[:alpha:]	알파벳 문자들을 의미함
[:lower:]	알파벳 소문자들을 의미함
[:upper:]	알파벳 대문자들을 의미함
[:digit:]	0~9까지의 숫자들을 의미함
[:alnum:]	알파벳과 숫자들을 의미함
[:punck:]	? " ' , . 등과 같은 문장 부호들을 의미함
[:blank:]	스페이스, 탭과 같은 공백문자를 의미함
[:space:]	스페이스, 탭, 뉴라인 등의 공백문자 의미함

특정 텍스트 패턴을 지칭하는 문자 클래스를 통해서 문장 안의 숫자와 영문자들을 제거할 수 있습니다. 우리가 사용하는 문서는 불필요한 문장 부호나 문자들이 깨끗하게 제거되어 있는 상태입니다. 다음과 같은 코드로 숫자와 영문의 대문자를 제거하는 결과를 만듭니다.

```
> data<-gsub(pattern="[[:digit:]]",replacement ="",x = data)

> data<-gsub(pattern="[[:upper:]]",replacement ="",x = data)
```

```
> head(data)
[1] "\"접촉 확진자 판정 수원 어린이집 교사 음성 감염증 신종 코로나바이러스 폐렴 확진자 밀접 접촉 보육교사 수
원시 시립 금호어린이집 보육 교사 정밀검사 음성 판정 확인 수원시 이날 보육 교사 음정판정 검체 검사 결과 음정
판정 씨 일 시 시 시간 확진자 저녁식사 주거지 의왕시 확진자 씨 사촌지간 확인 질별관리본부 이날 씨 어머니 밀접
접촉 사실 연락 씨 어린이집 원장 수원시 보고 수원시 어린이집 조치 잠정 폐쇄 어린이들 귀가 방역 상태 의왕시보건
소 씨 검체 채취 경기도보건환경연구원 검사 의뢰 씨 어린이집 영아 세 어린이집 유아 재원 영아 명 교사 원장 포함
명 어린이집 원아 보육교사 상태 확인 자체적 밀착 관리 안양시 씨 확진자 자리 씨 언니 정황 포착 언니 근무 안양
시 석수동 위치 어린이집 휴원 조치 상태 씨 언니 실제 별도 확인\""
[2] "\"러시아 확진자 중국인 러시아 일 현지시간 감염증 신종 코로나바이러스 폐렴 확진자 아프리카 남미 제외 지
구촌 전역 감염자 발생 상황 로이터 통신 이날 타티야 부총리 골리코바 러시아 명 이날 신종 코로나 감염자 자바이칼
즈 동부 시베리아 토메즈 우란사매 이구 명 중구인 첫지 과착 경리 이름 지원 골리코바 부총리 이날 시조 크리나 우
```

숫자와 영문 대문자가 제거된 것을 확인할 수 있습니다. 이렇게 텍스트 데이터에 불필요한 부분을 정리하는 과정을 거쳤습니다. 이제는 텍스트 데이터를 정형화해야 합니다.

14.5 텍스트 정형화하기

R에서는 텍스트 처리하고 분석하기 위해 tm 패키지를 활용합니다. tm 패키지에서 텍스트 분석을 위해 문서의 집합을 코퍼스로 구성하여 사용합니다. 코퍼스는 '말뭉치'로 문서들을 효율적으로 관리하고 다루기 위해 사용하는 문서 집단을 구성하는 기본구조입니다. 텍스트 데이터의 전처리 과정을 마치면 본격적인 텍스트 분석을 위해 비정형의 텍스트 데이터를 정형화된 구조로 변환하는 절차를 거칩니다. tm 패키지는 텍스트의 전처리 작업뿐만 아니라 문서의 집합을 코퍼스 형태로 변환하고, 코퍼스를 문서-단어 행렬(Document-Term Mattrix, DTM)로 구성하는 함수들을 제공합니다. tm 패키지에 의해 문서를 문서-단어 행렬의 구조로 변경한 후에 일반적으로 빈도분석, 군집분석, 여러 텍스트마이닝 기법을 적용하여 분석을 수행하게 됩니다. 우리는 코로나19 키워드로 검색한 신문기사 집합에서 많이 등장하는 단어들을 워드 클라우드 형태로 구성하고자 합니다. 이를 위해 정제된 텍스트 집합을 문서-단어 행렬로 정형화합니다.

library( ) 함수로 tm 패키지를 불러옵니다. 설치가 되어 있지 않을 경우 install.package( )를 통해 패키지를 설치합니다.

```
library(tm)
```

문서 집합은 Corpus( ) 함수를 통해 코퍼스 형태로 변환할 수 있습니다. 그러나 문서집합이 어느 형태로 있느냐에 따라 문서집합을 읽어 들이기 위한 함수가 달라집니다.

```
> getSources()
[1] "DataframeSource" "DirSource"        "URISource"      "VectorSource"   "XMLSource"
[6] "ZipSource"
```

데이터 프레임에서는 DataframeSource( ) 함수를 통해 텍스트를 읽어옵니다. 폴더에 저장되어 있는 텍스트 문서 집합을 읽어오기 위해서는 DirSource( ) 함수를 사용합니다. 우리는 텍스트가 벡터형태로 구성되어 있기 때문에 VectorSource( ) 함수를 통해 텍스트를 읽어와 코퍼스로 변환하면 됩니다.

```
> docs <- Corpus(VectorSource(data))
> docs
<<SimpleCorpus>>
Metadata:  corpus specific: 1, document level (indexed): 0
Content:   documents: 4832
```

docs를 실행시키면 4832개의 문서 집합으로 구성되어 있는 코퍼스가 구성되는 것을 볼 수 있습니다. 코퍼스 안의 각 문서 별 내용에 접근하기 위해서는 리스트를 접근하던 방식과 마찬가지로 [[]]로 인덱싱하여 각 문서에 접근할 수 있습니다.

```
> doc[[1]]$content
[1] "\"접촉 확진자 판정 수원 어린이집 교사 음성 감염증 신종 코로나바이러스 폐렴 확진자 밀접 접촉 보육교사 수원시 시
    립 금호어린이집 보육 교사 정밀검사 음성 판정 확인 수원시 이날 보육 교사 음정판정 검체 검사 결과 음정 판정 씨 일 시
    시 시간 확진자 저녁식사 주거지 의왕시 확진자 씨 사촌지간 확인 질별관리본부 이날 씨 어머니 밀접접촉 사실 연락 씨 어
    린이집 원장 수원시 보고 수원시 어린이집 조치 잠정 폐쇄 어린이들 귀가 방역 상태 의왕시보건소 씨 검체 채취 경기도보건
    환경연구원 검사 의뢰 씨 어린이집 영아 세 어린이집 유아 재원 영아 명 교사 원장 포함 명 어린이집 원아 보육교사 상태 확
    인 자체적 밀착 관리 안양시 씨 확진자 자리 씨 언니 정황 포착 언니 근무 안양시 석수동 위치 어린이집 휴원 조치 상태 씨
    언니 실제 별도 확인\""

> doc[[2]]$content
[1] "\"러시아 확진자 중국인 러시아 일 현지시간 감염증 신종 코로나바이러스 폐렴 확진자 아프리카 남미 제외 지구촌 전
    역 감염자 발생 상황 로이터 통신 이날 타티야 부총리 골리코바 러시아 명 이날 신종 코로나 감염자 자바이칼주 동부 시베리
    아 튜멘주 우랄산맥 인근 명 중국인 철저 관찰 격리 의료 지원 골리코바 부총리 이날 신종 코로나 유입 방지 추가 조치 러시
    아 몽골 국경 차단 자정부 중국 정기 항공 노선 잠정 폐쇄 화물 운송 우편 운송 중단 골리코바 부총리 발원지 신종 코로나
    중국 우한 후베이성 체류 러시아인들 러시아인 귀국 희망자 대피 조치 후베이성에 명 포함 명 러시아인 일 러시아 정부 유
    입 신종 코로나 차단 일 러시아 중국 철도 노선 운행 잠정 중단 지역 극동 보행자 차량 국경검문소 기간 잠정 폐쇄 일 재연
    장\""
```

문서 집합을 코퍼스로 변환하는 과정을 마쳤다면 이제 DTM으로 변환하여 봅니다. DTM은 Document-Term Matrix의 약자로 행은 문서이름으로 열은 문서집합에 포함되어 있는 모든 단어들로 구성된 행렬입니다. 코퍼스를 DTM으로 구성하려면 tm 패키지의 DocumentTermMatrix( ) 함수를 사용하여 변환할 수 있습니다.

```
> dtm <-DocumentTermMatrix(docs)
> dtm
<<DocumentTermMatrix (documents: 4832, terms: 33940)>>
Non-/sparse entries: 513856/163484224
Sparsity           : 100%
Maximal term length: 32
Weighting          : term frequency (tf)
```

행은 4832개의 문서이름으로 열은 33,940개의 단어들로 구성된 문서-단어 행렬이 구성된 것을 볼 수 있습니다. 행렬 안의 값은 각 문서마다 포함하고 있는 단어의 빈도수가 표현됩니다. DTM의 일부를 확인하려면 inspect( ) 함수를 통해 확인할 수 있습니다. 행과 열의 개수가 많기 때문에 인덱싱을 통해 처음부터 5개의 행과 처음부터 10개의 열을 출력하여 확인해봅니다. 행은 문서의 이름을 열의 이름은 단어로 구성되어 있습니다. 행렬을 구성하는 값은 각 문서별로 포함된 단어의 수가 저장되어 있습니다.

```
> inspect(dtm[1:5,1:10])
<<DocumentTermMatrix (documents: 5, terms: 10)>>
Non-/sparse entries: 14/36
Sparsity           : 72%
Maximal term length: 10
Weighting          : term frequency (tf)
Sample             :
    Terms
Docs "접촉 감염증 검사 검체 결과 경기도보건환경연구원 관리 교사 귀가 근무
  1    1    1    2    2    1                   1    1    4    1    1
  2    0    1    0    0    0                   0    0    0    0    0
  3    0    1    0    0    0                   0    0    0    0    0
  4    0    2    0    0    0                   0    0    0    0    0
  5    0    1    0    0    0                   0    0    0    0    0
```

colSums( ) 함수는 각 열에 대해서 합산을 해줍니다. 이때, dtm을 as.matrix() 함수로 형변환하여 colSums() 함수의 인수로 담고 각 열별 합산을 구합니다. 그리고 각 열 별로 합산한 값을 terms라는 변수에 담습니다. 처음부터 10개를 출력해봅니다. 행렬 인덱싱을 통해 출력할 수 있습니다.

```
> terms[1:10]
        "접촉           감염증          검사           검체           결과
          7            4788          2419            77          1634
경기도보건환경연구원        관리            교사           귀가           근무
         18            1981           156           189           397
```

4,832개의 문서집합에서 접촉이라는 단어는 총 7번, 감염증 단어는 4,788번, 검사는 2,419번 사용되었다는 것을 확인할 수 있습니다. 문서 집합에서 등장하는 단어별 빈도수를 담

고 있는 변수 terms을 내림차순으로 정렬하여 상위 100개의 단어들에 대해 워드 클라우드로 표현하고자 합니다. 벡터를 정렬하기 위해서는 order( )라는 함수를 사용하며, 함수안에 decreasing을 TRUE로 지정하면 내림차순으로 정렬하여 다시 terms에 담고 처음부터 10개의 단어를 출력할 수 있습니다. 가장 많이 등장하는 단어는 중국, 그 다음은 폐렴, 신종 등의 단어 순으로 출력되는 것을 볼 수가 있습니다.

```
> terms <-terms[order(terms, decreasing = TRUE)]
> terms[1:10]
           중국         폐렴          신종          명 코로나바이러스             일          환자
          19106       12493        12246       10195           9263        8870        8359
           정부         감염          우한
           6074        6026         5946
```

```
> terms.freq <- terms[1:200]
> terms.freq
           중국         폐렴          신종          명 코로나바이러스             일          환자
          19106       12493        12246       10195           9263        8870        8359
           정부         감염          우한          확산        바이러스        감염증          발생
           6074        6026         5946        5723           5261        4788        4620
          확진자         증상          이날          지역          마스크          확인          격리
           4483        4205         4134        3976           3796        3740        3584
           사람         확진          대응          상황        전세기          입국          코로나
           3565        3388         3181        3172           2988        2949        2661
           방문       중국인          당국          조치          검사          사태          귀국
           2594        2592         2440        2427           2419        2371        2338
           병원        우한시          한국          국가          사스          예정          교민
           2259        2219         2150        2134           2132        2098        2094
           조사          관리          보건        일본          미국          발열            만
           1993        1981         1968        1964           1936        1842        1827
           질병          번째          방역          의심        감염병          국민        감염자
           1795        1793         1779        1751           1734        1730        1687
```

문서 집합내에 등장 빈도 수가 상위 200위에 있는 단어들만 추출하여 새로운 변수에 담아 출력해봅니다. 이 중에서 한 글자로 구성된 단어는 제거합니다.

```
> terms.freq<-terms.freq[!(nchar(names(terms.freq))==1)]
> terms.freq
           중국         폐렴          신종  코로나바이러스            환자          정부
          19106       12493        12246         9263          8359        6074
           감염         우한          확산        바이러스        감염증          발생
           6026        5946         5723         5261          4788        4620
          확진자         증상          이날          지역        마스크          확인
           4483        4205         4134         3976          3796        3740
           격리         사람          확진          대응        상황        전세기
           3584        3565         3388         3181          3172        2988
           입국        코로나          방문        중국인        당국          조치
           2949        2661         2594         2592          2440        2427
           검사         사태          귀국          병원        우한시          한국
           2419        2371         2338         2259          2219        2150
           국가         사스          예정          교민          조사          관리
           2134        2132         2098         2094          1993        1981
           보건        일본          미국          발열          질병          번째
           1968        1964         1936         1842          1795        1793
```

nchar( ) 함수는 문자열의 개수를 반환합니다. term.freq 벡터의 벡터이름을 호출하여 nchar( ) 함수를 통해 문자열의 개수 출력하고 값이 1이 아닌 벡터들만 다시 term.freq에 담는 형식으로 한글자인 단어를 삭제하였습니다. 이렇게 구성한 단어 빈도수 벡터를 가지고 워드 클라우드로 구성해봅시다.

14.6 데이터 시각화하기

워드 클라우드를 얻기위해 wordcloud2 패키지을 설치해 봅니다. wordcloud2 패키지를 작업공간에 불러오고, 사용방법을 알아보기 위해 ?wordclouds를 실행합니다.

```
> library(wordcloud2)
> ?wordcloud2
```

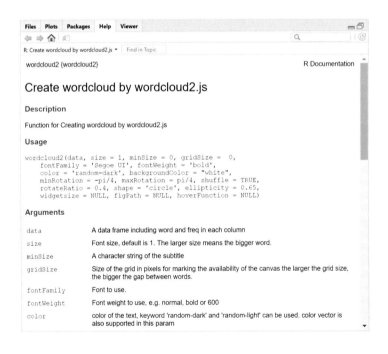

워드 클라우드를 생성하는 wordcloud2( )는 data, size, color 등의 인수를 지정해주어야 합니다. data 인수에는 단어와 빈도수에 대한 정보가 각각 열로 구성되어 있는 데이터 프레임을 지정해야합니다. fontFamily 인수에는 글꼴을 지정할 수 있고, color 인수에는 'random-dark'나 'random-light'를 설정하여 사용할 수 있습니다. wordcloud2( ) 함수에는 shape라는 인수가 있는데, shape에는 기본적으로 'circle'이 default로 지정되어 있습니다. 이 shape 인수를 통해 'cardioid', 'diamond', 'triangle', 'pentagon', 'star' 형태로 워드 클라우드가 구성되게 지정할 수도 있습니다.

먼저, data 인수에 담을 데이터 프레임을 구성합시다. data.frame( ) 함수로 프레임을 만들 수 있습니다. 첫번째 열은 등장 단어들을 지정합니다. 두번째 열은 해당 단어의 등장 빈도수 정보를 지정합니다. 생성된 데이터프레임 terms.freq.new의 열이름을 rownames( )를 통해 변경할 수 있습니다. 다음과 같은 단어, 등장 빈도 두개의 열을 가진 데이터프레임을 생성하였습니다.

```
> terms.freq.new <- data.frame(terms=names(terms.freq),freq=terms.freq)
> rownames(terms.freq.new)<-c(1:nrow(terms.freq.new))
> terms.freq.new
              terms  freq
1              중국 19106
2              폐렴 12493
3              신종 12246
4      코로나바이러스  9263
5              환자  8359
```

wordcloud2( ) 함수를 지정해봅니다. 방금 구성한 데이터프레임을 첫번째 인자로 담고, 그 다음부터는 원하는 디자인에 맞춰 필요한 인수와 값을 지정하여 포함시키면 됩니다. 다음의 코드에는 fontFamily에 '맑은 고딕'을 지정하였고, 워드 클라우드의 전체 형태를 설정하는 shape에는 'circle'을 지정하였습니다. 색은 'random-dark'로 지정하였으며, 워드 클라우드의 전체 크기를 설정하는 size 인수에는 0.5를 지정하여 다음과 같은 워드 클라우드를 생성하였습니다.

```
> wordcloud2(terms.freq.new, fontFamily = "맑은 고딕",
+            shape="circle",color = "random-dark",size=0.5)
```

코드에서 shape를 'star'로 변경하면, 워드 클라우드가 별 모양으로 형성됩니다. 이와 같이 wordcloud2( ) 함수 안에 인수들을 변경해 가며 원하는 디자인 형태로 변경하는 것이 가능합니다.

```
> wordcloud2(terms.freq.new, fontFamily = "맑은 고딕",
+            shape="star",size=0.5)
```

수집한 데이터는 2020-01-01부터 2020-01-31까지의 코로나 19에 관한 주요 언론사 신문기사로 중국, 폐렴, 신종 등의 단어가 많이 등장하는 것을 볼 수 있었습니다. 기간을 다르게 설정하여 데이터를 수집해 보고 워드 클라우드를 구성하여 등장 빈도 수가 높은 단어들을 비교하여 봅시다.

CHAPTER 15

웹데이터 가져오기?

15.1 웹 스크래핑?

우리는 지금까지 데이터를 csv나 엑셀파일로 다운받아 사용하였습니다. 정보를 제공하는 기관이나 단체가 사용자들이 사용하기 편리하게 테이블 형식의 파일로 제공해주기도 합니다. 하지만 우리가 항상 접하는 웹사이트들의 정보들은 친절하게 다운로드 받을 수 있도록 제공되지 않습니다. 어떻게 웹사이트에 있는 정보들을 수집할 수 있을까요? 우리는 웹 스크래핑 기법을 활용하여 웹사이트 상에 필요한 비정형 데이터를 수집하여 사용할 수 있습니다. 웹 스크래핑(Scraping)은 웹 상의 필요한 정보를 긁어오듯이 데이터를 수집하는 방법을 말합니다. 이번장에서는 인터넷 백과사전 위키피디아를 통하여 웹스크래핑 방법을 배워보려고 합니다. 또한 영문 텍스트 데이터를 수집하여, 전처리하는 과정에 대해 배워보려고 합니다.

15.2 데이터 수집

위키피디아(Wikipedia) 또는 위키백과는 누구나 참여할 수 있는 인터넷 백과사전입니다. 2020년 기준으로 300여개의 언어로 4천만개 이상의 글이 수록되어 있습니다. 우리는 위키피디아의 글을 스크래핑하여 텍스트 정보를 수집하고 정제하고 시각화 하는 과정을 경험해 보고자 합니다. 위키피디아에 수천만개의 글이 있지만 그 중에서 미국 대통령의 취임 연설문을 스크래핑하고자 합니다. 다음의 위키피디아 글에는 역대 미국 대통령의 취임식 관련 정보들이 기록되어 있습니다. 스크롤을 내리면 역대 미국 대통령들의 취임식 연설문이 링크되어 있는 테이블이 구성되어 있는 것을 볼 수 있습니다.

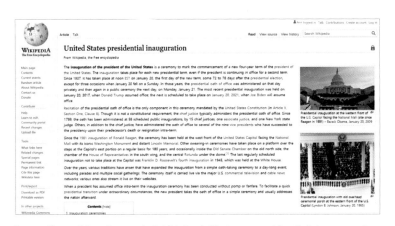

https://en.wikipedia.org/wiki/United_States_presidential_inauguration

List of inauguration ceremonies

The 58 inauguration ceremonies marking the start of a new four-year presidential term of office and also the nine marking the start of a partial presidential term following the intra-term death or resignation of an incumbent president are listed in the table below.

No. ♦	Date ♦	Event[a] ♦	Location ♦	Oath Administered by ♦	Address length[63] ♦
1st	April 30, 1789 (Thursday)	First inauguration of George Washington	Front balcony, Federal Hall New York, New York	Robert Livingston, Chancellor of New York	1431 words Full text 🔊
2nd	March 4, 1793 (Monday)	Second inauguration of George Washington	Senate Chamber, Congress Hall Philadelphia, Pennsylvania	William Cushing, Associate Justice, U.S. Supreme Court	135 words Full text 🔊
3rd	March 4, 1797 (Saturday)	Inauguration of John Adams	House Chamber, Congress Hall	Oliver Ellsworth, Chief Justice of the United States	2308 words Full text 🔊
4th	March 4, 1801 (Wednesday)	First inauguration of Thomas Jefferson	Senate Chamber, U.S. Capitol Washington, D.C.	John Marshall, Chief Justice	1730 words Full text 🔊
55th	January 20, 2005 (Thursday)	Second inauguration of George W. Bush	West Front, U.S. Capitol	William Rehnquist Chief Justice	2071 words Full text 🔊
56th	January 20, 2009 (Tuesday)	First inauguration of Barack Obama	West Front, U.S. Capitol	John Roberts Chief Justice	2395 words Full text 🔊
57th	January 21, 2013[g] (Monday)	Second inauguration of Barack Obama	West Front, U.S. Capitol	John Roberts Chief Justice	2096 words Full text 🔊
58th	January 20, 2017 (Friday)	Inauguration of Donald Trump	West Front, U.S. Capitol	John Roberts Chief Justice	1433 words Full text 🔊

이 중에 도널드 트럼프 대통령의 취임 연설문을 선택해봅시다. 다음과 같은 웹페이지가 열립니다. 이제 이 웹페이지에 있는 텍스트 데이터를 스크래핑 하고자 합니다. 스크래핑 작업을 위해서 먼저 이 웹사이트의 주소(https://en.wikisource.org/wiki/Donald_Trump%27s_Inaugural_Address)가 필요합니다.

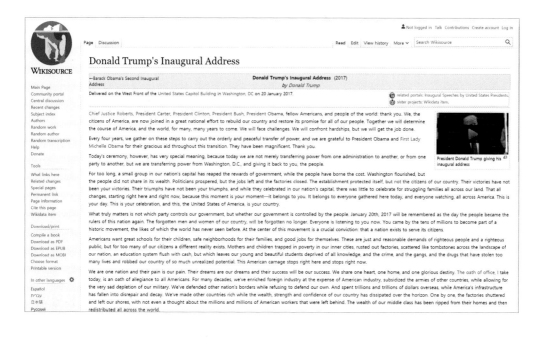

15.3 데이터 살펴보기

1 새 프로젝트 생성

RStudio 창을 열어 봅시다. 새로운 프로젝트를 생성하고, 새 스크립트 파일을 저장합니다.

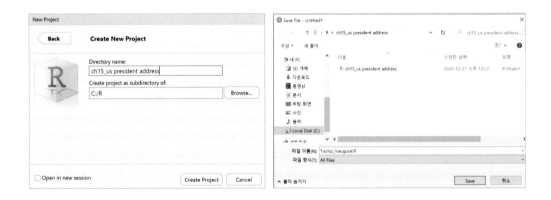

2 데이터 읽어오기

웹사이트에 있는 텍스트 데이터를 가져오기 위해서는 다음과 같은 웹사이트의 주소가 필요합니다. url이라는 변수에 트럼프 대통령의 취임 연설문이 담겨 있는 웹사이트의 주소를 저장합니다.

```
> url <-"https://en.wikisource.org/wiki/Donald_Trump%27s_Inaugural_Address"
```

해당 웹사이트로부터 정보를 가져오기 위해서는 httr이라는 패키지의 도움이 필요합니다. 설치되어 있지 않다면 install.package( ) 함수를 통해 설치하고, library( ) 함수로 httr 패키지를 불러옵니다.

```
> library(httr)
```

httr 패키지는 웹사이트 주소를 통해 해당 주소의 웹페이지 html 문서를 가져올 수 있도록 도와주는 함수들을 제공합니다. httr 패키지에서 제공하는 함수들 중에 GET( ) 함수를 통해 트럼프 대통령의 취임 연설문을 담고 있는 웹사이트의 html 문서를 가져올 것입니다.

httr 패키지에 대한 설명은 다음 코드로 확인해 볼 수 있습니다. GET( )를 클릭하여 GET( ) 함수의 사용 방법과 인수 설정 방법에 대한 설명을 확인해 볼 수 있습니다.

```
> ?httr
```

크롬창에서 트럼프 대통령의 취임연설문이 있는 웹사이트를 열어봅시다. 해당 웹사이트에 서 F12 버튼을 누르면 웹사이트를 구성하는 html 문서를 확인할 수 있습니다. 인터넷의 웹 사이트는 이러한 html 문서에 의해 구성되어 있으며, 크롬과 같은 웹 브라우저는 사용자 가 요청하는 웹페이지 주소의 html 문서를 서버로부터 받아와서 html 문서의 소스코드에 맞춰서 화면에 표현해주는 역할을 합니다.

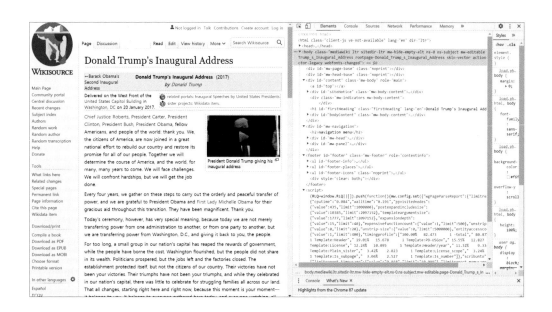

GET( ) 함수에 url 주소를 담아 호출하여 html 변수에 저장합니다. html을 프린트해봅시다. 해당 웹페이지의 html 문서를 읽어온 것을 볼 수 있습니다.

```
> html <-GET(url)
> html
Response [https://en.wikisource.org/wiki/Donald_Trump%27s_Inaugural_Address]
  Date: 2020-12-27 02:45
  Status: 200
  Content-Type: text/html; charset=UTF-8
  Size: 49 kB
<!DOCTYPE html>
<html class="client-nojs" lang="en" dir="ltr">
<head>
<meta charset="UTF-8"/>
<title>Donald Trump's Inaugural Address - Wikisource, the free online library</title>
<script>document.documentElement.className="client-js";RLCONF={"wgBreakFrames":!1,"wgSepara...
"wgRelevantPageIsProbablyEditable":!0,"wgRestrictionEdit":[],"wgRestrictionMove":[],"wgMedi...
"ready","ext.uls.interlanguage":"ready","ext.wikimediaBadges":"ready","wikibase.client.init...
<script>(RLQ=window.RLQ||[]).push(function(){mw.loader.implement("user.options@1hzgi",funct...
});});</script>
...
```

읽어 들어온 html 문서에서 트럼프 대통령의 취임식 연설문의 텍스트 정보만을 추출하려고 합니다.

그러기 위해서는 XML 패키지의 도움이 필요합니다. XML 패키지가 없는 경우, install. package( ) 함수로 설치를 하고, library( ) 함수로 XML 패키지를 불러 옵시다.

```
> library(XML)
```

XML 패키지의 htmlParse( ) 함수를 사용하면, html 문서를 트리구조로 구조화해 줍니다. html 문서가 구조화되면 원하는 부분을 지칭하여 추출할 수 있게 됩니다. 다음 코드를 실행하여 수집한 html 문서를 트리구조로 구조화하여 html.parsed 변수에 할당합니다.

```
> html.parsed <-htmlParse(html)
> html.parsed
<!DOCTYPE html>
<html class="client-nojs" lang="en" dir="ltr">
<head>
<meta charset="UTF-8">
<title>Donald Trump's Inaugural Address - Wikisource, the free online library</title>
<script>document.documentElement.className="client-js";RLCONF={"wgBreakFrames":!1,"wgSeparat
orTransformTable":["",""],"wgDigitTransformTable":["",""],"wgDefaultDateFormat":"dmy","wgMon
```

html.parsed에 저장되어 있는 구조화된 html 문서에서 특정 정보를 추출하기 위해서는 xpathSApply( ) 함수를 사용해야 하며, 정보가 있는 위치를 지정하는 xpath에 대해 알아야합니다. xpathSApply( ) 함수는 XML 패키지에서 지원하는 함수로써 구조화된 html 문서로부터 특정 노드를 찾아서 해당 값을 리턴해 주는 함수입니다. 여기서 특정노드에 접근할 수 있는 경로를 지정해 주어야 하는데 이 경로가 xpath입니다.

다음 그림은 html 문서의 기본적인 구조입니다. 이 html 문서는 다음의 Tree로 구조화될 수 있습니다. 이 html 문서에서 "웹사이트의 내용 A-1"이라는 텍스트를 추출해봅시다. 해당 내용은 〈html〉 안에 〈body〉 아래에 〈div〉 안에 위치하고 있습니다. 그리고 〈div〉가 두개가 있는데, 우리가 원하는 "웹사이트의 내용 A-1"은 두개의 〈div〉 중에서 class="A"로 지정된 곳 안에 포함되어 있습니다. 따라서 해당 내용의 xpath는 "html/body/div[@class='A']/p"라고 지정할 수 있습니다. 또 html 문서의 앞부분이 대부분 공통되기 때문에 '//'로도 대체할 수 있습니다. "//div[@class='A']/p"라고 간단하게 표현할 수 있습니다.

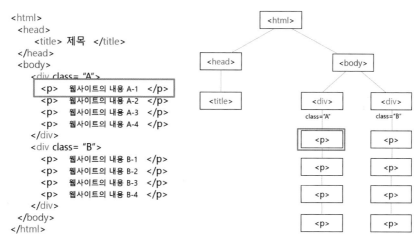

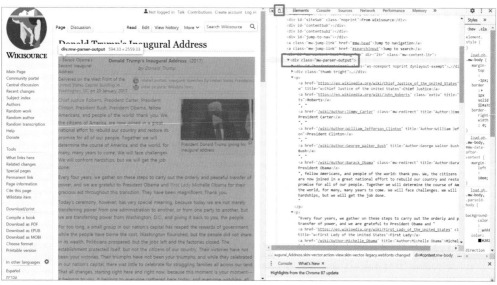

다시 크롬 웹사이트로 돌아가서 트럼프 대통령의 연설문 내용이 담긴 노드의 정보를 찾아봅시다. 크롬은 개발자 도구에 웹 스크래핑을 돕는 유용한 기능을 지원하고 있습니다. F12을 누르면 html 문서가 나타납니다. 개발자 도구 상단에 있는 화살표를 누르고, 웹사이트에서 추출하고 싶은 내용을 선택하면, 해당되는 html 소스 코드가 하이라이트 됩니다. 우리가 찾고자 하는 트럼프 대통령의 연설문 내용은 ⟨div class="mw-parser-output"⟩ 안에 포함되어 있다고 표시됩니다. 따라서 연설문 내용에 접근하기 위한 xpath 경로는 "//div[@class='mw-parser-output']/p"로 지정할 수 있습니다. xpathSApply()에는 정보가 담긴 html.parsed와 xpath 경로, 그리고 xmlValue를 인수로 넣어 호출합니다. xmlValue를 인수로 담지 않으면 html 노드의 정보도 포함하여 추출됩니다. 연설문 텍스트만 추출하기 위해 xmlValue 인수를 포함하여 호출합니다. 다음의 코드를 작성하여 실행하여 보고, text의 값을 프린트해봅시다. 텍스트 백터의 형태로 연설문 내용이 추출된 것을 확인할 수 있습니다.

```
> text <- xpathSApply(html.parsed,"//div[@class='mw-parser-output']/p ", xmlValue)
> text
 [1] "Chief Justice Roberts, President Carter, President Clinton, President Bush, President Obam
a, fellow Americans, and people of the world: thank you. We, the citizens of America, are now joi
ned in a great national effort to rebuild our country and restore its promise for all of our peop
le. Together we will determine the course of America, and the world, for many, many years to com
e. We will face challenges. We will confront hardships, but we will get the job done.\n"
```

이렇게 웹사이트로부터 html 문서를 읽어 들여 원하는 정보를 추출하는 방법에 대해 알아보았습니다. 이제 이 텍스트 정보를 전처리 하는 과정을 살펴봅시다.

15.4 데이터 정제하기

텍스트를 정제하는 과정을 살펴봅시다. text 변수에 담겨있는 텍스트 정보는 벡터 형태로 구성되어 있습니다. 이 벡터의 텍스트 내용을 하나의 문서로 연결하고자 합니다.

```
> text
 [1] "Chief Justice Roberts, President Carter, President Clinton, President Bush, President Obam
a, fellow Americans, and people of the world: thank you. We, the citizens of America, are now joi
ned in a great national effort to rebuild our country and restore its promise for all of our peop
le. Together we will determine the course of America, and the world, for many, many years to com
e. We will face challenges. We will confront hardships, but we will get the job done.\n"


 [2] "Every four years, we gather on these steps to carry out the orderly and peaceful transfer o
f power, and we are grateful to President Obama and First Lady Michelle Obama for their gracious
 aid throughout this transition. They have been magnificent. Thank you.\n"
```

paste( ) 함수를 사용하여 각 백터의 내용을 공백문자로 연결해봅시다. 다음의 코드를 실행시키고 text에 담겨 있는 내용이 어떻게 변경되었는지 확인해 봅시다.

```
> text <-paste(text, collapse = " ")
> text
[1] "Chief Justice Roberts, President Carter, President Clinton, President Bush, President Obama,
 fellow Americans, and people of the world: thank you. We, the citizens of America, are now joine
d in a great national effort to rebuild our country and restore its promise for all of our peopl
e. Together we will determine the course of America, and the world, for many, many years to come.
 We will face challenges. We will confront hardships, but we will get the job done.\n Every four
 years, we gather on these steps to carry out the orderly and peaceful transfer of power, and we
 are grateful to President Obama and First Lady Michelle Obama for their gracious aid throughout
 this transition. They have been magnificent. Thank you.\n Today's ceremony, however, has very sp
ecial meaning, because today we are not merely transferring power from one administration to anot
her, or from one party to another, but we are transferring power from Washington, D.C., and givin
g it back to you, the people.\n For too long, a small group in our nation's capital has reaped th
e rewards of government, while the people have borne the cost. Washington flourished, but the peo
ple did not share in its wealth. Politicians prospered, but the jobs left and the factories close
d. The establishment protected itself, but not the citizens of our country. Their victories have
 not been your victories. Their triumphs have not been your triumphs, and while they celebrated i
n our nation's capital, there was little to celebrate for struggling families all across our lan
d. That all changes, starting right here and right now, because this moment is your moment-it bel
```

이제 하나의 문서로 구성이 된 것을 볼 수 있습니다. 이제 영문 텍스트 데이터를 정제하고자 합니다. 텍스트 데이터를 다루기 위해서 tm 라이브러리를 활용하려 합니다. library( ) 함수로 tm 패키지를 불러옵니다.

```
> library(tm)
```

먼저 text를 코퍼스로 변환합니다.

```
> corpus<-Corpus(VectorSource(text))
> corpus[[1]]$content
[1] "Chief Justice Roberts, President Carter, President Clinton, President Bush, President Obama,
 fellow Americans, and people of the world: thank you. We, the citizens of America, are now joine
d in a great national effort to rebuild our country and restore its promise for all of our peopl
e. Together we will determine the course of America, and the world, for many, many years to come.
 We will face challenges. We will confront hardships, but we will get the job done.\n Every four
 years, we gather on these steps to carry out the orderly and peaceful transfer of power, and we
 are grateful to President Obama and First Lady Michelle Obama for their gracious aid throughout
 this transition. They have been magnificent. Thank you.\n Today's ceremony, however, has very sp
ecial meaning, because today we are not merely transferring power from one administration to anot
her, or from one party to another, but we are transferring power from Washington, D.C., and givin
g it back to you, the people.\n For too long, a small group in our nation's capital has reaped th
e rewards of government, while the people have borne the cost. Washington flourished, but the peo
ple did not share in its wealth. Politicians prospered, but the jobs left and the factories close
```

tm 패키지에서 제공하는 tm_map( ) 함수를 통해 영문 텍스트 데이터를 정제할 수 있습니다. 일반적으로 다음과 같은 절차를 거칩니다.

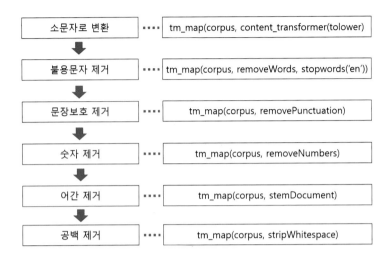

먼저 대문자를 소문자로 바꿉니다.

```
> corpus <-tm_map(corpus,content_transformer(tolower))

> corpus[[1]]$content
[1] "chief justice roberts, president carter, president clinton, president bush, president obama,
    fellow americans, and people of the world: thank you. we, the citizens of america, are now joine
    d in a great national effort to rebuild our country and restore its promise for all of our peopl
    e. together we will determine the course of america, and the world, for many, many years to come.
    we will face challenges. we will confront hardships, but we will get the job done.\n every four
    years, we gather on these steps to carry out the orderly and peaceful transfer of power, and we
    are grateful to president obama and first lady michelle obama for their gracious aid throughout
```

그리고 불용문자를 제거합니다. 영어의 불용문자는 stopwords('en')을 실행하면 확인할 수 있습니다. 다음과 같이 문장 내에 많이 등장 하나 큰 의미가 없는 단어들입니다.

```
> stopwords('en')
 [1] "i"          "me"         "my"         "myself"     "we"         "our"
 [7] "ours"       "ourselves"  "you"        "your"       "yours"      "yourself"
[13] "yourselves" "he"         "him"        "his"        "himself"    "she"
[19] "her"        "hers"       "herself"    "it"         "its"        "itself"
[25] "they"       "them"       "their"      "theirs"     "themselves" "what"
[31] "which"      "who"        "whom"       "this"       "that"       "these"
[37] "those"      "am"         "is"         "are"        "was"        "were"
[43] "be"         "been"       "being"      "have"       "has"        "had"
[49] "having"     "do"         "does"       "did"        "doing"      "would"
```

이러한 불용 문자를 제거합니다.

```
> corpus <-tm_map(corpus,removeWords,stopwords('en'))
```

```
> corpus[[1]]$content
[1] "chief justice roberts, president carter, president clinton, president bush, president obama,
 fellow americans, people  world: thank . ,  citizens  america,  now joined  great national ef
fort  rebuild  country  restore  promise   people. together  will determine  course  america,
 world,  many,  many years  come. will face challenges. will confront hardships,  will get  job
 done.\n every four years,  gather  steps  carry  orderly  peaceful transfer  power,  gratefu
l  president obama  first lady michelle obama  gracious aid throughout  transition.   magnifice
```

다음은 문장 부호를 제거합니다.

```
> corpus <-tm_map(corpus,removePunctuation)

> corpus[[1]]$content
[1] "chief justice roberts president carter president clinton president bush president obama fell
ow americans  people  world thank   citizens  america  now joined   great national effort  rebu
ild  country  restore  promise    people together  will determine  course  america   world  many
 many years  come  will face challenges  will confront hardships   will get  job done\n every fou
r years  gather  steps  carry  orderly  peaceful transfer  power   grateful  president obama
 first lady michelle obama  gracious aid throughout  transition   magnificent thank \n todays c
```

문장 내에 있는 숫자를 제거합니다.

```
> corpus <-tm_map(corpus,removeNumbers)

> corpus[[1]]$content
[1] "chief justice roberts president carter president clinton president bush president obama fell
ow americans  people  world thank   citizens  america  now joined   great national effort  rebu
ild  country  restore  promise    people together  will determine  course  america   world  many
 many years  come  will face challenges  will confront hardships   will get  job done\n every fou
r years  gather  steps  carry  orderly  peaceful transfer  power   grateful  president obama
 first lady michelle obama  gracious aid throughout  transition   magnificent thank \n todays c
eremony however  special meaning today   merely transferring power  one administration  anothe
r  one party  another   transferring power  washington dc  giving  back   people\n  long  sma
```

동일한 단어라도 문장 내에서 어간이 다르게 표현됩니다. 단어에서 변형이 이루어지지 않는 부분만 남기기 위해 다음과 같이 어간을 제거합니다.

```
> corpus <-tm_map(corpus,stemDocument)

> corpus[[1]]$content
[1] "chief justic robert presid carter presid clinton presid bush presid obama fellow american pe
opl world thank citizen america now join great nation effort rebuild countri restor promis peopl
 togeth will determin cours america world mani mani year come will face challeng will confront ha
rdship will get job done everi four year gather step carri order peac transfer power grate presid
 obama first ladi michell obama gracious aid throughout transit magnific thank today ceremoni how
ev special mean today mere transfer power one administr anoth one parti anoth transfer power wash
```

불필요한 공백을 제거합니다.

```
> corpus <-tm_map(corpus,stripWhitespace)

> corpus[[1]]$content
[1] "chief justic robert presid carter presid clinton presid bush presid obama fellow american pe
opl world thank citizen america now join great nation effort rebuild countri restor promis peopl
 togeth will determin cours america world mani mani year come will face challeng will confront ha
rdship will get job done everi four year gather step carri order peac transfer power grate presid
 obama first ladi michell obama gracious aid throughout transit magnific thank today ceremoni how
```

깨끗하게 영문 텍스트가 정제된 것을 볼 수 있습니다. 텍스트 전처리 작업을 마친 코퍼스를 다음과 같이 문서-단어 행렬(DTM)으로 구성합니다.

```
> dtm <-DocumentTermMatrix(corpus)
> dtm
<<DocumentTermMatrix (documents: 1, terms: 416)>>
Non-/sparse entries: 416/0
Sparsity           : 0%
Maximal term length: 13
Weighting          : term frequency (tf)
```

단어의 개수가 416인 DTM이 구성되었습니다. colSums() 함수를 통해 단어 빈도수 정보를 갖는 벡터를 생성합니다.

```
> terms <-colSums(as.matrix(dtm))
> terms
     accept      across      action    administr      affair         aid     airport
          1           5           2            1           1           1           1
      allegi      allianc       allow     almighti       along       alway     america
           2            1           2            1           1           2          19
    american        anoth       anyon        anyth        armi        arriv      assembl
          15            2           2            1           1           1           1
```

order() 함수를 통해 정렬을 합니다. 이때 decreasing을 TRUE로 지정하여 내림차순으로 정렬하도록 지정합니다.

```
> terms.ordered <-terms[order(terms,decreasing = TRUE)]
> terms.ordered
      will     america     american       nation      countri        peopl         one
        42          19           15           13           12           10           9
      everi      protect         back        dream        great         make       never
          7            7            6            6            6            6           6
        new          now        world       across          god          job        mani
          6            6            6            5            5            5           6
      presid        right        today        bring       citizen         day     everyon
           5            5            5            4             4           4           4
```

트럼프 대통령의 취임 연설에 등장하는 단어들에 대해서 빈도수가 높은 순서로 정렬하였습니다. 이렇게 구성된 벡터를 기반으로 워드 클라우드를 구성해봅시다.

15.5 데이터 시각화하기

wordcloud2 패키지를 불러옵니다. wordcloud2( ) 함수는 단어와 빈도 값을 담은 데이터 프레임을 인수로 지정해야 합니다. 따라서 terms.ordered 벡터를 상위 200개의 단어들만 추출하여 data.frame 형태로 변환하였습니다. 변환한 데이터프레임을 프린트해보면 워드 클라우드를 구성하지 않아도 가장 많이 등장한 단어는 will, America, nation, country, people 등의 순임을 알 수 있습니다. wordcloud2( ) 함수로 워드 클라우드로 구성해 봅시다.

```
> library(wordcloud2)
> terms.ordered<-terms.ordered[1:200]
> terms.df <-data.frame(terms=names(terms.ordered), freq=terms.ordered)
> rownames(terms.df)<-c(1:nrow(terms.df))
> head(terms.df)
     terms freq
1     will   42
2  america   20
3 american   15
4   nation   13
5  countri   12
6    peopl   10
> #워드클라우드
> wordcloud2(terms.df, color="random-dark")
```

이렇게 웹페이지 상의 텍스트를 스크래핑하여, 필요한 정보만 추출하고, 영문 텍스트에 대해 정제하는 방법에 대해 다루었습니다. 역대 대통령들의 다른 취임 연설문들도 스크래핑하여 워드 클라우드로 구성하고 비교해 봅시다.

INDEX